이기적
이 렇게 기 막힌 전 중률

바리스타 2급
자격시험 문제집

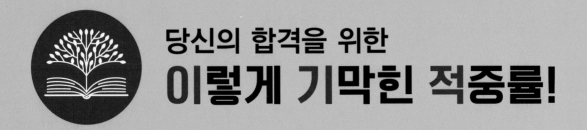

당신의 합격을 위한
이렇게 기막힌 적중률!

1300만 독자님, 감사드립니다!

저희 도서를 사랑해주시는 여러분께 깊은 감사의 말씀을 드립니다.

영진닷컴을 대표하는 Y는 세계로 나가고자 하는 도전 의식과
고객을 위한 서비스 정신을 대표하는 나무의 형상입니다.
나무는 인간에게 꼭 필요한 산소를 공급해주고 마음껏 뻗어 자랍니다.

영진닷컴은 FUN, FAMILY, FUTURE 경영모토 3F를 통해
나뭇가지처럼 미래와 세계로 뻗어 나가며 도전하고,
고객에게는 영진닷컴의 열매인 지식과 휴식처를 아낌없이 주고 있습니다.

앞으로도 더 좋은 도서를 위하여 저희 임직원과 함께
모든 노력을 아끼지 않겠습니다.

영진닷컴 드림

초단기 합격 성공!!
7일 학습플랜

일자	날짜	단계	학습내용
1일차	월 일		chapter 1. 커피학개론
2일차	월 일		chapter 2. 커피 로스팅
3일차	월 일	PART 1. 해설과 함께 풀어보는 기출 예상문제	chapter 3. 커피 향미 평가
4일차	월 일		chapter 4. 커피 추출
5일차	월 일		chapter 5. 에스프레소 ~ chapter 6. 커피 영양학과 서비스
6일차	월 일	PART 2. 해설 없이 풀어보는 실전 모의고사	chapter 1 실전 모의고사 1회 ~ chapter 3. 실전 모의고사 3회
7일차	월 일	PART 4. 시험장까지 함께 가는 핵심 요약	시험 전 최종 마무리 및 복습

차례

Part 01

해설과 함께 풀어보는 기출 예상문제

정오표

혹시라도 오타/오류가 있을 수 있습니다. QR 코드를 찍어 확인해 주세요.

협회별 시험 안내

 (사)한국커피협회

1) 시험의 목적

- 전문 직업인으로서의 위상 제고
- 커피 산업 발전에 공헌
- 커피 산업체와의 산학 협력을 통한 발전적 방향 제시
- 커피 문화 발전과 서비스의 질 향상

2) 응시자격

응시자격에 대한 제한은 없다.

3) 전형방법

바리스타(2급) 인증 시험은 일반전형과 특별전형으로 구분하며, 아래의 내용을 원칙으로 한다.

- **필기시험(50문항)**

출제위원	정회원 중 회장이 위촉
출제범위	커피학 개론, 커피 로스팅과 향미 평가, 커피 추출 등 바리스타(2급) 자격시험 예상문제집 포함
출제형태	사지선다형
시험시간	60분
시험감독	고사장별 책임감독관은 회장이 위촉하며, 시험감독은 책임감독관이 회장의 재청에 의하여 배정한다. 책임감독관 및 시험감독은 공정한 시험 감독에 대한 서약서를 제출한다.

- **실기시험**

평가위원	정회원 중 능력이 인정되는 자를 회장이 위촉하며, 위촉된 평가위원은 실기 평가 시, 서약서를 제출한다.
시험의 범주	준비 평가, 에스프레소 평가, 카푸치노 평가, 서비스 기술 평가
시험방식	기술적 평가와 감각적 평가로 구분하며, 1인의 피 평가자를 3인의 평가자가 평가
시험시간	사전 준비시간 5분, 시연시간 10분
시험준비	실기고사장 책임자는 원활한 시험이 진행될 수 있도록 기계 점검, 비품 및 소모품 준비에 최선을 다해야 한다.

4) 특별전형(필기시험 면제)

특별전형에 응시하고자 하는 자는 시험 접수 전, 기간 내에 구비서류를 사전 제출하여야 하며, 검정의 면제심사에 통과한 경우 특별전형으로 접수 가능하다. 단, 희망특별전형의 경우 사전 서류심사 통과일로부터 1년간 시험 응시가 가능하다(1년 경과 시, 서류 재심사). 사전심사 서류 제출기간과 제출방법은 별도 공지한 내용에 따른다.

가. 전공특별전형
- 대학교전공학과 학점이수자 : 협회에서 인증한 대학교 교육기관(학점은행 제도를 시행하는 대학교부설 평생교육원, 직업전문학교 및 평생교육시설 포함)에서 커피교과목 9학점 이상을 이수한 자
- 바리스타사관학교 수료자
- WCCK 심사위원

나. 희망특별전형
- 외국인(귀화인 포함) : 출입국 관리사무소에서 허가를 득한 국내에 체류 중인 외국인 또는 귀화인으로, 아래 항목 중 하나에 해당하는 자
  - 협회에서 인증한 대학교 교육기관(학점은행 제도를 시행하는 대학교부설 평생교육원, 직업전문학교 및 평생교육시설 포함)에서 커피교과목 6학점 이상을 수료한 자
  - 협회에서 인증한 교육기관(대학교부설 평생교육원 또는 커피아카데미)에서 54시간 이상의 교육을 이수한 자(단, 커피학개론 9시간, 커피로스팅 9시간, 에스프레소 추출 14시간, 카푸치노 9시간 이상을 포함하여야 하고, 교육은 1일 4시간을 초과할 수 없다.)
- 장애인 : 응시 가능한 장애종류 및 장애등급에 관한 사항은 별도로 정한 규정에 따르며, 아래 항목 중 하나에 해당하는 자
  - 협회에서 인증한 대학교 교육기관(학점은행 제도를 시행하는 대학교부설 평생교육원, 직업전문학교 및 평생교육시설 포함)에서 커피교과목 6학점 이상을 수료한 자
  - 협회에서 인증한 교육기관(대학교부설 평생교육원 또는 커피아카데미)에서 54시간 이상의 교육을 이수한 자(단, 커피학개론 9시간, 커피로스팅 9시간, 에스프레소 추출 14시간, 카푸치노 9시간 이상을 포함하여야 하고, 교육은 1일 4시간을 초과할 수 없다.)

다. 바리스타3급전형 : 협회 인증 바리스타 3급 자격증 취득자는 자격증 발급일로부터 2년간 바리스타 3급 전형으로 응시 가능하다.

5) 사정원칙

가. 필기시험, 실기시험 공히 60점 이상을 합격으로 하며, 항목 간 과락은 없다.

나. 필기시험 합격자에 한하여 실기시험 응시자격을 부여하며, 필기시험 합격자는 합격일로부터 2년간 실기시험 응시자격을 갖는다.

6) 제출서류

가. 일반전형
- 온라인 접수(http://kca-coffee.org/ 에서 회원 가입 후 접수)
- 본인 사진(jpg 파일 첨부)

나. **특별전형(필기시험 무시험 검정)**

• **전공특별전형**
  - 사전서류심사(응시자격 서류심사 접수신청서, 성적증명서 1부)
  - 온라인 접수
  - 본인사진(jpg 파일 첨부)
  - **제출방법** : 사전 서류심사 통과 시, 온라인 접수(특별전형)

• **희망특별전형(외국인, 장애인)**
  - 사전서류심사(응시자격 서류심사 접수신청서, 응시자격 증명서류, 교육이수 확인서 1부, 교육 출석부 1부)
  - 응시 가능한 장애종류 및 등급은 별도로 정한 규정에 따른다.
  - 온라인 접수
  - 본인사진(jpg 파일 첨부)
  - **제출방법** : 사전 서류심사 통과 시, 온라인 접수(특별전형)

• **바리스타3급전형**
  - 온라인 접수
  - 본인사진(jpg 파일 첨부)
  - **제출방법** : 사전 서류심사 통과 시, 온라인 접수(바리스타3급전형)

7) 전형료

전형료는 별도로 정하여 공지한다.

8) 시험 응시

가. **필기시험**

• **준비물** : 수험표(사진필), 규정 신분증
• **고사장** : 시험접수 시 본인이 선택한 고사장
• **시험시간** : 오전 11시~12시
• **정답확인 및 합격자 발표**
  - 시험 당일 PM12:30 이후부터 자격시험 접수 사이트에서 확인 가능
  - 합격자 발표는 시험일 다음 주 일요일 9시, 접수 사이트 마이페이지에서 확인

나. **실기시험**

• **접수일정** : 홈페이지 우측 상단 '전체 일정 공지'에서 2급 시험일정 보기
• **준비물** : 수험표, 규정 신분증, 실기시험 복장, 앞치마, 행주와 린넨 5장 이상
• **고사장** : 시험접수 시 본인이 선택한 고사장
• **시험시간** : 시험 전주부터 접수 사이트에서 확인 가능
• **시험방식** : 기술 평가 1인, 감각 평가 2인, 총 3인의 평가자가 평가

9) 시험신청

• **홈페이지** : http://kca-coffee.org/
• **전화** : 02-702-4080

② (사)한국관광음식문화협회

1) 자격 명칭

자격종목	등급	구분	응시자격
커피바리스타	2급	필기	자격 제한 없음
		실기	필기 합격자에 한함

2) 자격분야

자격증	등급 검정 방법		검정과목
커피바리스타	필기	객관식	50분간 총 60문제(사지선다형 객관식 A, B형)
	실기	작업형	10분간 시연(에스프레소 4잔, 카푸치노 4잔) • 기술평가 • 감각평가 • 복장, 위생, 서비스 평가

3) 검정기준

자격종목	등급		합격기준
커피바리스타	2급	필기	총점 100점 중 60점 이상
		실기	• 기술 심사위원 1명 100점 • 감각 심사위원 2명 각100점 • 기술(100점) + 감각(100점평균) = 200점 만점으로 120 이상 * 단, 심사위원 중 단 1명이라도 60점 미만일 경우 실격처리

4) 검정방법

자격종목	등급		검정과목(분야 또는 영역)
커피바리스타	2급	필기	세계의 커피, 커피추출, 커피배전, 커피머신, 향미 · 커핑 · 블렌딩, 카페 음료 재료, 카페음료 메뉴, 커피영양학, 위생관리, 원가관리, 서비스관리
		실기	기술평가, 감각평가, 중요평가

5) 자격의 활용도

자격종목	등급	수준	자격활용현황
커피바리스타	2급	• 국가기술자격과 비교한다면 조주 기능사 수준이며 학력은 고졸 수준 • 커피 제조 및 서비스, 매장관리 전문가로서 커피음료를 제조하고 서비스하는 수준, 또한 커피교육기관에서 기술교육을 하기 위한 양성에 있어서 가장 기초적인 기술을 연마하는 수준	• 커피전문점을 비롯한 다양한 형태의 외식 업계에 진출 • 커피 관련하여 교육할 강사로 취업 • 커피 관련 취업, 창업 교육 • 해외 취업교육

6) 검정 기준

자격종목	등급	검정 기준
커피바리스타	2급	• 커피역사, 생두의 등급, 세계의 커피, 좋은 커피의 조건, 로스팅의 이해, 원두의 이화학적 특성, 에스프레소 머신 원리, 커피의 맛, 향미 · 커핑의 기본 원리, 커피 블렌딩의 기본원리, 물, 유제품, 설탕, 시럽, 과일류, 분말류, 차류, 커피영양의 기초, 커피와 건강, 커피의 산패와 보관, 위생관리, 식중독, 원가관리, 서비스관리 등 기본이론을 이해하였는지를 검정하는 기초 수준 • 커피의 분쇄와 추출, 드립 커피의 종류 및 기초 실습, 에스프레소, 에스프레소 메뉴, 카푸치노, 라떼아트 기초, 베리에이션 음료 메뉴, 로스팅 방식, 수망 로스팅 실습, 커피머신 관리 및 점검 등 에스프레소와 카푸치노를 판매할 정도의 수준으로 제조하는 기초 수준

7) 시험신청

• **홈페이지** : http://www.kofa.co.kr/
• **전화** : 031-753-0138

③ 한국커피바리스타협회

1) 자격검정

노동부와 한국산업인력관리공단이 개발하고 있는 국가직무능력표준(NCS)에 따라 산업현장이 필요로 하는 직무
능력에 근거하여 객관적인 자격 기준을 권위 있는 심사위원의 평가로 인정받은 자격자를 양성/배출하는 자격

2) 검정과정 안내

STEP 01 필기접수 ▶ STEP 02 필기검정 ▶ STEP 03 실기접수 (필기 합격자) ▶ STEP 04 실기검정 ▶ STEP 05 자격증 취득

3) 응시자격 안내

• 대한민국 국민이면 누구나 응시 가능. 학력, 경력, 연령 제한 없음
• 외국인도 응시가 가능하며, 단 통역은 본인 해결
• 장애인 필기시험 면제 신청 방법
 – 필기 응시가 어려운 장애우 분들은 소정기간의 교육을 이수하면 필기면제 가능합니다.
  ※ 단, 장애인 할인율 적용과 필기면제는 중복 적용되지 않습니다.
 – **서류** : 장애인교육기관의 신고필증, 장애인복지카드, 관련 교육의 출석부(108시간 이상의 교육이수 확인)

4) 자격검정 안내

구분	검정과목	검정방법			합격기준	응시료
필기	• 커피학 개론 • 커피 기계학 • 커피 추출 원론 • 매장 관리 서비스	• 시간 50분, 50문항 출제 • 객관식(4지선다형)			100점 만점 기준, 60점 이상 합격 (30문제 이상)	30,000원
실기	• 에스프레소 1잔 • 카푸치노 1잔 • 카페아메리카노 1잔 • 카페라떼 1잔	총 25분			100점 만점 기준, 60점 이상 합격	50,000원
		준비 10분	조리 10분	정리 5분		

5) 시험진행방법

가. 필기시험

해당 시행처는 온라인 필기시험을 시행 중에 있습니다. 홈페이지에서 [인터넷 ON-LINE 필기시험 응시방법 안내]를 확인하세요.

나. 실기시험

1. 실기검정 당일 오전응시자는 9시(오후 응시자 13시 30분)까지 도착하여 당일 부여번호를 추첨하여 순번을 배정받아야 한다.
2. 실기검정 당일 9시 30분(14시) 이후 도착하는 경우 실기검정에 응시할 수 없다.

   단, 실기 검정 시작시간(오전 응시자 9시 30분, 오후 응시자 14시) 이전 도착의 경우 배정된 부여 번호의 마지막 이후 번호를 배정받고 응시할 수 있다.
3. 실기 검정 응시자는 신분증과 수검표, 행주를 본인이 준비하는 것을 원칙으로 한다.

   단, 수검표를 지참하지 못한 경우 검정장에서 준비된 예비 수검표를 받아서 사용할 수 있다.
4. 실기 검정 응시자가 접수한 검정 일자 또는 검정장을 변경하는 경우.

   한국 커피자격검정평가원 홈페이지로 본인이 직접 변경 신청하여야 하며, 평가원은 환불 규정에 의거 처리한다.
5. 응시자가 검정장에서 소란을 피우거나 불미스러운 행동을 하는 경우 1차로 경고가 주어지며, 2차로 불합격 처리된다.
6. 응시자는 실기검정 진행과정에서 커피기계 또는 커피 그라인더 등을 파손시키는 경우.

   장비사용 미숙으로 불합격 처리되며, 장비수리에 발생되는 본인이 배상하여야 한다.
7. 실기검정 채점표는 비공개를 원칙으로 한다.

6) 시험신청

- **홈페이지** : http://www.caea.or.kr/
- **전화** : 02-2298-8221

④ 한국외식음료협회

1) 자격 안내

커피바리스타 자격검정은 커피에 대한 이론 및 접객능력, 각 추출 테크닉 등의 실기 능력의 습득으로 커피전문점 종사에 활용할 수 있는 능력을 평가하는 검정이다.
본 협회는 커피바리스타 1급, 커피바리스타 2급, 스페셜바리스타 세 등급으로 운용 중에 있다.

2) 시험 전형과정

STEP 01 필기접수 ▶ STEP 02 필기검정 ▶ STEP 03 실기접수 (필기 합격자) ▶ STEP 04 실기검정 ▶ STEP 05 자격증 취득

3) 응시자격

자격 제한 없음. 누구나 응시 가능(외국인의 경우는 통역 본인 해결)

급수	구분	검정과목	검정방법			합격기준	응시료
스페셜	실기	• 에스프레소 2잔 • 카푸치노 2잔	준비 10분	시연 10분	정리 5분	• 구술 평가 • 기술 평가 • 맛 평가 (100점 만점 기준 60점 이상)	50,000
2급	필기	• 커피학 개론 • 커피실무이론	총 60문항(60분) 4지선다형(객관식)			100점 만점 기준 60점 이상	30,000
	실기	• 에스프레소 2잔 • 카푸치노 2잔	준비 5분	시연 및 정리 10분		• 구술 평가 • 기술 평가 • 맛 평가 (100점 만점 기준 60점 이상)	50,000
1급	필기	• 커피학 개론 • 서비스 실무 • 카페 메뉴 • 기계 관리 • 카페 창업	총 30문항(60분) 4지선다형/단답형			100점 만점 기준 70점 이상	60,000
	실기	• 에스프레소 2잔 • 디자인 카푸치노 2잔 • 디자인 카페라떼 2잔 * 결하트, 로제타, 틀립(2단 이상) 중 선택하여 동일한 디자인으로 제작	준비 10분	시연 및 정리 15분		• 기술 평가 • 맛 평가 (100점 만점 기준 70점 이상)	90,000

4) 이론시험 출제기준(2급)

과목	주요항목	세부항목	출제비율
커피 이론	커피의 기본 따라잡기	커피의 기원, 어원 전파, 커피문화	5% 내외
	커피의 학문적 이해1	커피의 식물학적 의의, 재배와 성장, 성분과 특성	10% 내외
	커피의 학문적 이해2	커피의 구성, 생두와 가공, 일반적인 분류	
	커피의 산지별 분류	산지별 분류, 품종	20% 내외
	커피의 제조1	커피의 제조, 가공 방법, 배합	25% 내외
	커피의 제조2	배전, 분쇄, 추출	
	커피의 보관	커피의 보관 방법, 산패	5% 내외
	커피의 맛과 향	맛과 향, 맛&향 관련 용어, 커피의 맛을 더해주는 요소	10% 내외
	건강적 효과	커피의 건강적 역할, 건강적 실험검증 효과	5% 내외
	바리스타의 이해	이해, 준비, 직업 세계, 서비스 이해, 커피 용어 해설	5% 내외
	커피의 품질 및 카페 기초회화	커피의 품질, 커피를 나타내는 표현 용어, 품질평가, 스페셜티 커피, 기초회화, 기초영어	5% 내외
	티	차의 의의, 분류	
	커피 추출 테크닉1	에스프레소 추출	10% 내외
	커피 추출 테크닉2	드립법, 사이폰 추출 방식, 모카 포트 추출 순서, 프랜치 프레스 추출 방식, 이브릭 추출 방법	

5) 시험신청

- 홈페이지 : http://www.kfba.or.kr/
- 전화 : 1899-3499

이 책의 구성

1 시험 안내

여러 협회에서 시행하는 바리스타 자격시험에 대하여 정리했습니다. 한눈에 협회들의 응시 방법과 과목 내용을 살펴볼 수 있습니다.

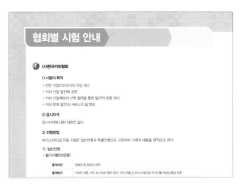

2 해설과 함께 풀어보는 기출 예상문제

각 과목에 해당하는 자주 출제되는 문제들로 알차게 구성했습니다. 문제를 풀고 바로 답과 해설을 보며 복습하면, 효율적으로 공부할 수 있습니다.

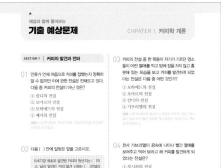

3 해설 없이 풀어보는 실전 모의고사

자, 이제 실전입니다! 실제 시험장에서 시험지를 보듯이 정답을 보지 않고 자신의 실력을 검증해 보세요.

4 시험장까지 함께 가는 핵심 요약

시험에 잘 나오는 핵심적인 내용들로만 구성된 이론들을 보며, 합격을 향해 갑시다!

이기적으로 공부하면
단기간에 합격할 수 있습니다.

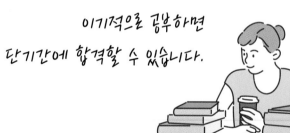

PART

1

해설과 함께 풀어보는
기출 예상문제

SECTION 1 | **커피의 발견과 전파**

01 인류가 언제 처음으로 커피를 접했는지 정확히 알 수 없지만 이에 관한 전설은 전해오고 있다. 다음 중 커피의 전설이 아닌 것은?

① 칼디의 전설
② 오마르의 전설
③ 모하메드의 전설
④ 메카의 전설

해설 | 커피의 전설은 칼디의 전설, 오마르의 전설, 모하메드의 전설 등이 있다.

02 다음 ( ) 안에 알맞은 말을 고르시오.

6세기경 최초로 발견된 커피의 원산지는 ( )이고, 널리 알려진 커피 발견 신화는 ( )전설과 ( )의 전설이다.

① 콩고, 칼디, 오마르
② 에티오피아, 칼디, 오마르
③ 예멘, 칼디, 오마르
④ 케냐, 칼디, 오마르

해설 | 목동 칼디의 전설과 사제 오마르의 전설로 에티오피아에서 발견된 커피는 수세기에 걸쳐 세계 각처로 널리 전파 되었다.

03 커피의 전설 중 한 목동이 자기가 기르던 염소들이 어떤 열매를 먹고 밤에 잠을 자지 않고 흥분해 있는 모습을 보고 커피를 발견하게 되었다는 전설은 다음 중 어떤 것인가?

① 모하메드의 전설
② 오마르의 전설
③ 칼디의 전설
④ 가브리엘의 전설

해설 | 에티오피아의 칼디라는 목동이 자기가 기르던 염소들이 낮에 어떤 빨간 열매를 먹고 흥분한 모습을 보고 커피를 발견하였다.

04 천사 가브리엘이 꿈속에 나타나 빨간 열매를 보여주고 먹어 보라고 해 커피를 발견하게 되었다는 전설은?

① 루시퍼의 전설
② 오마르의 전설
③ 모하메드의 전설
④ 메카의 전설

해설 | 모하메드가 시름시름 병을 앓고 있을 때 천사 가브리엘이 나타나 빨간 열매를 주며 먹어 보라는 꿈을 꾼 후 커피를 발견하게 되었다는 전설이 모하메드의 전설이다.

· 정답 · 01 ④ 02 ② 03 ③ 04 ③

05 우자프 산속에서 새가 빨간 열매를 따먹는 것을 보고 이 열매를 이용해 역병을 치료하고 커피를 발견하게 되었다는 전설은?

① 칼디의 전설
② 알리 이븐 오마르의 전설
③ 모하메드의 전설
④ 알 샤드힐리의 전설

해설 | 이슬람의 수도사인 알리 이븐 오마르는 그의 스승인 알 샤드힐리의 명으로 모카로 갔다. 그 지역에는 역병이 돌아 오마르는 기도로 많은 사람을 치료했는데 그 지역 영주의 딸을 치료하며 같이 밤을 보내게 되었다. 이 사건을 빌미로 오마르는 추방당하게 된다. 추방된 후 방황의 길에 들어선 오마르는 우자프 산속에서 새가 먹던 커피나무를 발견하고 그 역시 커피열매를 먹고 힘이 솟는걸 느껴 커피나무를 발견하게 되었다는 전설이다.

06 처음에는 커피 열매나 잎을 먹거나 우려내 차로 마시다가 커피를 씨앗이 되는 생두를 볶아 음료로 마시게 된 시기는?

① 13세기
② 14세기
③ 15세기
④ 16세기

해설 | 커피는 처음에는 열매나 잎을 단순히 씹다가 곧 열매와 잎을 뜨거운 물로 우려 연한 차로 마시게 되었다. 열매를 으깬 다음 동물의 지방과 섞어 식량으로 삼거나 커피체리의 껍질을 약하게 볶아 단맛이 나는 음료로 즐기기도 했다. 16세기경 누군가가 커피를 볶은 다음 분쇄하여 물을 부어 마시게 되면서 비로소 음료로 즐기게 되었다.

07 커피는 이집트의 카이로, 아라비아 반도의 메카, 메디나 지역을 거치며 이슬람 문화 전반으로 퍼져나간다. 오스만 제국에 커피가 전해진 시기는 다음 중 어느 때인가?

① 셀림1세
② 메흐메트6세
③ 요한네스6세
④ 무라트1세

해설 | 오스만제국은 셀림1세 때 이집트를 정복하면서 커피를 알게 되었고, 1517년 당시 오스만 제국의 수도였던 콘스탄티노플에 커피가 알려졌다.

08 Coffee의 어원이 된 이슬람어는 다음 중 어느 것인가?

① Cafe
② Qahwah
③ Koffie
④ Chaube

해설 | 커피의 어원은 에티오피아 짐마의 옛 이름 Kaffa에서 유래 되었다는 설과 아라비아에서 와인을 뜻하는 Qahwah에서 유래 되었다는 설이 있다. 이 중 Qahwah는 오스만 투르크어 kahve로 흘러 들어갔고, 거기서 유럽인들이 그들의 언어로 차입해 갔다.

09 이슬람 문화권의 커피가 최초로 전파된 유럽의 도시는?

① 베니스
② 런던
③ 바르셀로나
④ 부다페스트

해설 | 커피가 실제로 유럽에 전파된 시기는 정확히 알 수 없지만 처음으로 커피를 유럽에 전파한 것은 중동과 활발한 무역을 하던 베니스의 상인들이라고 알려져 있다.

정답 05 ② 06 ④ 07 ① 08 ② 09 ①

10 유럽에 소개된 커피는 빠른 속도로 퍼져나갔는데 이슬람 교도들이 마셨다는 이유로 커피를 '악마의 음료'라고 비난하기도 하였다. 이에 커피에 세례를 주고 커피를 유럽 전 지역에서 즐길 수 있도록 한 교황은 누구인가?

① 알렉산데르 1세
② 보니파시오 5세
③ 클레멘트 8세
④ 요한 6세

해설 | 악마의 음료라고 비난 받던 커피를 교황 클레멘트 8세가 마셔보고 이교도만 마시기에는 너무 훌륭한 음료라고 하여 커피에 세례를 주었다.

11 1686년 콜텔리(Francesco Procopio dei Coltelli)에 의해 파리 최초로 개설된 커피하우스의 명칭은?

① 카페 드 베니스(Café de Venice)
② 카페 드 프로코프(Café de Procope)
③ 카페 드 마르세유(Café de Mardeilles)
④ 카페 드 콘스탄티노플(Café de Constantinople)

해설 | 1671년 프랑스 최초의 커피하우스가 마르세유에서 개장했으며, 1686년 파리 최초의 커피하우스 '프로코프'가 콜텔리에 의해 문을 열었다.

12 1652년 런던 최초의 커피하우스를 만든 사람은?

① 에밀졸라(Emile Zola)
② 발자크(Balzac)
③ 야곱(Jacob)
④ 파스콰 로제(Pasqua Rosee)

해설 | 1650년 영국 최초의 커피하우스가 유태인 야곱에 의해 옥스퍼드에 문을 열었다. 2년 후에 파스콰 로제에 의해 런던 최초의 커피하우스가 문을 열었다.

13 17세기 영국 런던의 타워스트릿에 위치한 커피하우스에서 첫 모임을 갖고 세계적인 보험회사로 성장한 회사는?

① 바클레이즈(Barclays)
② 로이드(Lloyd)
③ 스탠다드차타드(Standard Chartered)
④ 웨지우드(Wedgwood)

해설 | 세계적인 보험회사 중 하나인 로이드 보험회사의 모태가 되는 커피하우스는 1688년 에드워드 로이드(Edward Llyod)에 의해 문을 열었다.

14 오스만 제국과의 전쟁에서 승리한 오스트리아 비엔나에 1683년 최초로 커피하우스를 설립한 사람은?

① 마틴 바이네크(Martin Weinek)
② 카를 마르코빅스(Karl Markovics)
③ 게오르그 콜쉬스키(Georg Franz Ko-;schizky)
④ 크리스토프 발츠(Christoph Waltz)

해설 | 독일에는 1670년 커피가 처음 소개되었으며, 1679년 독일 최초의 커피하우스가 함부르크에 문을 열었다. 오스트리아 비엔나에는 1683년 콜쉬스키에 의해 커피하우스가 문을 열었다.

15 영국 식민 지배의 영향으로 차를 마시던 미국이 커피 문화로 전환하게 된 결정적인 사건은?

① 보스턴 차 사건
② 남북전쟁
③ 제1차 세계대전
④ 제2차 세계대전

해설 | 미국은 영국의 영향으로 주로 차를 마셨으나 차 무역 독점에 반대하여 일으킨 보스턴 차 사건 이후 커피를 마시게 되었다. 보스턴 차 사건(Boston Tea Party)은 그레이트 브리튼 왕국의 지나친 세금 징수에 반발한 북아메리카의 식민지 주민들이 아메리카 토착민으로 위장해 1773년 12월 16일 보스턴 항에 정박한 배에 실려 있던 홍차 상자들을 바다에 버린 사건이다. 이 사건은 미국 독립 전쟁의 불씨를 일으키는 데 일조했다.

정답 · 10 ③ 11 ② 12 ④ 13 ② 14 ③ 15 ①

16 1691년 보스턴에 개장한 미국 최초의 커피하우스는 무엇인가?

① 인텔리겐치아(Intelligentsia)
② 스텀프타운(Stumptown)
③ 더 킹스 암스(The King's Arms)
④ 커트리지 커피하우스(Gutteridge coffeehouse)

해설 | 1668년 미국에 커피가 소개된 뒤 뉴욕, 필라델피아 같은 동부지역을 중심으로 유행했다. 1691년 미국 최초의 커피하우스 커트리지 커피하우스가 보스턴에 개장했고 1696년에는 더 킹스 암스가 문을 열었다.

17 역사적인 기록상 우리나라에서 커피를 처음 접한 인물로 알려진 사람은?

① 흥선대원군
② 고종황제
③ 순종황제
④ 명성황후

해설 | 1896년 아관파천으로 인해 러시아 공사관으로 피신했던 고종황제가 러시아 공사 웨베르를 통해 커피를 접하고 즐겨 마시게 되었다.

18 다음 중 시기적으로 가장 먼저 개점한 커피하우스는 어디인가?

① 더 킹스 암스(The King's Arms)
② 카페 드 프로코프(Café de Procope)
③ 로이드 커피하우스(Lloyd coffeehouse)
④ 카페 플로리안(Café Florian)

해설 | 더 킹스 암스 – 1696년, 카페 드 프로코프 – 1686년, 로이드 커피하우스 – 1688년, 카페 플로리안 – 1720년

19 아관파천 이후 궁으로 돌아온 고종이 서양식 건물을 짓고 커피를 즐기던 곳으로 아직도 덕수궁 내에 남아있는 건물은?

① 정관헌
② 석조전
③ 중명전
④ 함녕전

해설 | 환궁한 고종황제는 정관헌이라는 서양식 건물을 짓고 커피를 즐겼다. 동양적인 요소가 가미된 서양식 정자인 정관헌(靜觀軒)은 1900년경에 건립되었다. 고종이 다과를 들고 음악을 감상하던 곳으로, 한때는 태조·고종·순종의 영정을 봉안하기도 하였다. 벽돌을 쌓아 올린 조적식(組積式) 벽체에 석조기둥을 세우고 건물 밖으로 목조의 가는 기둥을 둘러 퇴를 두르듯이 짜인 건물이다. 덕홍전 뒤편과 정관헌 사이에는 작고 아담한 후원이 있고 예전에는 러시아공사관으로 통하던 문이 있었다.

20 우리나라에 전해진 커피는 상류층을 중심으로 '가비차' 혹은 '가배차'로 불리며 인기 몰이를 했고, 선교사들에 의해 민간으로 전파된 커피는 다른 이름으로 불리기도 했다. 다음 중 구한말 서민들이 부르던 커피의 명칭은?

① 서탕국(西湯麴)
② 중탕국(中湯麴)
③ 양탕국(洋湯麴)
④ 미탕국(美湯麴)

해설 | 구한말 서민들은 커피를 서양에서 들여온 국물이라 하여 양탕국이라 불렀다.

21 우리나라 최초의 커피하우스가 설립 되었던 곳은 다음 중 어디인가?

① 손탁호텔
② 팔레호텔
③ 임페리얼호텔
④ 스테이션호텔

해설 | 우리나라 최초의 커피하우스는 1902년 독일 출신의 손탁(Antoinette Sontag)이 건립한 손탁호텔이다.

정답 · 16 ④ 17 ② 18 ② 19 ① 20 ③ 21 ①

22 에티오피아에서 발견된 커피는 예멘 지역에서 대규모 경작이 처음 시작되었다고 알려져 있다. 이 지역에서 생산되는 커피를 수출하던 항구의 이름으로 지금은 커피 메뉴의 명칭으로도 많이 사용되는 이름은?

① 카사블랑카(Casablanca)
② 모카(Mocha)
③ 알렉산드리아(Alexandria)
④ 탕가(Tanga)

해설 | 커피가 최초로 언제 어디에서 경작되었는지 정확히 알 수는 없으나 아라비아 반도 남단에 위치한 예멘에서 대규모 경작이 이루어진 것으로 알려져 있다. 여기서 생산된 커피는 예멘 남쪽의 모카항을 통해 유럽으로 수출되었다.

23 아시아에 커피를 처음 전파한 인물로 메카에서 커피 씨앗을 몰래 숨겨와 인도의 마이소어(Mysore) 지역에 커피를 심은 인도 출신의 승려는?

① 아소카(Ashoka)
② 아미르 칸(Aamir Khan)
③ 주빈 메타(Zubin Mehta)
④ 바바 부단(Baba Budan)

해설 | 1600년 경 바바 부단이라는 인도출신 이슬람 승려가 성지순례차 간 메카에서 커피씨앗을 몰래 숨겨와 인도의 마이소어 지역에 심었다.

24 예멘 모카에서 커피를 밀반출하여 스리랑카의 실론과 인도네시아의 자바 지역에 커피를 재배하기 시작한 국가는?

① 프랑스
② 네덜란드
③ 영국
④ 포르투갈

해설 | 1616년 예멘의 모카에서 커피 묘목을 밀반출하여 암스테르담 식물원에서 재배하다 1658년 실론과 1696년 자바에 커피를 재배하기 시작한 나라는 네덜란드이다.

25 프랑스의 대문호로 '인간희극' 등의 대작을 남긴 작가인데 매일 12시간 동안 80잔의 커피를 마시면서 글을 썼다고 알려진 작가는?

① 바흐(Bach)
② 모자르트(Mozart)
③ 발자크(Balzac)
④ 에밀졸라(Emile Zola)

해설 | 생전 발자크는 "커피는 내 삶의 위대한 원동력"이라고 극찬했다.

26 '커피 칸타타'라는 성악곡을 작곡한 음악가는 누구인가?

① 바흐(Bach)
② 모차르트(Mozart)
③ 비발디(Vivaldi)
④ 하이든(Haydn)

해설 | 1732년 바흐가 작곡한 커피 칸타타(Coffee Cantata)는 커피에 심하게 빠져버린 딸과 그것을 말리는 아버지의 대화체로 이루어져 있다.

27 커피의 시대적 지역적 명칭과 가장 거리가 먼 것은?

① Bunchum
② Chaube
③ Qahwah
④ Canephora

해설 | 카네포라는 커피를 학명으로 분류하는 방법 중 하나에 해당된다. 아라비카, 카네포라(로부스타), 리베리카 등으로 분류한다.

정답 22 ② 23 ④ 24 ② 25 ③ 26 ① 27 ④

28 커피의 역사적 사실들에 대한 설명으로 사실과 다른 것은?

① 유럽의 커피 문화는 17세기~19세기에 급속도로 확산 되었다. 이 시기의 카페는 여론을 모으고 전파하는 역할을 하였다.
② 18세기 말 미국은 영국의 홍차 대신 커피를 마시도록 권장하여 독립운동의 일환으로 전개 하였다.
③ 우리나라 최초의 커피하우스는 '석어당'이다.
④ 17세기 말 네덜란드는 인도네시아 자바에 커피나무를 심어 경작하였다.

해설 ㅣ 우리나라 최초의 커피하우스는 손탁호텔이다.

29 영국에 존재하는 사교클럽 중 가장 오래된 역사를 자랑하며 옥스포드 타운의 커피하우스에서 결성된 것으로 알려진 사교클럽은?

① 더 트래블러스 클럽(The Travellers Club)
② 민트(MINT) 클럽
③ 알파파 클럽(Alfalfa Club)
④ 로얄 소사이어티(The Royal Society)

해설 ㅣ 자연 지식의 향상을 위한 런던 왕립학회(The Royal Society of London for the Improvement of Natural Knowledge)는 1660년 창립된 지식인 및 학자들의 모임이다. 왕립협회(王立協會)라고도 한다.

30 세계 최대 커피 생산국인 브라질에 커피를 처음 전파한 것으로 알려진 인물은?

① 가브리엘 드 클리외(Garbriel de Cleieu)
② 장 드 라로크(Jean de la Roque)
③ 프란치스코 드 멜로 팔헤타(Francisco de Mello Palheta)
④ 질베르토 질(Gilberto Gil)

해설 ㅣ 1727년 프란치스코 드 멜로 팔헤타가 가이아나로 부터 들여온 커피 묘목을 자신의 고향인 파라(Para) 지역에 옮겨 심으면서 브라질의 커피 재배가 시작 되었다.

31 프랑스 왕립식물원에 있던 커피 묘목을 구해 마르티니크(Martinique)에 심어 중남미 전역에 커피 재배가 가능하도록 가교역할을 한 인물은 누구인가?

① 가브리엘 드 클리외(Garbriel de Cleieu)
② 장 드 라로크(Jean de la Roque)
③ 샤를 보들레르(Charles Pierre Baudelaire)
④ 알프레드 드 뮈세(Alfred de Musset)

해설 ㅣ 1723년 카리브해에 있는 마르티니크 섬에 근무하던 프랑스의 해군장교 클리외가 마르티니크 섬에 커피를 심었다.

· **정답** · 28 ③ 29 ④ 30 ③ 31 ①

01 다음은 커피나무에 대한 설명이다. 틀리게 설명하고 있는 것은?

① 커피나무는 일년생 쌍떡잎식물이다.
② 열대성 상록수이며 자연 상태에서는 10m 이상 자라기도 한다.
③ 커피나무는 심은 후 3년이 지나면 처음 수확이 가능하다.
④ 잎은 타원형이고 두꺼우며 잎 표면은 짙은 녹색으로 광택이 있다.

해설 | 커피는 다년생 쌍떡잎식물이다.

02 커피나무에 대한 설명으로 잘못된 것은?

① 자연 상태에서는 10m 이상 자라기도 하지만 재배가 용이하도록 2~2.5m 정도로 유지해준다.
② 심은 후 3년이 지나면 수확이 가능하지만 안정적인 수확은 5년부터 가능하다.
③ 커피나무의 경제적 수명은 약 50~60년 정도이다.
④ 꽃잎은 흰색이고 재스민 향이 나며 꽃잎은 아라비카와 로부스타는 5장이다.

해설 | 커피나무의 경제적 수명은 20~30년이며, 꽃잎은 아라비카와 로부스타가 5장, 리베리카는 7~9장이다.

03 다음은 커피나무의 열매와 구조에 대한 설명이다. 바르게 설명한 것 끼리 짝지어진 것은?

가. 겉껍질(Outer skin): 체리를 감싸고 있는 맨 바깥의 껍질로 외과피에 해당한다.
나. 펄프(Pulp): 생두를 감싸고 있는 딱딱한 껍질로 점액질에 싸여 있으며 내과피에 해당한다.
다. 파치먼트(Parchment): 단맛이 나는 과육으로 중과피에 해당한다.
라. 실버스킨(Silver skin): 파치먼트 안에 생두를 감싸고 있는 얇은 반투명의 껍질이다.

① 가-나
② 가-라
③ 나-다
④ 나-라

해설 |
• 펄프(Pulp) : 단맛이 나는 과육으로 중과피에 해당한다.
• 파치먼트(Parchment) : 생두를 감싸고 있는 딱딱한 껍질로 점액질에 싸여 있으며 내과피에 해당한다.

04 커피열매에 대한 설명으로 잘못된 것은?

① 커피꽃이 떨어지고 나면 그 자리에 열매를 맺는데, 초기에 녹색이었다가 익으면 빨갛게 변한다.
② 빨갛게 익은 열매가 체리와 비슷하다 하여 커피체리(Coffee cherry)라 부르며 길이는 15~18mm 정도이다.
③ 생두는 커피콩을 말하며 그린빈(Green bean)이나 그린커피(Green coffee)라 부른다.
④ 센터컷(Center cut)은 커피체리에 생두가 단 한개 들어 있는 경우를 말한다.

해설 | 센터컷(Center cut)은 생두 가운데 나있는 S자 형태의 홈을 말한다. 커피체리에 생두가 단 한개 들어 있는 것은 피베리(Peaberry)라 부른다.

· **정답** · 01 ① 02 ③ 03 ② 04 ④

05 생물학적 관점의 커피에 대해 잘못 설명하고 있는 것은?

① 커피는 외떡잎 식물로 꼭두서니과(Rubiaceae)에 속한다.
② 아라비카(Coffea Arabica), 카네포라(Coffea Canephora), 리베리카(Coffea Liberica)를 삼대 원종이라고 한다.
③ 현재는 아라비카와 카네포라 두 종만 주로 재배되고 있다.
④ 커피의 종은 약 70여 가지가 있다.

해설 | 커피는 쌍떡잎식물이다.

06 커피의 품종에 대한 다음 설명 중 잘못된 것은?

① 에티오피아 고원의 삼림지대에서 발견된 아라비카종은 대체로 열대, 아열대의 고지대에서 주로 재배된다.
② 카네포라종은 1862년에 아프리카 우간다에서 처음 발견되었고, 그 뒤 1898년 콩고에서 재발견 되어 세상에 알려지게 되었다.
③ 리베리카종은 아프리카 리베리아가 원산지이다.
④ 재배조건이 까다롭고 질병에 취약한 품종은 카네포라종이다.

해설 | 아라비카종이 질병과 기후에 민감해 재배조건이 까다롭다.

07 커피의 3대 원종에 대해 설명하고 있는 것으로 잘못된 것은?

① 로부스타종은 무덥고 습도가 높은 열대지역의 저지대에서도 잘 자란다.
② 로부스타는 향과 맛이 뛰어나며 아라비카종에 비해 카페인 함량도 절반 수준이다.
③ 리베리카종은 나무의 키가 5~10m 정도로 큰 편으로 재배가 곤란하고 과육이 두꺼워 가공이 어렵다.
④ 리베리카종은 오늘날 아프리카 서부지역과 아시아의 일부지역에서만 재배된다.

해설 | 아라비카종은 향과 맛이 뛰어나며 카페인 함량도 로부스타종의 절반 수준이다.

08 아라비카와 로부스타를 비교한 다음 표에서 잘못된 것은?

	구분	아라비카	로부스타
가	원산지	에티오피아	콩고
나	분류등록	1753년	1895년
다	염색체 수	22개(2배체)	44개(4배체)
라	번식	자가수분	타가수분

① 가
② 나
③ 다
④ 라

해설 | 아라비카의 염색체 수가 44개(4배체), 로부스타의 염색체 수가 22개(2배체)이다.

09 아라비카와 로부스타를 비교한 다음 설명 중 틀린 것은?

① 아라비카의 적정 재배 기온은 섭씨 15~24도, 로부스타는 섭씨 24~30도 이다.

② 아라비카의 적정 강수량은 1,500~2,000mm, 로부스타는 2,000~3,000mm이다.

③ 아라비카의 체리숙성 기간은 6~9개월, 로부스타는 9~11개월이다.

④ 아라비카의 재배고도는 700m 이하, 로부스타는 800~2,000m이다.

해설 | 아라비카가 로부스타 보다 더 높은 지대에서 재배된다. 아라비카의 재배고도는 800~2,000m, 로부스타는 700m 이하이다.

10 다음은 아라비카의 주요 품종에 대한 설명이다. 올바르게 설명된 것은?

① 티피카(Typica) : 아라비카 원종에 가장 가까운 품종으로 콩은 긴 편이고 좋은 향과 신맛을 가지고 있으나 녹병에 취약하고 격년 생산으로 생산성이 낮다.

② 버번(Burbon) : 문도노보와 카투라의 인공 교배종으로 나무의 키가 작고 생산성이 높다.

③ 문도노보(Mundo Novo) : 부르봉 섬에서 발견된 돌연변이종으로 콩은 작고 둥근편이며 수확량은 티피카 보다 20~30% 많다.

④ 카투라(Caturra) : 버번과 티피카의 자연 교배종으로 1950년 브라질에서 재배되기 시작하였다. 환경 적응력이 좋으나 나무의 키가 큰 단점을 가지고 있다.

해설 |
• 버번(Burbon) : 부르봉 섬에서 발견된 돌연변이종으로 콩은 작고 둥근편이며 수확량은 티피카 보다 20~30% 많다.
• 문도노보(Mundo Novo) : 버번과 티피카의 자연 교배종으로 1950년 브라질에서 재배되기 시작하였다. 환경 적응력이 좋으나 나무의 키가 큰 단점을 가지고 있다.
• 카투라(Caturra) : 버번의 돌연변이 종으로 콩의 크기는 소형이고 녹병에 강하며 나무의 키는 작고 수확량은 많은 편이다.

11 다음은 어떤 커피에 대한 설명인가?

건식가공 커피를 습한 계절풍에 노출시켜 숙성하여 만드는데, 바디가 강하고 신맛은 약하며 독특한 향을 가지고 있다. 인도의 대표적인 커피가 여기에 해당된다.

① 카투아이(Catuai)
② 몬순커피(Monsooned coffee)
③ 카티모르(Catimor)
④ 마라고지페(Maragogype)

해설 |
• 카투아이(Catuai) : 문도노보와 카투라의 인공교배종으로 나무의 키가 작고 생산성이 높다. 병충해와 강풍에 강하며 매년 생산이 가능하나 생산기간이 타 품종에 비해 10여년 정도 짧은 단점을 가지고 있다.
• 카티모르(Catimor) : HdT(Hibrido de Timor)와 카투라의 인공교배종으로 나무의 키가 비교적 작고 생두의 크기는 큰 편이며 조기수확과 다수확이 가능하다.
• 마라고지페(Maragogype) : 1870년 브라질의 한 농장에서 발견된 티피카의 돌연변이종으로 콩이 다른 품종에 비해 매우 크나 생산성은 낮다.

12 커피의 식물학적 설명으로 맞는 것은?

① 커피의 원산지는 가이아나로 브라질로 옮겨 심어진 후 생산량이 증대했다.

② 커피는 최초로 예멘의 모카 지역에서 발견되었다.

③ 커피나무의 잎 뒷면은 짙은 녹색을 띠며 광택이 난다.

④ 로부스타종의 카페인 함량이 아라비카종보다 많다.

해설 | 커피의 원산지는 아프리카의 에티오피아다. 커피나무의 잎은 앞면이 짙은 녹색을 띠며 광택이 난다.

13 다음 중 커피나무에 대한 설명으로 틀린 것은?

① 커피나무는 쌍떡잎식물로 꼭두서니과 코페아속에 속한다.
② 커피나무의 수명은 50~70년 정도이지만 경제적인 수명은 20~30년이다.
③ 커피나무가 심은 후 안정적인 수확이 가능한 시기는 5년부터 이다.
④ 커피나무의 뿌리는 원활한 수분 흡수를 위해 대부분은 3m 이상 깊게 뻗는다.

해설 | 커피나무의 뿌리는 대부분 30cm 깊이 안에 자리잡는다.

14 다음 중 아라비카종이 아닌 커피는?

① 에티오피아 이르가체페 G1
② 인도네시아 WIB
③ 멕시코 SHG
④ 콜롬비아 Supremo

해설 | 인도네시아 Washed Indonesian Bean은 로부스타종이다.

15 형태학적으로 커피열매를 분류했을 때 적합한 명칭은?

① 유과
② 정과
③ 연과
④ 핵과

해설 | 커피열매는 중과피가 육질이고 내과피가 단단하며 그 안에 씨앗이 들어있는 핵과에 해당한다.

16 커피열매에 대한 설명으로 틀린 것은?

① 커피열매가 맺힌 다음 수확할 때까지의 기간은 아라비카종이 로부스타종보다 더 길다.
② 정상적인 커피체리 안에는 생두가 마주보며 두 개 들어 있다.
③ 커피체리는 안쪽부터 생두–실버스킨–파치먼트–과육–겉껍질 순으로 이루어져 있다.
④ 커피열매는 품종에 따라 성장하고 익어가는 속도가 다르다.

해설 | 커피열매가 맺힌 다음 수확할 때까지의 기간은 아라비카종이 6~9개월, 로부스타종이 9~11개월로 로부스타가 더 길다.

17 다음 중 커피열매에 대해 바르게 설명하고 있는 것은?

① 커피열매 안에는 딱딱한 파치먼트 상태의 씨앗이 있고 파치먼트 안에 과육이 있다.
② 커피열매 안에는 주로 커피씨앗이 두 개가 들어있지만 한 개가 들어있는 경우도 있다.
③ 커피열매는 형태학적으로 분류할 때 장과에 해당된다.
④ 커피열매는 주황색에서 녹색으로 다시 빨강이나 노란색으로 익어간다.

해설 | 커피열매는 핵과에 해당되며, 열매는 겉껍질〉펄프〉점액질〉파치먼트〉실버스킨〉생두 순으로 되어있다. 열매는 녹색–주황색–빨강 혹은 노랑색 순으로 익어간다.

18 커피체리 속에는 일반적으로 두 개의 생두가 자라게 되어 마주보는 면은 구조상 평평한 형태를 보인다. 이러한 생두를 무엇이라 하는가?

① 페어 빈 (Pair bean)
② 브레이스 빈 (Brace bean)
③ 투썸 빈 (Twosome bean)
④ 플랫 빈 (Flat bean)

해설 | 평평한 형태로 마주보고 있다고 하여 Flat bean이라 부른다.

19 다음 중 커피 열매에 대한 설명으로 잘못된 것은?

① 실버스킨은 생두를 감싸고 있는 얇은 반투명 껍질을 말한다.
② 커피열매는 형태학적으로 분류하면 핵과에 속한다.
③ 점액질은 생두와 실버스킨 사이에 존재하는 과육이다.
④ 파치먼트는 생두를 감싸고 있는 껍질로 내과피에 해당한다.

해설 | 점액질은 파치먼트 표면에 존재한다.

20 커피열매의 명칭을 안쪽부터 순서대로 올바르게 나열한 것을 고르시오.

① 겉껍질 〉 펄프 〉 점액질 〉 파치먼트 〉 실버스킨 〉 생두
② 생두 〉 실버스킨 〉 파치먼트 〉 점액질 〉 펄프 〉 겉껍질
③ 생두 〉 펄프 〉 파치먼트 〉 점액질 〉 실버스킨 〉 겉껍질
④ 생두 〉 점액질 〉 파치먼트 〉 펄프 〉 실버스킨 〉 겉껍질

해설 | 안쪽부터 순서대로 나열한 것은 생두 〉 실버스킨 〉 파치먼트 〉 점액질 〉 펄프 〉 겉껍질 이다.

21 다음 괄호 안에 들어갈 말로 바르게 짝지어진 것은?

생두의 표면을 감싸고 있는 얇은 껍질을 (   )라 하고, 생두의 가운데 파인 홈을 (   )이라고 부른다.

① 펄프, 파치먼트
② 실버스킨, 펄프
③ 실버스킨, 센터컷
④ 파치먼트, 센터컷

해설 | 얇은 껍질은 실버스킨, 생두의 홈은 센터컷이라 부른다.

22 커피는 단계별 명칭이 매우 다양한데 다음 중 틀린 것은?

① 커피열매 – 커피체리(Coffee cherry)
② 원두를 분쇄한 것 – 그린 빈(Green bean)
③ 분쇄하지 않은 상태의 원두 – 홀빈(Whole bean)
④ 커피열매의 정제된 씨앗 – 그린 커피(Green coffee)

해설 | 그린 빈(Green bean)은 커피생두를 일컫는 용어다. 원두를 분쇄한 것을 그라운드 빈(Ground bean)이라 부른다.

23 다음 중 피베리에 대해 틀리게 설명하고 있는 것은?

① 피베리는 결점두로 취급된다.
② 피베리는 납작한 일반 생두와는 달리 둥근 모양을 하고 있다.
③ 체리가 일반 체리보다 크기가 작다.
④ 커피나무 가지 끝에서 많이 발견된다.

해설 | 피베리는 전체 생산량의 5~10% 정도로 희귀해 별도로 구분해 높은 가격에 거래된다.

· **정답** · 18 ④ 19 ③ 20 ② 21 ③ 22 ② 23 ①

24 다음 커피의 식물학적 내용 중 맞는 것은?

① 커피 3대 원종 중 아라비카종과 리베리카종이 주로 재배되고 있다.
② 코페아 카네포라(Coffea Canephora)는 흔히 리베리카(Liberica)라고도 한다.
③ 코페아 아라비카(Coffea Arabica)는 타가수분을 하며, 대표적인 품종에는 티피카(Typica), 로부스타(Robusta) 등이 있다.
④ 커피나무는 꼭두서니과 코페아 속의 다년생 상록 쌍떡잎식물이다.

해설 | 커피 3대 원종 중 아라비카종과 로부스타종이 주로 재배되고 있다. 코페아 카네포라(Coffea Canephora)는 흔히 로부스타(Robusta)라고도 한다. 코페아 아라비카(Coffea Arabica)는 자가수분을 하며, 대표적인 품종에는 티피카(Typica), 버번(Bourbon)등이 있다.

25 커피의 3대 원종과 관계 없는 것은?

① 아라비카종
② 리베리카종
③ 게이샤종
④ 카네포라종

해설 | 커피의 3대 원종은 아라비카, 카네포라(로부스타), 리베리카종 이다.

26 다음 중 아라비카종의 특징에 대한 설명으로 맞는 것은?

① 과육(Pulp)이 두꺼워 가공이 어렵다.
② 품질도 일반적으로 로부스타종에 비해 떨어지는 것으로 평가되고 있다.
③ 아프리카 서부지역과 말레이시아, 필리핀 등 아시아 일부지역에서만 재배된다.
④ 나무의 성질이 예민해 생산지의 기후 환경과 토양 조건에 따라 독특한 개성을 지닌다.

해설 | ①,②,③은 리베리카종에 대한 설명이다.

27 아라비카종의 특징에 대해서 바르게 설명하고 있는 것은?

① 1753년 린네(Linne)에 의해 품종으로 분류되어 등록 되었다.
② 카페인 성분이 로부스타종에 비해 더 많이 함유되어 있다.
③ 타가수분을 통해 번식이 이루어 진다.
④ 주로 저지대에서 대량으로 재배된다.

해설 | 카페인 성분은 로부스타종이 더 많고, 아라비카는 자가수분을 통해 번식한다. 주로 고지대에서 재배된다.

28 다음 중 아라비카종의 특징에 대한 설명으로 맞는 것은?

① 센터컷이 일반적으로 일직선의 형태를 하고 있다.
② 고형성분이 로부스타종에 비해 더 많이 함유되어 있다.
③ 번식 방법은 타가수분을 통해 이루어진다.
④ 맛과 향이 단순하기 때문에 주로 인스턴트 커피용으로 사용된다.

해설 | 아라비카의 센터컷은 일반적으로 S자 형태를 띠고 있다. 자가수분을 통해 번식이 이루어지며, 향미가 뛰어나고 특히 신맛이 좋기 때문에 원두커피용으로 사용된다.

29 다음 중 로부스타에 대한 설명으로 잘못된 것은?

① 비교적 서늘한 고지대에서 재배되지만 병충해에 약하다.
② 카페인 함량이 평균 2.2% 정도로 아라비카 보다 두 배 정도 높다.
③ 로부스타 커피의 최대 생산국은 베트남이다.
④ 향미가 약하며 쓴맛이 강한 특징을 가지고 있다.

해설 | ①은 아라비카에 대한 설명이다.

정답 · 24 ④ 25 ③ 26 ④ 27 ① 28 ② 29 ①

30 다음 아라비카종과 로부스타종에 대한 비교 설명으로 틀린 것은?

① 카페인 함량은 로부스타종이 더 많이 함유하고 있다.
② 아라비카종과 로부스타종 모두 꽃잎은 흰색이다.
③ 아라비카종은 타가수분, 로부스타종은 자가수분을 한다.
④ 아라비카종의 생산량이 최근 크게 증가하여 지금은 로부스타종을 능가한다.

해설 | 아라비카종은 자가수분, 로부스타종은 타가수분을 한다.

31 브라질에서 발견된 돌연변이 품종으로 생두가 커서 흔히 '코끼리 콩'으로 불리는 품종은?

① 티피카
② 카투아이
③ 카투라
④ 마라고지페

해설 | 마라고지페는 브라질에서 발견된 티피카의 돌연변이종으로 다른 아라비카에 비해 잎, 체리, 생두가 모두 커서 코끼리 콩으로 불린다. 브라질, 멕시코, 니카라과 등지에서 재배된다.

32 다음 중 문도노보(Mundo Novo)와 카투라(Caturra)의 인공교배종인 것은?

① 카투아이(Catuai)
② 티피카(Typica)
③ 카티모르(Catimor)
④ HdT(Hibrido de Timor)

해설 | 문도노보와 카투라 사이의 인공 교배종은 카투아이로, 1949년 농업연구소(IAC)에서 개발하였으며 문도노보와 함께 브라질의 주력 재배 품종이다.

33 인도의 몬순커피에 대해 틀리게 설명하고 있는 것은?

① 몬순 계절풍에 약 2~3주 노출시켜 몬순커피라는 이름이 붙었다.
② 신맛은 강하지만 단맛은 약한 특성을 가지고 있다.
③ 말라바르 AA가 가장 대표적인 몬순커피다.
④ 독특한 향미와 강한 바디가 특징이다.

해설 | 몬순커피는 신맛이 약한 것으로 알려져 있다.

34 아라비카 품종에 대해 설명한 것으로 맞는 것은?

① 마라고지페 : 커피의 원종에 가장 가까운 품종
② 티피카 : 버번과 로부스타의 교배종
③ 카투라 : 버번의 돌연변이종
④ 버번 : 카티모르의 돌연변이종

해설 | 커피의 원종에 가장 가까운 품종은 티피카, 마라고지페는 돌연변이종이다. 버번은 부르봉섬에서 발견된 돌연변이종이다.

35 티피카의 돌연변이종으로 콩은 작고 둥근 편이며 수확량은 티피카보다 20~30% 정도 많다. 중미, 브라질, 케냐, 탄자니아 등지에서 주로 재배되고 있는 이 품종은?

① 리베리카(Liberica)
② 버번(Bourbon)
③ 카네포라(Carnephora)
④ 마라카투라(Maracaturra)

해설 | 버번종에 대한 설명이다.

SECTION 3 | 커피 재배와 재배 지역

01 커피는 적도를 중심으로 남위 25도에서 북위 25도 사이의 열대·아열대 지역에 속하는 나라에서만 생산된다. 이를 일컫는 용어는 무엇인가?

① 커피 벨트(Coffee belt)
② 커피 트리(Coffee tree)
③ 커피 체리(Coffee cherry)
④ 커피 라인(Coffee line)

해설 | 세계지도를 펼쳐놓고 적도를 중심으로 북위 25도, 남위 25도 선을 그어보면 띠처럼 형성되어 있다고 해서 커피 벨트(Coffee belt)라 부른다.

02 커피는 열대·아열대 지역에 속하는 약 60여 개의 나라에서 생산된다. 이 생산 지역을 일컫는 용어로 바르게 짝지어진 것은?

① 커피 벨트(Coffee belt) - 커피 밴드(Coffee band)
② 커피 존(Coffee zone) - 커피 라인(Coffee line)
③ 커피 존(Coffee zone) - 커피벨트(Coffee belt)
④ 커피 벨트(Coffee belt) - 커피 루프(Coffee loop)

해설 | 세계지도를 펼쳐 생산 국가를 살펴보면 벨트 모양처럼 가로로 위치하고 있다고 하여 이를 커피벨트 또는 커피존이라 부른다.

03 로부스타에 비해 아라비카는 까다로운 생육 조건을 가지고 있다. 아라비카의 재배조건 중 기후에 대해 바르게 설명하고 있는 것은?

① 해충 구제를 위해서 강한 바람이 잘 부는 곳이 좋다.
② 재배 지역의 연평균 기온이 15~24℃ 정도로 기온이 30℃를 넘거나 5℃ 이하로 내려가지 않아야 한다.
③ 아라비카의 재배에 적당한 강우량은 연간 2,000~3,000mm 정도이다.
④ 아라비카는 로부스타에 비해 가뭄에 약한 특성이 있다.

해설 | 아라비카의 재배 지역은 연평균 기온이 15~24℃ 정도로 기온이 30℃를 넘거나 5℃ 이하로 내려가지 않아야 하고, 서리가 내리지 않아야 한다. 또한 강한 바람이 불지 않아야 하고 우기와 건기가 뚜렷해야 한다. 아라비카의 적정 강우량은 1,500~2,000mm 정도이며 아라비카가 로부스타에 비해 가뭄을 더 잘 견딘다.

04 커피의 재배조건 중 지형과 고도에 대해 바르게 설명하고 있는 것은?

① 로부스타는 800~2,000m의 고지대에서 생산되며, 아라비카는 700m 이하의 저지대에서 생산된다.
② 고지대에서 생산된 커피일수록 밀도가 낮아 향이 풍부하고 맛이 좋다.
③ 저지대에서 생산된 커피일수록 더 진한 청록색을 띠는 경향이 있다.
④ 표토층이 깊고 물 저장 능력이 좋으며 기계화가 용이한 평지나 약간 경사진 언덕이 좋다.

해설 | 아라비카는 800~2,000m의 고지대, 로부스타는 700m 이하의 낮은 지대에서 재배가 이루어진다. 고지대에서 생산된 커피일수록 밀도가 높으며 향이 풍부하고 맛이 좋고 더 진한 청록색을 띤다.

· **정답** · 01 ① 02 ③ 03 ② 04 ④

05 커피 재배 조건에 대해 잘못 설명하고 있는 것은?

① 커피 재배에 적합한 대기 습도 수준은 아라비카종이 70~75%, 로부스타종이 60%이다.
② 아라비카종은 대기습도가 85% 이상이 되면 커피 품질에 좋지 않은 영향을 받는다.
③ 커피 경작에 적합한 토양은 화산성 토양의 충적토로 약산성(pH5~6)이 좋다.
④ 다공질 토양이 투과성이 좋고 뿌리가 쉽게 뻗을 수 있으며 배수능력이 좋다.

해설 | 커피 재배에 적합한 대기 습도 수준은 아라비카종이 60%, 로부스타종이 70~75%이다.

06 커피체리를 수확하기 위해 필요한 일조량에 대해 잘못 설명하고 있는 것은?

① 커피체리를 수확하기 위해서는 하루 6~6.5시간 정도의 일조량이 필요하다.
② 연간 일조량이 2,200~2,400시간 정도가 되어야 커피체리 수확이 가능하다.
③ 그늘을 만들어 주기 위해 셰이드 트리(Shade tree)를 커피나무와 함께 심기도 한다.
④ 커피나무는 열대 혹은 아열대 지역에서 자라기 때문에 강한 햇볕과 열에 강한 특성이 있다.

해설 | 커피나무는 햇볕과 열에 약하기 때문에 이를 차단해 주어야 한다.

07 다음은 그늘재배(Shading)에 대해 설명한 것이다. 잘못 설명하고 있는 것은?

① 커피나무에 강한 햇볕과 열을 차단해 주기 위해 다른 나무를 커피나무 주위에 함께 심어 재배하는 방식을 말한다.
② 그늘재배로 생산된 커피를 '선 커피(Sun coffee)'라고 부른다.
③ 그늘재배를 위해 심는 나무를 '셰이드 트리(Shade tree)'라고 한다.
④ 셰이딩은 수분 증발을 막아주고 일교차를 완화시켜 준다.

해설 | 그늘재배로 생산된 커피를 '셰이드 그로운 커피(Shade grown coffee)'라고 한다. 셰이딩은 토양 침식을 막아주고 잡초의 성장을 억제하며 토양을 비옥하게 해주는 효과도 있다. 선 커피(Sun coffee)는 셰이딩을 하지 않고 대량으로 재배하여 생산된 커피를 말한다.

08 커피의 번식 방법에 대해 바르게 설명하고 있는 것은?

① 재배지에 직접 심는 직파는 커피묘목의 내성을 키울 수 있어 많이 사용된다.
② 직파는 구덩이에 3~5개의 커피 씨앗을 직접 심는 방법을 말하는데 가장 널리 쓰이는 방법이다.
③ 씨앗에 의한 파종 번식이 가장 적절하고 비용도 저렴하다.
④ 묘포에서 씨앗이 발아하면 바로 재배지로 이식하여 심는다.

해설 | 직파는 구덩이에 3~5개의 커피 씨앗을 직접 심는 방법을 말하는데 잘 사용하지 않는다. 묘포에서 묘목을 기르고 어느 정도 자라면 재배지에 이식하는 방법을 가장 많이 사용한다. 이 외에도 접목이나 꺾꽂이, 시험관 등의 무성생식도 가능하다.

09 커피는 파종부터 묘목이 될 때까지 묘포 (Nursery)에서 기르다 어느 정도 자라면 이식을 한다. 커피의 이식에 대해 잘못 설명하고 있는 것은?

① 이식은 보통 우기가 시작될 때 하는데 지표면 아래 50cm까지 충분히 촉촉해진 상태가 좋으므로 습도가 높고 흐린 날에 이식하는 것이 좋다.
② 이식하기 전에는 묘포에서 묘목을 뽑아내기 몇 시간 전에 물을 충분히 주어야 한다.
③ 폴리백 사용 시 파종에서 이식까지 아라비카종은 12개월, 로부스타종은 6~9개월 정도 소요된다.
④ 커피나무는 심은지 3년 정도가 지나면 1.5~2m 정도 성장하여 첫 번째 꽃을 피우고, 5년 정도가 지나면 수확이 가능하다.

해설 | 커피나무는 심은지 2년 정도가 지나면 1.5~2m 정도 성장하여 첫 번째 꽃을 피우고, 3년 정도가 지나면 수확이 가능하다. 안정적인 수확은 5년 정도가 지나야 한다.

10 커피나무의 개화와 수분(pollination)에 대해 바르게 설명하고 있는 것은?

① 아라비카종은 90~95% 정도 자가수분을 하고 로부스타종은 타가수분을 한다.
② 개화는 나무를 심고 2~3년 정도 지나면 시작 되는데 개화 기간은 15일 정도로 길다.
③ 커피나무의 꽃가루는 무거운 편이라 곤충에 의한 수분이 90% 이상을 차지하고, 바람에 의한 수분은 5~10% 정도이다.
④ 우기가 끝나고 건기가 시작되면 개화자극이 발생하고 5~12일이 지나면 꽃을 피운다.

해설 | 개화는 나무를 심고 2~3년 정도 지나면 시작 되는데 개화 기간은 2~3일 정도로 짧다. 커피나무의 꽃가루는 가벼운 편이라 바람에 의한 수분이 90% 이상을 차지하고, 곤충에 의한 수분은 5~10% 정도이다. 꽃봉오리는 개화 자극까지 2~3개월의 휴면기를 보내다가 갑작스러운 수분 스트레스나 기온의 하강에 의해 휴면기를 멈춘다. 이후 건기가 끝나고 우기를 알리는 첫번째 비가 내리면 개화 자극이 발생한다. 이 비가 그치고 5~12일이 지나면 꽃을 피운다.

11 다음은 무엇에 관해 설명한 것인가?

> 이것은 커피 재배 농가의 삶의 질을 개선하고 수질과 토양, 생물 다양성을 보호하며 장기적인 관점에서 안정적으로 커피를 생산하도록 도와주기 위한 것이다.

① 성장가능 커피(Growth coffee)
② 지속가능 커피(Sustainable coffee)
③ 제한가능 커피(Limitation coffee)
④ 개발가능 커피(Development coffee)

해설 | 지속가능 커피에 대한 설명이다.

12 지속가능 커피에 대한 인증이 아닌 것은?

① 유네스코 커피(UNESCO coffee)
② 유기농 커피(Organic coffee)
③ 공정무역 커피(Fair-trade coffee)
④ 버드프렌들리 커피(Bird-friendly coffee)

해설 | 지속가능 커피에 대한 인증은 유기농 커피(Organic coffee), 공정무역 커피(Fair-trade coffee), 버드프렌들리 커피(Bird-friendly coffee) 등이 있다.

13 다음은 무엇에 관한 설명인가?

품질 높은 커피를 생산하는 나라들은 제대로 된 보상을 받고 소비자는 질 좋은 커피를 구매할 수 있는 시스템으로 1999년 브라질에서 처음 시작 되었다. 매년 참가국의 커피를 국제심사위원들이 평가하고 그 결과에 따라 상위 등급을 받은 커피들은 경매를 통해 회원들에게 판매된다.

① ToE(Top of Excellence)
② VoE(Victory of Excellence)
③ WoE(World of Excellence)
④ CoE(Cup of Excellence)

해설 | 컵 오브 엑셀런스(Cup of Excellence)에 대한 설명이다.

14 커피 벨트(Coffee belt) 또는 커피존(Coffee zone)의 정확한 범위는?

① 남위 20도~북위 25도
② 남위 30도~북위 25도
③ 남위 25도~북위 30도
④ 남위 25도~북위 25도

해설 | 적도를 기준으로 남위 25도~북위 25도에 이르는 열대와 아열대 커피 재배 지역을 커피 벨트라 부른다.

15 다음 커피 재배에 대한 설명으로 맞는 것은?

① 아라비카종은 베트남을 비롯한 동남아시아와 서부 아프리카 지역에서 주로 생산된다.
② 커피꽃의 개화를 위해서는 짧은 기간의 건기가 꼭 필요하다.
③ 아라비카는 브라질과 베트남에서 많이 생산되는 품종이다.
④ 남위 45도와 북위 45도 사이 지역은 커피 재배에 적합하여 커피 존이라 한다.

해설 | 로부스타종이 베트남을 비롯한 동남아와 서부 아프리카 지역에서 생산된다. 브라질과 베트남에서 많이 생산되는 품종 또한 로부스타이다. 커피 존은 남위 25도 북위 25도 사이의 커피 생산 지역을 말한다.

16 커피 재배에 대한 설명으로 바르게 설명하고 있는 것은?

① 아라비카종은 저지대에서 대량으로 재배되고, 로부스타종은 고지대에서 재배된다.
② 화산지역의 토양은 미네랄이 풍부하여 커피나무의 성장에 좋은 영향을 준다.
③ 저지대에서 재배된 커피일수록 좋은 품질로 구분된다.
④ 커피 재배 지역은 겨울이 있는 북반구가 좋다.

해설 | 커피 재배는 열대와 아열대 기후가 적합하며 아라비카종은 고지대, 로부스타종은 저지대에서 재배된다. 고지대에서 재배된 아라비카종이 고급커피로 취급된다.

17 다음 중 아라비카종을 재배할 수 있는 조건과 가장 거리가 먼 것은?

① 유기물이 풍부한 화산성 토양의 충적토 (Alluvial soils)가 좋다.
② 적도를 기준으로 남, 북위 25도 사이의 열대 또는 아열대 지역에서 생산된다.
③ 브라질이나 인도의 몬순지역처럼 건기와 우기가 명확하여 알칼리성 토양인 지역이 좋다.
④ 연평균 기온이 약 15~24℃ 정도이고, 아라비카의 경우 연 강우량은 1,500~2,000mm 정도인 지역이 좋다.

해설 | 커피 재배에 적합한 토양은 약산성(pH5~6)이 좋다.

18 커피 재배 조건에 대해 설명한 것 중 틀린 것은?

① 수확이 이루어지는 시점에서는 건조한 기후가 필요하다.
② 개화 전까지 충분한 수분이 공급되어야 한다.
③ 원활한 광합성 작용을 위해 강렬한 햇볕이 많이 필요하다.
④ 배수가 잘 되는 지역이 좋다.

해설 | 지나치게 햇볕이 강하면 커피나무가 시들어 좋지 않은 영향을 준다.

19 다음 커피에 관한 설명 중 맞는 것은?

① 파종한 후 1년이 지나면 꽃이 피고 바로 수확이 가능하다.
② 타가수분을 하는 로부스타종은 대부분 곤충에 의해 수분이 이루어진다.
③ 꽃눈에서 개화까지는 걸리는 기간은 2~3주 정도이다.
④ 찬바람과 습기 없는 뜨거운 바람, 서리는 커피 생육에 큰 적이다.

해설 | 심은 지 3년이 지나야 꽃이 피고 수확이 가능하다. 타가수분은 대부분 바람에 의해 수분이 이루어진다. 꽃눈에서 개화까지 걸리는 기간은 2~3개월 정도이다.

20 그늘재배(Shading)에 대해 잘못 설명하고 있는 것은?

① 그늘재배를 위해 심어주는 나무를 셰이드 트리(Shade tree)라고 한다.
② 일조량을 줄여주기 위해 키가 크고 잎이 넓은 나무를 커피나무 주변에 심어주는 것을 말한다.
③ 커피열매가 천천히 성장하므로 좋은 품질의 커피를 얻을 수 있다.
④ 그늘재배를 가장 많이 하는 나라는 브라질이다.

해설 | 브라질은 저지대에서 대량으로 커피를 많이 재배하기 때문에 그늘재배 방법을 사용할 수 없다.

21 다음 중 셰이딩(Shading)에 대한 설명으로 잘못된 것은?

① 토양을 비옥하게 하여 화학비료 및 제초제 사용량을 줄일 수 있다.
② 품질 좋은 커피를 얻을 수 있으나 나무의 마디 사이가 길어져서 수확량이 감소할 수도 있다.
③ 햇볕이 차단되는 효과로 인해 오히려 커피녹병이 더 많이 발생할 수도 있다.
④ 동일 면적당 생산량은 적지만 뛰어난 맛과 향을 가지고 있어 스페셜티 커피가 되기 위한 필수조건으로 SCAA에서 제시하고 있다.

해설 | 셰이딩 재배가 스페셜티 커피가 되기 위한 필수조건은 아니다.

22 커피 재배에 대한 내용 중 바르게 설명하고 있는 것은?

① 나무의 활기찬 생명력 유지와 수확의 용이성을 위해 주기적으로 가지치기를 해주어야 한다.
② 생두상태의 커피씨앗을 심어야 발아가 쉽다.
③ 재배 지역에 직접 파종해야 환경 적응이 쉬워 발아가 쉽다.
④ 커피 재배에 적합한 토양은 수분의 함량이 많은 황토가 적합하다.

해설 | 커피 재배에 좋은 토양은 수분의 배출이 용이한 화산성 토양이 좋고, 파치먼트 상태로 심은 후 묘목상태에서 이식해야 한다.

23 다음 커피 재배에 관한 내용 중 맞는 것은?

① 커피의 성장에서 강한 햇볕과 무기질이 풍부한 화산성 토양이 적당하다.
② 발아 후 6~18개월 경과한 시점에 건강 상태가 양호한 나무들을 골라 옮겨 심는다.
③ 커피는 생산 기간을 줄이고 발아율을 높이기 위해 재배 지역에 직접 파종하는 방법을 주로 사용한다.
④ 커피 씨앗이 발아하면 바로 경작지에 옮겨 심어 관리한다.

해설 | 강한 햇볕은 해롭고, 발아율을 높이기 위해서는 묘포에 심어 어느정도 자라면 재배지에 이식하는 방법을 사용한다.

24 커피나무 재배에 이용되는 파종법은?

① 파치먼트 파종
② 접목
③ 접붙이기
④ 직파

해설 | 파치먼트를 묘판에 심어 파종 시키는 방법을 주로 사용한다.

25 다음 중 커피 재배를 잘하기 위해 시행한 일 중 잘못된 것은?

① 강한 바람을 막기 위한 방풍림 조성
② 커피 수확이 쉽도록 높은 곳의 가지를 잘라주는 가지치기
③ 강한 햇볕과 열을 차단하기 위한 셰이드 트리 조성
④ 한낮의 열기를 식혀주기 위해 햇볕이 강한 시간에 물주기

해설 | 햇볕이 강한 시간에 물주기는 삼가 해야 한다.

26 다음 중 '테라록사(Terra roxa)'에 대해 바르게 설명하고 있는 것은?

① 브라질의 커피 재배 지역에서 볼 수 있는 현무암과 휘록암이 풍화된 토양을 말한다.
② 석회암이 풍화되어 형성된 적색토양이다.
③ 사바나 기후지대에서 널리 분포하는 적갈색 토양이다.
④ 현무암이 풍화되어 형성된 흑색 토양이다.

해설 | ②는 테라로사(Terra rossa), ③은 라테라이트(Laterite), ④는 레구르 토(Regur soil)에 대한 설명이다.

27 커피나무의 질병 중 이 병에 걸리면 성장 방해로 인한 나무의 괴사와 수확량의 감소로 인해 가장 치명적인 질병으로 불리는 것은?

① 커피체리병(Coffee Cherry Disease)
② 커피녹병(Coffee Leaf Rust)
③ 커피탄저병(Coffee Anthracnose)
④ 커피해충병(Coffee Vermin Disease)

해설 | 커피녹병에 걸리면 수확량이 감소하고 성장이 방해되어 나무가 죽을 수 있으며 현재까지 알려진 커피나무 질병 중 가장 치명적인 질병이다.

28 커피나무에서 꽃이 피고 지는 개화기간은 일반적으로 며칠인가?

① 10일
② 20일
③ 15일
④ 2~3일

해설 | 커피나무의 개화기간은 2~3일로 짧다.

29 커피의 생육 조건에 대한 내용 중 맞는 것은?

① 커피는 열대나 아열대에서 자라는 식물이므로 일조량이 많을수록 좋다.
② 아라비카종 보다 로부스타종의 재배 환경이 더 까다롭다.
③ 커피나무의 경제적인 수명은 일반적으로 20~30년 정도이다.
④ 커피는 겨울이 있는 북반구 지역에서도 재배가 가능하다.

해설 | 일조량은 연 2,200~2,400시간 정도가 적당하며 아라비카종의 재배환경이 더 까다롭다. 기온이 영상 5도 이하로 내려가는 겨울이 있는 지역에서는 커피를 노지에 재배하는 것이 불가능하다.

30 커피나무의 가치치기에 대해 잘못 설명하고 있는 것은?

① 수확을 용이하게 하기 위함이다.
② 열매가 열리는 가지의 성장을 촉진시키기 위해서 이다.
③ 키가 큰 나무로 성장시켜 열매를 많이 맺게 하기 위함이다.
④ 격년결실을 완화시켜 주기 위함이다.

해설 | 키를 제한시켜 주어야 결실이나 수확에 도움이 된다.

정답 · 26 ① 27 ② 28 ④ 29 ③ 30 ③

01 커피 수확은 기계에 의한 수확과 사람에 의한 수확 방법이 있다. 사람에 의한 수확 방법 중 여러 번에 걸쳐 익은 체리만을 골라 수확하는 방법을 무엇이라 부르는가?

① 핸드피킹(Hand picking)
② 스트리핑(Stripping)
③ 핸드소팅(Hand sorting)
④ 스키밍(Skimming)

해설 | 핸드피킹은 잘 익은 체리만을 골라 수확하는 방법을 말한다.

02 커피를 수확하는 방법 중 체리를 한 번에 손으로 훑어 수확하는 방법인 스트리핑(Stripping)에 대해 잘못 설명하고 있는 것은?

① 비용을 절감할 수 있는 장점이 있다.
② 나뭇가지를 훑어내기 때문에 나무에 손상을 줄 수 있다.
③ 품질이 균일한 커피를 생산할 수 있다.
④ 내추럴 커피나 로부스타 커피 생산지역에서 주로 사용한다.

해설 | 덜 익은 커피도 함께 수확이 되기 때문에 품질이 균일하지 않다.

03 핸드피킹에 대한 설명으로 잘못된 것은?

① 잘 익은 커피만을 골라 수확하기 때문에 품질이 좋은 커피생산이 가능하다.
② 여러 번에 걸쳐 수확하기 때문에 비용을 절감할 수 있다.
③ 주로 워시드 가공을 하는 생산지역에서 사용하는 방법이다.
④ 고급 아라비카 커피를 생산하는 지역에서 주로 사용한다.

해설 | 여러 번에 걸쳐 생산하면 그만큼 인건비가 많이 들어 비용이 상승한다.

04 커피를 수확하는 방법 중 기계수확에 대해 바르게 설명하고 있는 것은?

① 나무의 키를 일정하게 맞추고 기계로 수확하는 방법이다.
② 베트남에서 처음 개발되어 사용하기 시작하였다.
③ 경작지가 경사지고 커피나무 줄 사이의 간격이 좁은 지역에 적합하다.
④ 아프리카처럼 노동력이 풍부하거나 임금이 저렴한 지역에서 주로 사용하는 방법이다.

해설 | 나무 키와 폭에 따라 조절이 가능한 기계를 사용하지만 나무의 키를 일정하게 맞춰야 생산성이 증대된다. 브라질에서 처음 개발되어 사용되기 시작했으며, 브라질 세하도(Cerrado) 지역처럼 경작지가 편평하고 커피나무 줄 사이의 간격이 넓은 지역에 적합하다.

05 다음은 커피를 가공하는 방법 중 어떤 방식을 설명한 것인가?

> 체리를 수확한 후 펄프를 제거하지 않고 체리를 그대로 건조시키는 방법이다. 물이 부족하고 햇빛이 좋은 지역에서 주로 이용하는 전통적인 가공법으로 이물질 제거-분리-건조 세과정으로 구분된다.

① 건식법(Dry Method)
② 습식법(Wet Method)
③ 세미 워시드법(Semi washed Processing)
④ 펄프드 내추럴법(Pulped natural Processing)

해설 | 건식법에 대한 설명이다. 또한 건식법으로 생산된 커피를 내추럴 커피(Natural coffee)라 한다.

· **정답** · 01 ① 02 ③ 03 ② 04 ① 05 ①

06 커피를 가공하는 방법 중 하나인 습식법에 대해 잘못 설명하고 있는 것은?

① 수확한 커피를 무거운 체리(싱커)와 가벼운 체리(플로터)로 분리한다.
② 펄프(과육)를 벗겨내는 작업인 펄핑(Pulping)을 하고 파치먼트에 달라붙은 점액질은 발효과정을 거쳐 제거한다.
③ 점액질을 제거하는 발효과정을 거치면 파치먼트 상태로 건조시킨다.
④ 발효시간은 16~36시간 정도이며 알칼리성으로 변한다.

해설 | 발효시간은 16~36시간 정도이며 아세트산이 생성되어 pH가 4까지 낮아진다. 발효 과정 후 물로 다시 세척한다.

07 펄핑을 한 후에 점액질을 제거하지 않고 기계를 사용하여 점액질을 제거하는 방식으로 건식법과 습식법의 중간 형태인 커피가공법은?

① 건식법(Dry Method)
② 습식법(Wet Method)
③ 세미 워시드법(Semi washed Processing)
④ 펄프드 내추럴법(Pulped natural Processing)

해설 | 펄프드 내추럴 방법에 대한 설명으로 브라질에서 주로 사용된다.

08 전통적인 발효과정을 거치지 않고 기계를 사용하여 점액질을 제거하는 가공법은?

① 건식법(Dry Method)
② 습식법(Wet Method)
③ 세미 워시드법(Semi washed Processing)
④ 펄프드 내추럴법(Pulped natural Processing)

해설 | 점액질 제거를 위해 물에 담궈 발효시키는 과정을 거치지 않고 물이 흐르는 기계를 통과하며 바로 점액질이 제거되는 방법은 세미 워시드 방법이다.

09 다음 중 습식법에 대해 잘못 설명하고 있는 것은?

① 분리-펄핑-점액질 제거-세척-건조 과정으로 진행된다.
② 품질이 높고 균일한 커피 생산이 가능하다.
③ 많은 양의 물을 사용하므로 환경오염 문제를 야기하기도 한다.
④ 단맛과 강한 바디감을 주는 커피를 생산하는 가공법이다.

해설 | 습식법으로 가공된 커피는 신맛과 좋은 향이 특징이다.

10 커피를 가공하는 방법 중 하나인 건식법에 대해 잘못 설명하고 있는 것은?

① 습식법에 비해 생산 단가가 비싼 단점이 있다.
② 이물질 제거-분리-건조 과정으로 진행된다.
③ 품질이 낮고 균일하지 않다.
④ 단맛과 강한 바디감이 특징이다.

해설 | 생산 단가가 싸고 친환경적인 장점이 있다.

11 가공된 커피는 미생물의 증식으로부터 파치먼트나 체리를 안전하게 보관할 수 있도록 커피의 수분 함유율을 낮추는 건조 과정을 거치는데 이 과정의 목표 함수율은?

① 8%
② 12%
③ 16%
④ 20%

해설 | 수분 함유율이 10~11% 정도로 낮으면 탈곡할 때 커피가 깨지기 쉽고, 12%를 넘으면 품질 하락과 보관 시 중량 손실을 가져올 수 있다.

· **정답** · 06 ④ 07 ④ 08 ③ 09 ④ 10 ① 11 ②

12 콘크리트나 아스팔트, 타일로 된 건조장을 일컫는 말은?

① 파티오(Patio)
② 그라운드(Ground)
③ 필드(Field)
④ 팔레트(Pallet)

해설 | 파티오라 부른다. 체리나 파치먼트를 이곳에 펼쳐 놓은 후 갈퀴로 뒤집어 골고루 건조가 되도록 한다. 건조까지 파치먼트는 7~15일, 체리는 12~21일 정도 걸린다.

13 다음 빈칸에 알맞은 말로 짝지어진 것은?

건조 중인 커피의 수분 함유율이 20%가 되면 (   )건조기나 (   )건조기를 이용하여 이를 12% 대로 낮춘다. 기계 건조는 내추럴 커피보다 워시드 커피에 더 많이 사용된다.

① 라운드(Round) − 파워(Power)
② 라운드(Round) − 타워(Tower)
③ 로터리(Rotary) − 파워(Power)
④ 로터리(Rotary) − 타워(Tower)

해설 | 로터리 건조기나 타워 건조기를 이용한다.

14 생두의 실버스킨을 제거하는 것으로 생두의 외관을 좋게 하고 쓴맛을 줄여주는 효과가 있는 탈곡 방법은?

① 리무빙(Removing)
② 왁싱(Waxing)
③ 헐링(Hulling)
④ 폴리싱(Polishing)

해설 | 폴리싱은 실버스킨을 제거해 주는 작업을 말하는데 반드시 이루어지는 것은 아니며 주문자의 요청이 있을 때 시행된다.

15 다음 빈칸에 들어갈 말을 차례대로 바르게 나열한 것은?

탈곡은 생두를 감싸고 있는 파치먼트 껍질을 제거하거나 마른 체리에서 체리 껍질을 제거하는 과정이다. 워시드 커피의 파치먼트 껍질을 벗겨내는 것을 (   )이라 하고 내추럴 커피의 체리 껍질을 벗겨내는 것을 (   )이라 한다.

① 헐링(Hulling) − 왁싱(Waxing)
② 헐링(Hulling) − 허스킹(Husking)
③ 폴리싱(Polishing) − 허스킹(Husking)
④ 폴리싱(Polishing) − 헐링(Hulling)

해설 | 워시드 커피의 껍질을 벗겨내는 것을 헐링, 내추럴 커피의 체리 껍질을 벗겨내는 것을 허스킹이라 한다.

16 생두를 보관하는 방법에 대해 잘못 설명하고 있는 것은?

① 통기성이 좋은 황마나 사이잘삼으로 만든 포대에 담은 후 재봉하여 보관한다.
② 곰팡이 방지와 습기 제거를 위해 햇볕이 잘 드는 곳에 보관해야 한다.
③ 생두의 포장단위는 국가마다 다르지만 보통 60kg을 기준으로 한다.
④ 일반적으로 워시드 커피는 내추럴 커피보다 보관기간이 더 짧다.

해설 | 햇볕이 잘 들지 않는 서늘한 곳에 보관하여야 한다.

17 커피 수확 방법에 대해 바르게 설명하고 있는 것은?

① 기계에 의한 수확은 주로 베트남에서 이루어진다.
② 커피체리의 수확은 정오를 중심으로 한낮에 이루어진다.
③ 커피 생산국 중 북반구에 위치한 나라들의 수확시기는 9~3월, 남반구에 위치한 나라들은 4~9월 사이이다.
④ 숙성을 위해 완전히 익지 않은 녹색 커피체리를 수확하는 것이 좋다.

해설 | 기계에 의한 수확은 주로 브라질에서 사용되며, 커피 수확은 이른 아침이나 오후 늦게 더위를 피해 이루어진다. 붉게 잘 익은 체리를 수확하는 것이 커피 품질에 매우 중요하다.

18 핸드 피킹(Hand–Picking)으로 커피를 수확하는 방법에 대한 설명으로 틀린 것은?

① 붉게 잘 익은 체리만을 골라서 수확하는 방법이다.
② 커피열매가 익는 시점이 달라 한 그루 커피나무에서도 여러 번 반복해서 수확하므로 인건비 부담이 크다.
③ 내추럴 커피나 로부스타 커피를 생산하는 지역에서 주로 사용하는 수확 방법이다.
④ 주로 기계를 이용한 수확이 불가능한 지역에서 이용하는 방법이다.

해설 | 워시드 커피나 아라비카 커피를 생산하는 지역에서 주로 사용하는 방법이다.

19 커피를 수확하는 방법에 대한 설명으로 틀린 것은?

① 핸드피킹으로 수확한 체리가 스트리핑 보다 품질이 더 좋다.
② 스트리핑은 핸드피킹보다 수확비용이 더 저렴하다.
③ 핸드피킹은 워시드 커피나 아라비카 커피를 생산할 때 사용된다.
④ 핸드피킹은 스트리핑보다 나무에 손상을 더 입힌다.

해설 | 스트리핑이 나무에 손상을 더 입힌다.

20 커피체리의 과육을 제거하는 펄핑(Pulping)과정에서 사용되는 펄퍼의 종류가 아닌 것은?

① 디스크 펄퍼(Disc pulper)
② 드럼 펄퍼(Drum pulper)
③ 스크린 펄퍼(Screen pulper)
④ 로터리 펄퍼(Rotary pulper)

해설 | 펄핑 과정에서 사용하는 펄퍼에는 디스크, 드럼, 스크린 등이 있다.

21 커피체리 100kg을 수확하여 모든 가공 과정을 거친 후 최종적으로 얻을 수 있는 생두의 양을 워시드와 내추럴 커피로 맞게 묶어 놓은 것은?

① 워시드 10kg, 내추럴 20kg
② 워시드 20kg, 내추럴 10kg
③ 워시드 30kg, 내추럴 20kg
④ 워시드 20kg, 내추럴 20kg

해설 | 두 방법 모두 양은 동일하다.

정답 · 17 ③ 18 ③ 19 ④ 20 ④ 21 ④

22 다음 중 건식법(Dry processing)의 가공 과정에 대한 설명으로 맞는 것은?

① 펄핑을 하지 않을 뿐 발효나 세척과정은 습식법과 동일하게 진행된다.
② 발효과정을 거치지 않기 때문에 건조에 소요되는 기간은 습식법에 비해 덜 걸린다.
③ 물이 부족하고 햇볕이 좋은 지역에서 주로 이루어진다.
④ 발효된 파치먼트를 건조장에 펼치고 수분이 일정 수준 이하가 될 때까지 건조시킨다.

해설 | 펄핑을 하지 않고 커피체리를 그대로 말리기 때문에 발효나 세척과정을 거치지 않는다. 건조에 소요되는 시간이 습식법에 비해 더 길고 파치먼트를 건조장에 말리는 것이 아니라 커피체리를 말린다.

23 생두의 가공방법 중 하나인 건식법에 대해 바르게 설명하고 있는 것은?

① 물이 풍부한 나라에서 주로 사용하는 가공법이다.
② 비가 많고 습도가 높은 커피 생산국에서는 건조 과정 중 발효의 위험성이 높아 사용하지 않는다.
③ 건식법을 사용하는 대표적인 나라는 남미의 콜롬비아 이다.
④ 체리를 수확한 후 과육을 제거하는 펄핑 과정을 거친다.

해설 | 건식법은 물이 부족한 국가에서 주로 사용하며, 콜롬비아는 습식법을 사용하는 대표적인 나라다. 건식법은 체리를 통째로 말리기 때문에 펄핑 과정을 거치지 않는다.

24 다음 중 습식법(Wet processing) 가공 과정에 대한 설명으로 틀린 것은?

① 건식법에 비해 생산단가가 싸고 친환경적이다.
② 일정한 설비와 풍부한 물이 확보된 상태에서 가능한 가공법이다.
③ 중남미 지역에서 아라비카 커피를 생산할 때 주로 이용된다.
④ 발효 탱크에서 16~36시간 정도 발효시키면 pH 4범위로 내려간다.

해설 | 건식법에 비해 생산단가가 비싸고 오수로 인한 환경오염 문제가 대두된다.

25 습식법에 대해 바르게 설명하고 있는 것은?

① 대량 생산이 필요한 로부스타 가공 시 많이 사용한다.
② 과육이 생두로 스며들어 단맛이 좋고 바디감이 좋은 커피를 얻을 수 있다.
③ 건식법에 비해 품질이 떨어지기 때문에 많이 사용하지 않는다.
④ 미생물에 의해 아세트산이 생성되어 pH가 3.8~4.0까지 내려간다.

해설 | 로부스타 가공에는 건식법을 많이 사용하고, 단맛과 바디감이 좋은 커피는 건식법으로 가공한 커피다. 습식법으로 가공한 커피가 품질이 좋다.

26 다음 중 습식법과 건식법이 동시에 이루어지는 나라는?

① 탄자니아
② 에티오피아
③ 브룬디
④ 말라위

해설 | 아프리카 국가 중 습식법과 건식법을 동시에 하는 나라는 에티오피아 이다.

정답 · 22 ③ 23 ② 24 ① 25 ④ 26 ②

27 다음 중 건조 과정에 대해 바르게 설명하고 있는 것은?

① 건조를 위한 공간인 파티오는 콘크리트, 아스팔트, 자갈, 모래 등으로 만들어진다.
② 균일한 건조가 이루어 지도록 파치먼트나 체리를 자주 뒤집어 주는 것이 좋다.
③ 햇볕 건조가 기계 건조에 비해 균일한 건조가 가능하다.
④ 파티오 건조가 건조대를 사용하는 것 보다 더 많은 노동력을 필요로 한다.

해설 | 파티오는 콘크리트, 아스팔트, 타일 등으로 만든 작업장이다. 기계 건조가 햇볕 건조에 비해 균일한 건조가 가능하고, 건조대를 사용하는 건조가 노동력을 더 많이 필요로 한다.

28 다음 중 건조 과정에 대한 설명으로 틀린 것은?

① 커피 체리나 파치먼트의 수분함량을 12% 정도로 낮추는 과정이다.
② 건조기간은 습식법이 건식법보다 짧다.
③ 파치먼트 건조 방법은 햇볕 건조와 기계 건조 방법이 있다.
④ 건조 가공 후 보관은 습식법과 건식법 모두 파치먼트 상태로 보관한다.

해설 | 습식법은 파치먼트 상태로 건식법은 체리상태로 보관한다.

29 건식법 가공과 습식법 가공을 비교해 봤을 때 다음 중 건식법에는 없는 과정은?

① 분리
② 건조
③ 발효
④ 탈곡

해설 | 건식법은 체리를 통째로 말리기 때문에 발효 과정을 거치지 않는다.

30 향미가 풍부한 커피를 생산하기 위한 방법으로 가장 적합한 것은?

① 친환경 농법인 유기농법으로 재배한다.
② 건조시간은 길면 길수록 좋으므로 생두의 수분이 완전히 제거되도록 장기간 건조시킨다.
③ 완전히 익은 붉은색의 체리를 선별, 수확한다.
④ 수확 후 커피체리의 껍질을 제거하는 펄핑 과정을 반드시 거쳐야 한다.

해설 | 유기농은 향미와 밀접한 관련이 없고, 건조시간은 생두의 함수율이 12% 정도가 될 때 까지만 한다. 건식법에서는 펄핑 과정을 거치지 않는다.

31 커피체리의 껍질을 제거한 후 곧바로 건조시켜 커피의 점액질이 그대로 생두에 흡수되게 하는 방법으로 브라질에서 주로 사용하는 가공방법은?

① 습식법
② 펄프드 내추럴
③ 건식법
④ 세미 워시드

해설 | 펄프드 내추럴 방법에 대한 설명이다.

32 다음은 무엇에 관한 설명인가?

> 커피생두의 실버스킨을 제거하는 과정을 말하며 상품의 가치를 높이기 위한 선택 과정이다. 주로 고급 커피인 자메이카 블루마운틴, 하와이 코나 커피에 사용되는 가공 과정이다.

① 헐링(Hulling) 과정
② 클리닝(Cleaning) 과정
③ 폴리싱(Polishing) 과정
④ 왁싱(Waxing) 과정

해설 | 폴리싱 과정에 대한 설명이다.

33 다음 중 커피 가공 과정이 순서대로 맞게 나열된 것은?

① 헐링(Hulling) → 그레이딩(Grading) → 클리닝(Cleaning)
② 클리닝(Cleaning) → 헐링(Hulling) → 그레이딩(Grading)
③ 그레이딩(Grading) → 헐링(Hulling) → 클리닝(Cleaning)
④ 클리닝(Cleaning) → 그레이딩(Grading) → 헐링(Hulling)

해설 | 클리닝(Cleaning) → 헐링(Hulling) → 그레이딩(Grading) 순으로 진행된다.

34 워시드 커피와 내추럴 커피에 대한 설명으로 잘못된 것은?

① 물을 사용하지 않는다고 하여 내추럴 커피를 다른 말로 언워시드 커피(Unwashed coffee)라고도 한다.
② 내추럴 커피의 생두는 실버스킨이 노란빛을 띤다.
③ 일반적으로 워시드 커피가 신맛이 더 좋다고 알려져 있다.
④ 워시드 커피는 내추럴 커피에 비해 단맛과 바디가 더 강하다.

해설 | 내추럴 커피가 단맛과 바디가 더 강하다.

35 생두의 포장과 보관에 대한 설명으로 잘못된 것은?

① 습식법 커피는 건식법 커피에 비해 보관을 더 오래할 수 있다.
② 생두는 보통 황마나 사이잘삼으로 만든 백에 담아 보관한다.
③ 포장단위는 국제적인 표준 단위에 따르면 1포대 당 통상 60kg이다.
④ 콜롬비아의 경우 포장 단위가 70kg이다.

해설 | 습식법 커피는 건식법 커피에 비해 보관 기간이 더 짧은 단점이 있다.

SECTION 5 | 커피의 등급과 평가

01 생두를 분류하는 기준으로 적합하지 않은 것은?

① 함수율에 의한 분류
② 생두 크기에 따른 분류
③ 재배 고도에 의한 분류
④ 결점두에 의한 분류

해설 | 생두의 분류는 크게 생두의 크기, 재배고도, 결점두로 이루어진다.

02 다음 괄호안에 들어갈 말을 순서대로 잘 나열한 것은?

> 생두를 분류하는 국가 중 브라질, 인도네시아 등의 생산 국가들은 샘플에 섞여 있는 (   )를 점수로 환산하여 분류한다. 브라질은 (   )로 인도네시아는 (   )로 분류한다.

① 파치먼트 – No.2~8 – Grade 1~6
② 피베리 – Grade 1~6 – No.2~8
③ 결점두 – No.2~8 – Grade 1~6
④ 결점두 – Grade 1~6 – No.2~8

해설 | 생두가 여러 가지 이유로 손상된 것을 결점두라 한다. 브라질, 인도네시아, 에티오피아 등의 국가는 결점두를 점수로 환산하여 등급을 분류한다. 브라질은 No.2~8, 인도네시아는 Grade 1~6 등급을 사용하고 있다.

03 생두가 생산되는 고도에 의해 생두를 분류하고 있는 국가들 중 과테말라와 코스타리카의 최상등급 생두를 나타내는 용어는?

① SHG(Strictly High Grown)
② SHB(Strictly Hard Bean)
③ HG(High Grown)
④ HB(Hard Bean)

해설 | 과테말라와 코스타리카는 SHB(Strictly Hard Bean) 등급이 최상 등급이다.

04 다음 중 SCA 스페셜티 커피 기준에 해당되지 않는 것은?

① 샘플중량은 생두 350g, 원두 100g 이다.
② 수분 함유량은 워시드 커피의 경우 10~12% 이다.
③ 콩의 크기는 편차가 5% 이내여야 한다.
④ 퀘이커(Quaker)는 3개 미만이다.

해설 | 퀘이커는 단 한개도 허용되지 않는다. 그 외의 기준은 냄새는 외부의 오염된 냄새가 없어야 하고, 향미 특성은 커핑을 통해 샘플은 프래그런스/아로마, 플레이버, 신맛, 바디, 애프터테이스트의 부분에서 각기 독특한 특성이 있어야 한다. 또한 외부 냄새와 향미 결점이 없어야 한다.

05 스페셜티 커피를 분류하는 SCA 기준 결점두 중 너무 늦게 수확되거나 흙과 접촉하여 발효된 커피를 부르는 명칭은?

① Black Bean
② Hull/Husk
③ Dried Cherry/Pods
④ Fungus Damaged

해설 |
- Hull/Husk : 잘못된 탈곡이나 선별과정에서 발생
- Dried Cherry/Pods : 잘못된 펄핑이나 탈곡에서 발생
- Fungus Damaged : 보관 상태에서 곰팡이 발생

06 SCA 결점두 기준 중 발생 원인을 잘못 설명하고 있는 것은?

① Foreign matter : 커피 이외의 외부 물질을 말함
② Parchment : 불완전한 탈곡으로 발생
③ Insect Damages : 해충이 생두에 파고들어가 알을 낳은 경우 발생
④ Broken/Chipped/Cut : 발육기간 동안 수분 부족으로 발생

해설 |
• Broken/Chipped/Cut : 잘못 조정된 장비 또는 과도한 마찰력에 의해 발생

07 SCA 스페셜티 커피 결점두 분류법 중 미성숙한 상태에서 수확할 경우 발생되는 결점두는?

① Floater
② Withered bean
③ Immature/Unripe
④ Shell

해설 |
• Floater : 부적당한 보관이나 건조에 의해 발생
• Withered bean : 발육기간 동안 수분 부족으로 인해 발생
• Shell : 유전적인 원인으로 발생
• Sour bean : 너무 익은 체리, 땅에 떨어진 체리 수확, 과 발효나 정제과정에서 오염된 물을 사용했을 경우 발생

08 SCA 결점두 분류 중 결점두가 커피 품질에 미치는 영향에 따라 프라이머리 디펙트(Primary defect)와 세컨더리 디펙트(Secondary Defect) 그룹으로 분류하는데 다음 중 프라이머리 디펙트에 해당되지 않는 것은?

① Full Black
② Full Sour
③ Parchment
④ Dried cherry/Pods

해설 |
• Primary defect : Full Black, Full Sour, Dried Cherry/Pods, Fungus Damaged, Severe Insect Damaged, Foreign Matter

09 다음 중 세컨더리 디펙트에 해당되지 않는 것은?

① 플로터(Floater)
② 이머춰/언라이프(Immature/Unripe)
③ 쉘(Shell)
④ 포린 메터(Foreign Matter)

해설 |
• Secondary Defect : Partial Black, Partial Sour, Parchment, Floater, Immature/Unripe, Withered, Shell, Broken/Chipped/Cut, Hull/Husk, Slight Insect Damaged

10 SCA에서 정한 스페셜티 등급(Specialty Grade) 기준에 해당되지 않는 것은?

① 프라이머리 디펙트는 한 개까지 허용된다.
② 디펙트 점수가 5 이내여야 한다.
③ 퀘이커는 한 개도 허용되지 않는다.
④ 커핑점수는 80점 이상이어야 한다.

해설 | 프라이머리 디펙트는 단 한 개도 허용되지 않는다.

11 생두를 수확한 때부터 현시점까지의 경과 시간으로 분류하는 방법 중 등급에 해당되지 않는 것은?

① 뉴 크롭(New Crop)
② 롱 크롭(Long Crop)
③ 패스트 크롭(Past Crop)
④ 올드 크롭(Old Crop)

해설 |
• 뉴 크롭 : 수확~1년
• 패스트 크롭 : 1~2년,
• 올드 크롭 : 2년 이상

12 생두의 기간별 분류 방법 중 명칭과 수분 함량이 틀리게 짝지어진 것은?

① 뉴 크롭 – 22% 이하
② 패스트 크롭 – 11% 이하
③ 올드 크롭 – 9% 이하
④ 뉴 크롭 – 13% 이하

해설 | 뉴 크롭은 13% 이하여야 한다.

13 좋은 생두의 조건에 대하여 잘못 설명하고 있는 것은?

① 생두는 짙은 청록색일수록 품질이 좋다.
② 고지대에서 생산될수록 밀도가 크고 맛과 향이 더 좋다.
③ 결점두가 적게 혼입되어 있어야 하며 크기가 균일해야 한다.
④ 동일한 지역의 생두일 경우 크기가 작을수록 더 좋은 품질의 생두로 여겨진다.

해설 | 크기가 클수록 더 좋은 생두다.

14 다음 ( ) 안에 알맞은 말끼리 짝지어진 것은?

생두의 크기는 스크린 사이즈(Screen size)로 표시되는데, 스크린 사이즈 1은 ( )인치이므로 스크린 사이즈 18은 약 ( )mm 이다.

① 1/54, 9.2
② 1/64, 7.2
③ 1/74, 7.2
④ 1/84, 6.2

해설 | 스크린 사이즈 1은 1/64, 18은 7.2mm 이다.

15 생두의 크기를 뜻하는 스크린사이즈 18번과 거리가 먼 것은?

① A
② Large bean
③ SHG
④ Supremo

해설 | SHG는 고도에 따른 생두분류법이다.

16 피베리(Peaberry)를 구분하는 기준이 되는 스크린 사이즈는?

① 스크린 사이즈 10
② 스크린 사이즈 11
③ 스크린 사이즈 12
④ 스크린 사이즈 13

해설 | #13 이하일 때 피베리로 분류한다.

17 결점두에 대해 잘못 설명하고 있는 것은?

① 결점두의 기준은 국제적으로 통용되는 기준이 있다.
② 깨지거나 벌레먹은 생두 등을 말한다.
③ 커피의 수확과 가공 과정에 걸쳐 발생할 수 있다.
④ 결점두가 많이 들어간 생두를 로스팅하면 맛에 중대한 결함이 발생한다.

해설 | 결점두의 종류와 명칭은 국제적으로 통일된 기준이 없다.

정답 • 12 ① 13 ④ 14 ② 15 ③ 16 ④ 17 ①

18 다음 중 SCA의 분류에 따른 결점두의 생성 원인으로 잘못 연결된 것은?

① 쉘(Shell) : 유전적 원인으로 발생한다.
② 플로터(Floater) : 부적당한 보관이나 건조에 의해 발생한다.
③ 위더드 빈(Withered bean) : 너무 익은 체리, 땅에 떨어진 체리를 수확할 경우 발생한다.
④ 블랙빈(Black bean) : 너무 늦게 수확되거나 흙과 접촉하여 발효된 커피를 말한다.

해설 | Withered bean : 발육기간 동안 수분 부족으로 인해 발생

19 스페셜티커피협회(SCA)의 생두 분류법에 의해 최고의 생두로 분류되는 것은?

① Commodity Grade
② Excellence Grade
③ Premium Grade
④ Specialty Grade

해설 | 스페셜티협회의 최상등급은 스페셜티 그레이드다.

20 다음 빈칸에 맞는 것 끼리 짝지어진 것은?

스페셜티 그레이드(Specialty Grade)라 함은 생두 (　)g 중 결점수 (　)개 이하이며 원두 (　)g에 퀘이커(Quaker)가 (　)개 이내인 커피를 말한다.

① 350, 5, 100, 0
② 350, 5, 100, 1
③ 300, 5, 200, 0
④ 300, 5, 200, 1

해설 | 350, 5, 100, 0 으로 외워두면 좋다.

21 덜 익은 체리를 수확하여 로스팅 하면 다른 원두와는 색이 확연히 다른 원두가 나오는데 이를 무엇이라 부르는가?

① Immature
② Quaker
③ Black bean
④ Flat bean

해설 | 로스팅 된 원두중에 색이 확연히 다른 원두는 퀘이커다.

22 다음 중 생두의 크기로 커피를 분류하는 나라가 아닌 것은?

① 콜롬비아
② 케냐
③ 탄자니아
④ 과테말라

해설 | 과테말라는 고도에 의한 분류등급을 사용하고 있다.

23 다음 국가 중 커피를 분류하는 방법이 나머지 국가와는 다른 곳은?

① 미국 하와이
② 과테말라
③ 엘살바도르
④ 온두라스

해설 | 하와이는 생두 사이즈에 의한 분류법을 쓴다. 나머지 세 국가는 고도에 의한 분류법이다.

24 다음 중 커피 생산국의 분류 기준으로 틀린 것은?

① 과테말라 – SHB
② 엘살바도르 – SHG
③ 에디오피아 – Supremo
④ 하와이 – Extra Fancy

해설 | 에티오피아는 Grade 1~8 등급을 사용한다.

정답　18 ③　19 ④　20 ①　21 ②　22 ④　23 ①　24 ③

25 브라질의 생두 분류법 중 가장 우수한 등급은?

① Rio
② Strictly Soft
③ Soft
④ Softish

해설 ㅣ 브라질은 NO.2~NO.6와 같은 결점두의 기준에 의한 기준 외에 여러가지로 생두를 분류하는데 맛에 의한 분류는 Strictly Soft〉 Soft 〉 Softish 〉 Hard 〉 Riada 〉 Rio 〉 Zona의 순이다.

26 브라질의 생두분류 등급명 중 '산토스 No.2'에서 알 수 있는 커피 정보는?

① 산토스 – 재배 지역, No.2 – 콩의 함수율
② 산토스 – 재배 지역, No.2 – 결점수에 의한 등급
③ 산토스 – 수출 항구, No.2 – 콩의 함수율
④ 산토스 – 수출 항구, No.2 – 결점수에 의한 등급

해설 ㅣ 산토스라는 명칭은 대표적인 수출 항구 명칭이며, 브라질은 결점수에 의한 등급(No.2~6)을 사용한다.

27 생두의 등급인 SHB(Strictly Hard Bean) 및 HB(Hard Bean)은 무엇에 의한 분류법인가?

① 생두의 재배고도
② 생두의 무게
③ 생두의 색상
④ 생두의 크기

해설 ㅣ 고도가 높은 지역에서 생산되었다는 의미이다.

28 뉴 크롭(New Crop)의 수분함량 기준은?

① 5% 이하
② 8% 이하
③ 13% 이하
④ 15% 이하

해설 ㅣ 뉴크롭의 수분함량 기준은 13%이하 이다.

29 생두에 대해 잘못 설명하고 있는 것은?

① 품종에 따라 수확시기가 다양하다.
② 커피체리에는 일반적으로 생두가 두 개 들어가 있다.
③ 밀링작업을 마친 생두는 청록색을 띨수록 품질이 우수하다.
④ 좋은 생두일수록 연노랑색에 가깝다.

해설 ㅣ 좋은 생두일수록 청록색에 가깝다.

30 다음 중 피베리(Peaberry)에 대해 설명한 것 중 틀린 것은?

① 스크린 사이즈 13 이하로 분류한다.
② 결점두로 취급되어 거래되지 않는 생두다.
③ 커피체리 하나에 한 개만 들어 있는 동그란 생두를 말한다.
④ 커피나무의 가지 끝에 매달린 커피체리에 주로 발생하는 경향이 있다.

해설 ㅣ 피베리는 결점두로 취급되지 않고 따로 분류하여 거래된다.

정답 · 25 ② 26 ④ 27 ① 28 ③ 29 ④ 30 ②

31 다음 중 생두를 평가하는 방법 중 잘못된 것은?

① 생두는 짙은 청록색일수록 품질이 좋다.
② 고지대에서 생산될수록 밀도가 크고 맛과 향이 더 좋다고 평가한다.
③ 실버스킨 제거 여부는 가장 중요한 평가 요소의 하나이다.
④ 국가에 따라 300g 중 결점두 수로 등급이 정해지기도 한다.

해설 | 대부분의 생산 국가들은 실버스킨을 따로 제거하지 않는다. 주문자의 특별한 요구가 있을 경우 실버스킨을 제거하는 폴리싱 작업을 한다.

32 결점두가 발생하는 원인이 아닌 것은?

① 가공
② 보관
③ 분쇄
④ 수확

해설 | 결점두는 생두의 재배, 수확, 가공, 보관 등의 과정에 걸쳐 발생할 수 있다.

33 다음 생두의 등급에 관한 용어 중 품질 정보와 가장 거리가 먼 것은?

① 품종
② 재배고도
③ 결점두 수
④ 크기

해설 | 품종은 좋은 생두의 조건에 해당되지 않는다.

34 커피에 대해 잘못 설명하고 있는 것은?

① 브라질의 커피등급은 No.2~No.6 이다.
② 생두의 수분 함량이 8% 이하이면 수확된 지 오래된 커피로 볼 수 있다.
③ 생두도 오래될수록 품질이 떨어질 수밖에 없다.
④ 생두의 단단한 정도는 밀도로 표시할 수 있는데 저지대의 온난한 기후에서 자란 커피일수록 밀도가 크다.

해설 | 고지대의 일교차가 큰 지역에서 자란 커피일수록 밀도가 크다.

35 다음 중 수확년도를 기준으로 1년 이상 2년 이내에 해당 되는 것은?

① 커런트 크롭(Current crop)
② 뉴 크롭(New crop)
③ 올드 크롭(Old crop)
④ 패스트 크롭(Past crop)

해설 | 1년 이내의 생두를 뉴 크롭, 1~2년 사이의 생두를 패스트 크롭, 2년 이상 된 생두를 올드 크롭이라고 한다.

36 다음 중 뉴 크롭(New Crop) 생두에 대한 설명으로 맞는 것은?

① 일교차가 큰 고지대에서 생산된 품질 좋은 커피를 말한다.
② 신선한 커피라 생두의 색이 연노랑색이다.
③ 당해 연도에 수확한 생두로서 수분이 많고, 짙은 녹색을 띤다.
④ 수확 된지 2년이 지났기 때문에 맛과 향미가 떨어지는 생두이다.

해설 | 뉴 크롭은 생산 된지 1년 이내의 품질 좋은 생두를 말한다.

37 다음 중 좋은 생두를 감별하는 방법으로 맞는 것은?

① 밀도가 낮을수록 향미가 풍부하다.
② 생두의 적정 수분 함량은 10% 이하 이다.
③ 결점두 함량은 생두의 품질을 평가하는 데 매우 중요하다.
④ 수확한 지 최소 1년이 지난 생두는 숙성되어 품질이 좋다.

해설 | 밀도가 높을수록 향미가 풍부하며, 적정 함수량은 10~13%, 수확 된지 1년 이내의 생두가 좋은 생두다.

38 생두의 보관방법으로 바르게 설명한 것은?

① 햇볕이 잘 드는 곳에 보관해야 향미가 풍부해 진다.
② 생두의 수분함량을 유지하기 위해서는 적정 습도와 온도가 조절이 가능한 곳에 보관한다.
③ 생두는 가급적 오래 보관해야 한다.
④ 습도가 높은 곳에 보관하면 생두의 함수율을 유지시킬 수 있다.

해설 | 햇볕을 피하고 습도가 높지 않은 곳에 보관하고 생두는 가급적 일찍 소비해야 한다.

39 다음 ( )에 맞는 것을 고르시오.

> 커피의 재배는 온도, 강우량, 습도, 지형과 고도, 토양 등 여러 조건이 적합해야 한다. 커피 재배에는 적절한 일조량이 필요하며 강한 바람은 적합하지 않다. 다양한 재배요소 중 커피의 생육에 가장 치명적인 영향을 끼치는 것은 ( )이다. 생두를 가공하고 보관할 때도 여러 조건들이 충족되어야 하는데 가장 중요한 요인은 ( )이고 로스팅을 하고 난 후 보관하는 경우 ( )개(이) 가장 커피의 산패를 가속시킨다.

① 서리, 습도, 산소
② 서리, 강수량, 산소
③ 강수량, 습도, 이산화탄소
④ 강수량, 온도, 일산화탄소

해설 | 서리가 내리면 커피나무는 치명상을 입는다. 생두는 햇볕이 잘 들지 않고 습도가 적절히 낮은 곳에 보관하여야 한다. 원두를 산패시키는 가장 큰 요소는 산소이다.

40 좋은 생두의 조건에 대해 바르게 설명하고 있는 것은?

① 좋은 생두는 크기가 크고, 밀도가 높고, 색은 밝은 청록색이며, 수분함량이 13% 정도인 것이 좋다.
② 좋은 생두는 크기가 작고, 밀도가 낮고, 색은 밝은 청록색이며, 수분함량이 13% 정도인 것이 좋다.
③ 좋은 생두는 크기가 크고, 밀도가 높고, 색은 밝은 연노랑색이며, 수분함량이 15% 정도인 것이 좋다.
④ 좋은 생두는 크기가 크고, 밀도가 낮고, 색은 밝은 청록색이며, 수분함량이 15% 정도인 것이 좋다.

해설 | 좋은 생두는 크기가 크고, 밀도가 높고, 색은 밝은 청록색이며, 수분함량이 13% 정도인 것이 좋다.

01 다음은 커피생산국 중 어느 나라에 대한 설명인가?

> 최대 커피생산국으로 커피의 생산지역이 광활하여 커피의 품종이나 기후 조건, 토양 특성 등에 의해 다양한 특성의 커피가 생산되고 있다. 최대 생산지역은 미나스제라이스(Minas Gerais)이며 그 밖의 주요 산지는 에스피리투산투(Espiritu Santo), 상파울루(Sao Paulo), 바이나(Bahia), 파라나(Parana) 등이다.

① 브라질
② 케냐
③ 에콰도르
④ 파나마

해설 | 세계 최대 커피생산국은 브라질이다.

02 아라비카 커피를 주로 생산하고 있으며 워시드(Washed) 커피 생산 1위국인 이 나라는?

① 파나마
② 브라질
③ 콜롬비아
④ 페루

해설 | 콜롬비아의 주요 산지는 마니살레스(Manizales), 아르메니아(Armenia), 메데인(Medellin), 산타마르타(Santa Marta), 부카라망가(Bucaramanga) 등이다.

03 멕시코의 커피생산과 특징에 대해 잘못 설명하고 있는 것은?

① 커피맛은 부드럽고 마시기 편한 커피로 평가되고 있다.
② 생두의 분류는 고도에 의한 등급을 쓰고 있으며 최상 등급은 SHB 등급이다.
③ 주요 생산지역은 치아파스(Chiapas), 코아테팩(Coatepec), 오악사카(Oaxaca) 등이다.
④ 아라비카를 주로 생산하고 있지만 로부스타도 소량 생산되고 있다.

해설 | 최상등급은 SHG 등급이다.

04 다음은 커피생산국 중 어떤 나라를 설명한 것인가?

> 주로 태평양 연안지역에서 커피를 생산하고 있으며 우기와 건기가 명확해 수확이 용이하다. 생두의 분류를 재배고도에 의해 분류하는 대표적인 나라이며, 주요 산지는 안티구아(Antigua), 코반(Coban), 우에우에테낭고(Huehuetenango), 아카테낭고(Acatenango), 산마르코스(San Marcos) 등이다.

① 인도네시아
② 예멘
③ 엘살바도르
④ 과테말라

해설 | 과테말라 커피의 주요산지는 안티구아로 화산성 토양과 기후 조건이 커피생산에 있어 최적의 조건을 갖추고 있다.

05 가장 대표적인 커피가 '타라수(Tarrazu)'이고 로부스타 재배가 법으로 금지되어 있는 나라는?

① 코스타리카
② 온두라스
③ 케냐
④ 에티오피아

해설 | 코스타리카 커피는 약산성의 비옥한 화산토양에서 재배된다. 생산량은 많지 않지만 뛰어난 품질의 커피를 생산하고 있다. 타라수 외에도 브룬카(Brunca), 센트럴 벨리(Central Valley), 웨스트 벨리(West Valley), 투리알바(Turrialba) 등에서도 생산된다.

06 과테말라 남쪽에 위치한 태평양 연안국가이며 산타아나(Santa Ana)주가 최대 생산지역인 나라는?

① 동티모르
② 말라위
③ 부룬디
④ 엘살바도르

해설 | 엘살바도르의 주요 생산지역은 서쪽의 아파네카-이라마테팩(Apaneca-Ilamatepec) 산악지대로 산타아나(Santa ana), 손소나테(Sonsonate), 아우아차판(Ahuachapan) 주에 걸쳐져 있으며 엘살바도르 커피 약 60%를 생산하는 최대 지역이다.

07 다음 설명에 해당되는 커피생산 국가는?

> 과테말라와 니카라과 사이에 위치하고 있으며 커피생산은 주로 서쪽 지역에서 이루어 지고 있다. 최대 생산지역은 산타바바라(Santa Barbara), 코판(Copan), 오코테팩(Ocotepeque), 렘피라(Lempira), 라파스(La Paz) 등이다.

① 베트남
② 네팔
③ 온두라스
④ 오스트레일리아

해설 | 온두라스에 대한 설명이다.

08 대부분 로부스타종을 생산하지만 아라비카종의 생산도 점차 늘려가고 있으며 수마트라(Sumatra)가 최대 생산지로 만델링(Mandheling)이 유명한 커피생산 국가는?

① 캄보디아
② 라오스
③ 인도네시아
④ 미얀마

해설 | 인도네시아는 자바, 슬라웨시, 발리에서도 커피가 생산된다.

09 세계 최초로 커피의 상업적 재배가 이루어진 나라로 '마타리(Mattari)' 커피로 잘 알려진 나라는?

① 인도
② 태국
③ 네팔
④ 예멘

해설 | 예멘은 국토 대부분이 사막지역이라 커피생산량이 매우 적으며 전통적인 방법으로 커피를 재배, 가공하는 나라다. 대부분 1,500m 이상의 서쪽 산악지역에서 생산되며 하라지(Harazi), 이스마일리(Ismaili) 등에서 생산된다. 공식적인 분류 기준은 존재하지 않는다.

10 다음 설명에 해당되는 커피생산지는?

> 빅 아일랜드(Big Island)라 불리는 코나(Kona) 지역에서 재배되는 커피가 유명하다. 이 지역은 북동 무역풍이 부는 열대성 기후의 화산지대로 연간 강우량이 풍부하여 커피 재배에 적합한 조건을 갖추고 있다. 자메이카 블루마운틴 커피와 더불어 최상급 커피의 하나로 손꼽힌다.

① 하와이
② 쿠바
③ 아이티
④ 도미니카

해설 | 하와이안 코나에 대한 설명이다.

· 정답 · 5 ① 6 ④ 7 ③ 8 ③ 9 ④ 10 ①

11 아라비카 커피의 원산지이며 아프리카 최대의 커피 생산국인 이 나라는?

① 소말리아
② 에티오피아
③ 케냐
④ 탄자니아

해설 | 에티오피아는 건식법과 습식법을 함께 사용한다. 다른 커피에서 찾아보기 힘든 특유의 향과 독특한 플레이버로 인해 많은 사랑을 받고 있다. 이가체페(Yirgarcheffe) 커피가 대표적이며 짐마(Djimmah), 시다모(Sidamo), 코케(Koke), 리무(Limu) 등이 있다.

12 다음 설명에 해당되는 커피 생산국가는?

에티오피아에 이웃하고 있는 나라지만 커피 재배는 늦게 시작되었다. 아라비카종만 재배하고 있으며 주요 재배품종은 KL28, KL34 이고, 수확 시기는 연중 두 번이다.

① 케냐
② 탄자니아
③ 콩고
④ 가나

해설 | 케냐의 주요 재배 지역은 니에리(Nyeri), 메루(Meru), 무랑가(Muranga) 등이다.

13 이 나라 북쪽의 화산지대와 서쪽 지역의 고원지대에서 커피가 대부분 생산되며, 킬리만자로(Kilimanjaro) 커피로 유명한 나라는?

① 가나
② 콩고
③ 소말리아
④ 탄자니아

해설 | 탄자니아는 아라비카종을 주로 생산하지만 로부스타종도 소량 생산하고 있다.

14 전 세계 커피생산에 대한 설명 중 틀린 것은?

① 전 세계 커피생산량은 60kg 백으로 환산하여 약 1억 4천 만 백 정도다.
② 남아메리카가 전체의 약 50% 정도의 생산량을 차지한다.
③ 아시아/태평양 지역이 두 번째로 커피를 많이 생산하고 그 다음이 중앙아메리카와 아프리카 순이다.
④ 베트남이 최대 커피생산국으로 커피 생산의 약 30%를 차지하고 있다.

해설 | 브라질이 최대의 커피생산국이다. 그 다음으로 베트남, 인도네시아, 콜롬비아 순이다.

15 커피소비에 대한 설명 중 틀린 것은?

① 커피는 생산국가에서 일부 소비되고 나머지는 수출되어 소비된다.
② 유럽지역의 커피소비는 단일 지역으로 커피소비가 가장 많다.
③ 단일국가로 커피소비가 많은 나라는 독일, 일본, 미국 순이다.
④ 일인당 커피소비가 높은 나라는 대체로 북유럽에 위치한 나라들이다.

해설 | 단일 국가 중 미국의 소비량이 가장 많다. 미국, 독일, 일본 순이다.

16 커피생산 국가와 대표적인 커피를 연결한 것 중 잘못된 것은?

① 콜롬비아 – 후일라(Huila) Supremo
② 인도네시아 – 만델링(Mandheling) G1
③ 자메이카 – 블루마운틴(Blue Mountain) No.1
④ 온두라스 – 알투라(Altura) SHB

해설 | 알투라는 멕시코의 대표적인 커피이다.

정답 · 11 ② 12 ① 13 ④ 14 ④ 15 ③ 16 ④

17 다음 중 커피 생산 국가와 커피 명칭이 틀리게 연결된 것은?

① 탄자니아 – 킬리만자로(Kilimanjaro)
② 예멘 – 마타리(Mattari)
③ 코스타리카 – 산토스(Santos)
④ 과테말라 – 안티구아(Antigua)

해설 | 산토스는 브라질의 대표적인 커피명칭이다.

18 커피생산 국가와 생산지역이 바르게 연결된 것은?

① 과테말라 – 메데인(Medellin)
② 멕시코 – 오악사카(Oaxaca)
③ 콜롬비아 – 산토스(Santos)
④ 코스타리카 – 우에우에테낭고(Huehuetenango)

해설 | 메데인은 콜롬비아, 산토스는 브라질, 우에우에테낭고는 과테말라 생산지역이다.

19 커피의 명칭 중 항구의 이름에서 유래한 것은?

① 킬리만자로(Kilimanjaro)
② 이르가체프(Yirgacheffe)
③ 코나(Kona)
④ 산토스(Santos)

해설 | 항구의 이름에서 유래한 커피의 명칭은 브라질의 산토스, 예멘의 모카이다.

20 에티오피아 커피와 관련이 없는 것은?

① 코나(Kona)
② 시다모(Sidamo)
③ 이르가체페(Yirgachcffc)
④ 아리차(Aricha)

해설 | 코나는 하와이에서 생산되는 커피이다.

21 다음 설명에 해당하는 커피 생산 국가는?

커피 등급을 수프레모(Supremo), 엑셀소(Excelso)로 나누며 주로 습식 가공을 한다. 800~1,200m의 안데스 산맥에서 생산되는 커피는 풀 바디(Full body)와 균형 잡힌 신맛으로 유명하다. 후안 발데스(Juan Valdez)라는 커피 상표로도 유명하다.

① 가이아나
② 베네주엘라
③ 브라질
④ 콜롬비아

해설 | 콜롬비아 커피에 대한 설명이다.

22 작지만 양질의 커피를 생산하는 커피 재배국으로, 대표적인 커피로는 '타라수(Tarrazu)'가 있는 커피생산 국가는?

① 멕시코
② 코스타리카
③ 온두라스
④ 파나마

해설 | 코스타리카는 나라는 작지만 양질의 커피를 생산하는 커피 재배국으로 커피 재배의 최적의 조건인 화산암이 잘 발달되어 있다.

23 비옥한 화산지대와 이상적인 기후조건을 갖추고 있어 생산 규모는 작지만 뛰어난 품질의 커피를 생산하고 있으며, 산타아나(Santa Ana)가 최대 재배 지역인 나라는?

① 엘살바도르
② 파나마
③ 도미니기
④ 멕시코

해설 | 엘살바도르는 재배 고도에 따라 분류하는데 SHG가 최고 등급의 커피이다. 아라비카종만 재배하며 재배 품종은 버번, 파카스, 파카라마 등이다.

· 정답 · 17 ③ 18 ② 19 ④ 20 ① 21 ④ 22 ② 23 ①

24 인도네시아 커피로 사향 고양이의 배설물 속에서 커피씨앗을 채취하여 깨끗이 씻은 후 가공한 커피는 무엇인가?

① 만델링(Mandheling)
② 마타리(Mattari)
③ 코피 루왁(Kopi Luwak)
④ 블루마운틴(Blue Mountain)

해설 ㅣ 코피 루왁은 사향 고양이의 위장에서 소화과정을 거쳐 밖으로 배설된 커피 씨앗으로 소화기관을 거치게 되므로 특유의 독특한 향미를 지니게 된다.

25 브라질 커피에 대해 잘못 설명하고 있는 것은?

① 세계 커피 생산량 1위 국가이며 커피생산국 중 커피소비를 가장 많이 하는 나라이다.
② 생두의 크기에 따라 등급을 나누고 있으며 가장 좋은 등급은 NY.2 이다.
③ 주로 내추럴 커피를 많이 생산하지만 펄프드내추럴 및 습식법에 의해서도 생산이 이루어진다.
④ 미나스제라이스(Minas Gerais)주에서 브라질 커피의 50%를 생산하고 있다.

해설 ㅣ 브라질은 결점두에 의한 생두분류 방법을 쓰고 있다.

26 다음 중 마일드 커피(Mild Coffee)의 최대 생산 국가는?

① 케냐
② 인도
③ 멕시코
④ 콜롬비아

해설 ㅣ 워시드 가공으로 생산된 커피를 마일드 커피라고 한다.

27 로부스타 커피를 생산하지 않는 나라로 잘 짝지어진 것은?

① 인도 - 인도네시아
② 코스타리카 - 콜롬비아
③ 탄자니아 - 콩고
④ 과테말라 - 베트남

해설 ㅣ 과테말라, 탄자니아에서는 로부스타 커피가 소량 생산된다.

28 아래 보기 국가 중 커피가 전혀 생산되지 않는 나라는?

① 터키
② 호주
③ 중국
④ 대만

해설 ㅣ 호주는 북부 지역에서, 중국은 윈난성 지역에서 커피가 생산되고 있다. 대만은 서부 산악지역에서 커피가 생산된다.

29 대륙별 커피 최대 생산국이 잘못 연결된 것은?

① 아시아 - 베트남
② 남미 - 브라질
③ 아프리카 - 탄자니아
④ 북중미 - 멕시코

해설 ㅣ 아프리카의 최대 생산지는 에티오피아이다.

정답 · 24 ③ 25 ② 26 ④ 27 ② 28 ① 29 ③

30 커피 생산에 대해 바르게 설명하고 있는 것은?

① 지역별로는 중앙아메리카가 생산량이 가장 많다.

② 아라비카 커피는 전체 생산량의 40% 정도를 차지한다.

③ 콜롬비아가 세계 커피 생산 1위로 전체 커피 생산의 약 40%를 차지한다.

④ 베트남은 브라질에 이어 커피 생산 2위이며 대부분 로부스타 커피를 생산한다.

해설 ㅣ 남아메리카가 생산량이 가장 많고, 아라비카 커피는 전체 생산량의 60%를 차지한다. 브라질이 커피생산량 1위로 전체 생산량의 30%를 차지한다.

31 국제커피기구(ICO)가 정한 'Coffee Year'의 산정 기준 일자는?

① 2월 1일
② 3월 1일
③ 5월 1일
④ 10월 1일

해설 ㅣ 커피 생산국마다 수확 기준 일자가 달라 통계자료에 혼동이 있을 수 있으므로 10월 1일을 기준으로 정했다.

SECTION 1 | **로스팅개론**

01 생두에 열을 가해 물리 · 화학적 과정을 거쳐 커피 본연의 맛과 향을 형성시키는 과정을 무엇이라 부르는가?

① 로스팅
② 커핑
③ 추출
④ 에스프레소

해설 | 생두에 열을 가해 로스팅이 되면 복잡한 물리/화학적 과정이 연속적으로 일어나 커피의 색깔이 변화하고 맛, 향기 성분이 새롭게 형성되며 커피콩은 건조해져서 부서지기 쉬운 구조로 변한다.

02 로스팅의 과정을 순서대로 잘 나열한 것은?

① 냉각→열분해→건조
② 열분해→건조→냉각
③ 건조→열분해→냉각
④ 건조→냉각→열분해

해설 | 로스팅 과정은 건조→열분해→냉각의 세 단계로 이루어진다.

03 로스팅 과정 중 커피콩 내부의 수분이 증발하는 초기 단계를 일컫는 말은?

① 열분해 단계
② 건조 단계
③ 냉각 단계
④ 캐러멜화 단계

해설 | 건조 단계는 커피콩 내부의 수분이 증발하는 초기 단계를 말한다.

04 로스팅 단계 중 실질적인 로스팅이 진행되는 과정으로 커피의 맛과 향을 내는 여러 물질들이 생성되는 단계는?

① 라이트
② 건조
③ 냉각
④ 열분해

해설 | 실질적인 로스팅이 진행되는 과정으로 열분해 반응을 통해 커피의 맛과 향을 내는 여러 물질들이 생성되고 캐러멜화(Caramelization)에 의해 색깔은 점차 짙은 갈색으로 변화한다.

05 로스팅이 끝나고 원두의 열을 식혀 주는 과정을 무엇이라 부르는가 ?

① 냉각
② 건조
③ 발열
④ 열분해

해설 | 냉각 단계는 로스팅이 끝나고 원두의 열을 식혀주는 과정이다.

06 로스팅 과정에서 커피콩이 파열되면서 들리는 파열음을 무엇이라 하는가?

① 프레셔(Pressure)
② 브레이크(Break)
③ 히트(Hit)
④ 크랙(Crack)

해설 | 로스팅 과정에서 두 번의 파열음이 들리는데 이를 크랙이라 하며 팝(Pop)이나 파핑(Popping)이라고도 한다.

· **정답** · 01 ① 02 ③ 03 ② 04 ④ 05 ① 06 ④

07 로스팅 과정 중 커피콩이 파열되는 1차 크랙의 원인에 대해 잘 설명한 것은?

① 커피콩의 밀도가 증가하면서 발생되는 현상이다.
② 가스의 압력과 결합하여 목질 조직의 파괴가 일어나며 발생한다.
③ 커피콩의 세포 내부에 있는 수분이 열과 압력에 의해 기화하면서 발생한다.
④ 커피콩 내부의 기름이 베어 나오면서 발생한다.

해설 | 1차 크랙은 커피콩 세포 내부에 있는 수분이 열과 압력에 의해 기화하면서 발생한다.

08 로스팅 과정 중 발생되는 2차 크랙의 원인은 무엇인가?

① 커핑콩의 유지 성분이 감소하면서 일어나는 반응이다.
② 커피콩의 부피가 감소하면서 발생되는 현상이다.
③ 가스의 압력과 결합하여 목질 조직의 파괴가 일어나며 발생한다.
④ 당의 갈변화 과정에서 일어나는 현상이다.

해설 | 2차 크랙은 가스의 압력과 결합하여 목질 조직의 파괴가 일어나며 발생한다.

09 로스팅의 물리적 변화에 대해 잘못 설명하고 있는 것은?

① 수분이 증발하고 휘발성 물질이 방출된다.
② 유기물 손실이 발생하여 중량이 감소한다.
③ 밀도가 감소한다.
④ 조직이 다공질로 바뀌어 부피가 감소한다.

해설 | 조직이 다공질화 되면 부피가 늘어나 증가한다.

10 다음 로스팅 단계를 분류한 도표 중 빈칸에 들어갈 말로 잘 짝지어진 것은?

타일 넘버	SCA 단계별 명칭	일본식 명칭	명도(L값)
#95	Very Light	Light	30.2
#85			27.3
#75	Moderately Light	Medium	24.2
#65	Light Medium	High	21.5

① Light – Cinnamon
② Medium – Cinnamon
③ Light – City
④ Medium – Cinnamon

해설 | SCA의 단계 별 명칭은 색상이 옅은 것부터 Very Light – Light – Moderately Light – Light Medium – Medium – Moderately Dark – Dark – Very Dark 순이다. 일본식 명칭은 Light – Cinnamon – Medium – High – City – Full city – French – Italian 순이다.

11 다음 빈칸에 들어갈 알맞은 말로 짝지어진 것은?

타일 넘버	SCA 단계별 명칭	일본식 명칭	명도(L값)
#55	Medium	City	18.5
#45	Moderately Dark	Full city	16.8
#35			15.5
#25	Very Dark	Italian	14.2

① Dark – French
② Light – French
③ Dark – High
④ Light – High

해설 |
• SCA: Very Light – Light – Moderately Light – Light Medium – Medium – Moderately Dark – Dark – Very Dark
• 일본식: Light – Cinnamon – Medium – High – City – Full city – French – Italian

▶ **정답** 07 ③ 08 ③ 09 ④ 10 ① 11 ①

12 커피를 로스팅할 때 발생되는 현상이 아닌 것은?

① 부피 증가
② 질량의 감소
③ 밀도의 증가
④ 수분의 증발과 감소

해설 | 생두를 로스팅 하면 밀도는 감소한다.

13 커피를 로스팅 하면 발생되는 현상에 대해 바르게 설명하고 있는 것은?

① 갈변화(Sugar browning)가 일어난다.
② 질량이 지속적으로 증가한다.
③ 부피가 줄어들면서 실버스킨이 제거된다.
④ 가용성 성분이 줄어든다.

해설 | 로스팅이 진행되면 갈변화가 일어나며, 무게/밀도/수분은 감소한다. 부피/가용성 성분/휘발성 성분은 증가한다.

14 로스팅 단계 중 풀시티(Full-city) 이상으로 원두가 로스팅 되었을 때 원두 안에 남아 있는 수분의 함량은 대략 얼마 정도인가?

① 약 3%
② 약 5%
③ 약 1%
④ 약 10%

해설 | 풀시티 이상으로 강하게 로스팅 되면 약 1% 정도의 수분이 원두에 남는다.

15 로스팅 과정에서 가장 많이 발생하는 가스는 다음 중 어떤 것인가?

① 이산화황
② 이산화탄소
③ 일산화탄소
④ 황화수소

해설 | 커피를 로스팅할 때 가장 많이 발생되는 가스는 이산화탄소이다.

16 커피 로스팅이 진행되어도 변화하지 않는 것은?

① 커피의 부피
② 향기 성분
③ 커피의 무게
④ 커피 고유의(생두의) 특성

해설 | 커피 고유의 특성은 변하지 않는다.

17 생두를 로스팅 하면 가장 많이 감소되는 성분은?

① 과당
② 탄수화물
③ 비타민
④ 수분

해설 | 생두 안에 있던 수분이 가장 많이 감소한다.

18 커피를 로스팅할 때 일어나는 변화 과정을 설명한 것 중 잘못된 것은?

① 생두의 수분 함량은 낮아진다.
② 로스팅 단계는 로스팅이 진행되는 동안의 시간으로만 결정된다.
③ 생두의 부피는 50% 이상 증가한다.
④ 카페인은 로스팅에 의해 크게 변하지 않는다.

해설 | 로스팅 단계는 로스팅 온도와 시간으로 결정된다.

정답 · 12 ③ 13 ① 14 ③ 15 ② 16 ④ 17 ④ 18 ②

19 다음 중 로스팅에 관해 바르게 설명하고 있는 것은?

① 생두를 가열해서 로스팅 된 원두는 그 성분이 생두와 거의 비슷하다.
② 커피의 고형성분이 추출 될 수 있도록 생두에 열을 가해 세포조직을 분해·파괴하여 여러 가지 성분들을 발현시키는 과정이다.
③ 생두를 물에 부풀려 조직이 쉽게 풀리도록 하는 전처리 과정을 거친다.
④ 생두의 크기와 종류에 상관없이 일정한 열을 가해서 로스팅 하는 것이 좋다.

해설 | 생두를 가열해 얻은 원두는 그 맛과 향의 성분이 완전히 달라진다. 생두는 물에 담그지 않고 생두의 종류와 크기에 따라 열 조절을 다르게 해 주어야 다양한 맛과 향의 커피를 얻을 수 있다.

20 커피를 로스팅 하는 이유를 설명한 것으로 틀린 것은?

① 커피 본연의 맛과 향을 즐기기 위해서이다.
② 커피의 독특한 색을 표현하기 위해서이다.
③ 커피를 분쇄하고 추출하는 과정을 쉽게 하기 위해서이다.
④ 커피를 더 오래 보관하기 위해서이다.

해설 | 커피는 생두 상태에서 더 오래 보관할 수 있다.

21 로스팅에 따른 맛에 변화에 대해 바르게 설명하고 있는 것은?

① Dark roast 일수록 신맛이 강해진다.
② Dark roast 일수록 쓴맛이 강해진다.
③ Light roast 일수록 쓴맛이 강해진다.
④ Light roast 일수록 신맛이 약해진다.

해설 | 다크 로스트일수록 쓴맛이 강해지고, 라이트 로스트일수록 신맛이 강해진다.

22 로스팅에 대해 설명한 것으로 잘못된 것은?

① 로스팅 머신의 열원은 LPG, 전기, 화목 등이 있다.
② 8단계 분류의 순서는 시나몬-라이트-하이-미디엄-시티-풀시티-프렌치-이탈리아 순이다.
③ 생두의 수분이 감소하고 부피가 증가한다.
④ 열에 의해 생두의 화학적, 물리적 변화가 생긴다.

해설 | 라이트-시나몬-미디엄-하이-시티-풀시티-프렌치-이탈리아 순이다.

23 로스팅 단계에 대한 설명으로 잘못된 것은?

① 로스팅 단계는 타일 넘버나 명도(L값)로 표시하기도 한다.
② SCA의 로스팅 단계는 애그트론 넘버 25~95까지 표시한다.
③ 로스팅한 원두의 색상이 밝을수록 로스팅 단계를 나타내는 L값은 감소한다.
④ 로스팅 단계는 가열 온도와 시간의 상관관계에 의해 결정된다.

해설 | 로스팅이 강할수록 원두 표면의 색상이 어두워 L값이 감소한다.

24 다음 로스팅 단계 중 가장 강한 로스팅 단계는?

① City roast
② French roast
③ Medium roast
④ Full city roast

해설 | 위 보기 중 가장 강한 로스팅은 프렌치 로스트이다.

정답   19 ② 20 ④ 21 ② 22 ② 23 ③ 24 ②

25 로스팅 단계와 향미의 관계를 설명한 것으로 잘못된 것은?

① Light roast : 신맛이 강하고 중후함과 향기는 약하다.
② Medium roast : 달콤한 맛과 향이 올라오고 신맛이 강하다.
③ City roast : 쓴맛이 강하고 탄맛을 강하게 느낄 정도다.
④ Italian roast : 가장 강한 쓴맛이 느껴지는 단계다.

해설 | 시티로스트는 단맛과 신맛이 조화롭고 중후한 느낌이 나는 단계다.

26 French roast의 특성에 대해 잘못 설명하고 있는 것은?

① 에스프레소 커피 음료로 적합하다.
② 베리에이션(Variation) 커피 음료에 적합하다.
③ 신맛이 강하고 향이 적다.
④ 쓴맛이 강하고 어느 정도의 단맛이 있다.

해설 | 쓴맛이 강한 로스팅 포인트이다.

27 커피의 로스팅 단계와 맛과 향의 특성에 대해 바르게 설명하고 있는 것은?

① City roast : 연한 노랑색을 띠며 아직 맛과 향이 잘 갖추어 지지않은 단계다.
② French roast : 원두는 옅은 갈색을 띠며 신맛이 강하고 향이 풍부하다.
③ Light roast : 진한 갈색을 띠며 원두의 표면에 오일이 많이 베어나온 상태다.
④ City roast : 중간 정도로 로스팅 된 상태이며 중후함과 신맛이 조화를 이룬다.

해설 | 로스팅이 진행되면서 원두의 부피는 증가하다 멈추게 되고, 원두 향기는 어느 정도 증가하다 감소하게 된다.

28 로스팅 과정에서 원두 내부의 지방이 스며 나오는 로스팅 단계는?

① Italian roast
② Medium roast
③ Cinnamon roast
④ Light roast

해설 | 강하게 로스팅 되는 이탈리안 로스트에서 원두의 지방이 스며 나온다.

29 로스팅이 진행됨에 따라 나타나는 현상에 대해 잘못 설명하고 있는 것은?

① 로스팅이 진행됨에 따라 쓴맛이 점차 증가한다.
② 지방의 양이 현저하게 줄어든다.
③ 카페인의 양은 크게 변함이 없다.
④ 다공질화 되면서 내부에 이산화탄소가 생성된다.

해설 | 로스팅이 진행됨에 따라 지방의 양이 증가해 원두표면으로 스며 나온다.

30 로스팅 단계 중 원두의 부피가 가장 커지는 단계는?

① City roast
② Full city roast
③ Light roast
④ Italian roast

해설 | 부피는 로스팅 단계가 강할수록 커진다.

31 로스팅 과정에 따른 변화에 대해 바르게 설명하고 있는 것은?

① 생두는 열을 흡수할수록 노란색에서 초록색으로 변한다.
② 생두의 탄수화물, 지방, 단백질, 유기산 등은 화학반응을 일으켜 커피의 맛과 향기 성분으로 변화된다.
③ 이탈리안로스트는 원두가 연노랑색을 띠며 신맛이 강하게 난다.
④ 강한 커피의 맛을 강조하고 싶다면 약하게 로스팅 하여 원두의 색상이 밝게 만든다.

해설 | 생두에 열을 가하면 초록색에서 연노랑, 갈색 순으로 색상이 변한다. 원두의 색상이 진해 질수록 커피 맛이 강렬하다.

32 로스팅할 때 나타나는 생두의 변화에 대해 바르게 설명한 것은?

① 조직팽창, 밀도증가, 수분증가, 갈변반응
② 수분증가, 조직축소, 밀도감소, 갈변반응
③ 조직팽창, 밀도감소, 수분증발, 갈변반응
④ 수분감소, 밀도증가, 조직팽창, 갈변반응

해설 | 로스팅이 진행됨에 따라 조직팽창, 밀도감소, 수분증발, 갈변반응이 나타난다.

33 로스팅할 때 발생되는 크랙에 대해 틀리게 설명하고 있는 것은?

① 1차크랙 전부터 커피콩의 부피는 팽창하기 시작한다.
② 1차크랙은 원두의 수분이 기화하면서 발생된다.
③ 2차 크랙은 가스의 압력으로 인해 발생한다.
④ 2차 크랙이 지나면 원두의 표면에 오일이 베어 나온다.

해설 | 1차크랙이 발생하면서 커피콩의 부피는 팽창하기 시작한다.

34 로스팅이 진행됨에 따라 발생되는 커피의 특성에 대해 바르게 설명하고 있는 것은?

① 로스팅이 강하게 진행될수록 신맛이 강해진다.
② 로스팅이 강하게 진행될수록 쓴맛이 강해진다.
③ 다크로스트가 되면 바디감이 최고가 된다.
④ 향은 다크로스트가 될수록 강해진다.

해설 | 로스팅이 강해질수록 쓴맛이 강해지고, 바디감과 향은 다크로스트가 되면 감소한다.

35 SCA에서 정한 가장 밝은 단계의 로스팅 레벨과 Agtron No.가 바르게 짝지어진 것은?

① #65 – Light
② #75 – Medium
③ #85 – Dark
④ #95 – Very Light

해설 |

타일 넘버	SCA 단계별 명칭	일본식 명칭	명도(L값)
#95	Very Light	Light	30.2
#85	Light	Cinnamon	27.3
#75	Moderately Light	Medium	24.2
#65	Light Medium	High	21.5

36 로스팅에 관한 설명으로 잘못된 것은?

① 로스팅 중 발생되는 가스는 모두 이산화
   탄소이다.
② 생두에 열을 가하면 물리 · 화학적 과정이
   연속적으로 일어난다.
③ 로스팅에 의해 향기 성분이 새롭게 형성
   되며 커피콩은 건조해져 부서지기 쉽다.
④ 로스팅이 끝나면 바로 열을 식혀 주어야
   한다.

해설 ㅣ 로스팅 중 발생되는 가스는 이산화탄소 외에도 일산
화탄소도 있다.

37 다음 ( ) 안에 들어갈 알맞을 말로 바르게 짝 지어진 것은?

로스팅 과정에서 두 번의 크랙이 발생하는데 1
차 크랙은 생두 세포 내부의 ( )이 증발하면서
나타나는 내부 압력에 의해 발생하며, 2차 크랙
은 주로 ( )의 생성에 의한 팽창으로 발생한다.

① 수분, 산소
② 질소, 이산화탄소
③ 수분, 이산화탄소
④ 산소, 일산화탄소

해설 ㅣ 1차 크랙은 수분, 2차 크랙은 이산화탄소에 의해
발생한다.

SECTION 2 | 로스터기 특성과 로스팅 방법

01 다음 중 로스팅 머신의 열원에 해당되지 않는 것은?

① 가스　　　　② 전기
③ 석탄　　　　④ 화목

해설 | 로스팅에 사용되는 열원은 가스, 전기, 화목 등이다.

02 커피콩에 열을 전달하는 방식에 해당되지 않는 것은?

① 폭발　　　　② 전도
③ 대류　　　　④ 복사

해설 | 커피콩에 열을 전달하는 방식은 전도, 대류, 복사가 있다.

03 열전달 방식에 따른 로스터기의 분류에 속하지 않는 것은?

① 직화식
② 냉각식
③ 열풍식
④ 반열풍식

해설 | 로스팅 머신은 열전달 방식에 따라 직화식, 열풍식, 반열풍식으로 나뉜다.

04 열전달 방식에 따른 로스터기의 분류와 사용하는 열이 바르게 짝지어진 것은?

① 직화식 – 대류열
② 열풍식 – 전도열과 대류열
③ 열풍식 – 전도열
④ 반열풍식 – 전도열과 대류열

해설 | 직화식은 전도열, 반열풍식은 전도열과 대류열, 열풍식은 대류열을 사용한다.

05 로스터기의 부품 중 로스팅 시 발생되는 체프를 제거해 주는 장치는?

① 사이클론
② 모터
③ 쿨러
④ 버너

해설 | 사이클론(Cyclone)은 체프를 제거해 주는 장치다.

06 다음 (　) 안에 알맞은 말은?

> 로스팅 머신의 구조는 다양한데 그 중 (　)식 머신을 많이 사용한다. 머신의 용량은 (　)에 투입할 수 있는 생두의 중량을 kg으로 표시한다.

① 샘플러
② 호퍼
③ 모터
④ 드럼

해설 | 생두를 투입하는 곳은 드럼이다.

07 로스팅 머신의 부품 중 드럼 내부의 공기 흐름과 열량을 조절하는 장치는?

① 사이클론
② 드럼
③ 댐퍼
④ 호퍼

해설 | 댐퍼(Damper)를 열고 닫음으로써 드럼 내부의 공기 흐름과 열량을 조절한다.

정답　01 ③　02 ①　03 ②　04 ④　05 ①　06 ④　07 ③

08 열량을 많이 공급하면서 짧은 시간에 로스팅을 하는 방법은?

① 저온–단시간 로스팅
② 고온–장시간 로스팅
③ 고온–단시간 로스팅
④ 저온–장시간 로스팅

해설 | 열을 많이 주어 짧게 볶아내는 방법을 고온–단시간 로스팅이라 한다.

09 열량을 적게 공급하면서 상대적으로 긴 시간 동안 로스팅 하는 방법은?

① 저온–단시간 로스팅
② 고온–장시간 로스팅
③ 고온–단시간 로스팅
④ 저온–장시간 로스팅

해설 | 열량을 천천히 주면서 장시간 로스팅 하는 방법은 저온–장시간 로스팅이다.

10 저온–장시간 로스팅에 대해 잘못 설명하고 있는 것은?

① 로스팅 된 커피는 상대적으로 팽창이 커서 밀도가 작다.
② 드럼 로스터로 로스팅할 때 주로 사용하는 방법이다.
③ 커피콩의 온도는 200~240℃ 정도다.
④ 15~20분 정도로 긴 시간 동안 로스팅 한다.

해설 | 저온–장시간 로스팅은 상대적으로 팽창이 적어 밀도가 큰 편이다.

11 고온–단시간 로스팅에 대해 잘못 설명하고 있는 것은?

① 신맛이 약하고 뒷맛이 텁텁한 커피가 된다.
② 유동층 로스터에 주로 사용되는 방법이다.
③ 230~250℃의 고온을 사용해 로스팅 한다.
④ 상대적으로 팽창이 커 밀도가 작은 원두로 로스팅 된다.

해설 | 고온–단시간 로스팅 된 원두는 신맛이 강하고 뒷맛이 깨끗한 커피가 된다.

12 저온–장시간 로스팅 된 커피의 특징에 대해 잘못 설명하고 있는 것은?

① 상대적으로 팽창이 적어 밀도가 크다.
② 중후함이 강하고 향기가 풍부한 커피가 된다.
③ 고온–단시간 로스팅 커피에 비해 가용성 성분이 10~20% 더 추출된다.
④ 신맛이 약하고 뒷맛이 텁텁하다.

해설 | 가용성 성분이 적게 추출된다.

13 고온–단시간 로스팅 된 커피의 특징에 대해 잘못 설명하고 있는 것은?

① 한 잔 당 커피 사용량을 10~20% 더 쓰게 되어 비경제적이다.
② 상대적으로 팽창이 커 밀도가 적다.
③ 신맛이 강하고 뒷맛이 깨끗한 커피가 된다.
④ 중후함과 향기는 저온–장시간 로스팅 커피에 비해 부족하다.

해설 | 고온–단시간 로스팅이 한잔 당 커피를 10~20% 덜 쓰게 되어 경제적이다.

14 서로 다른 커피를 혼합하여 새로운 특성을 가진 커피를 만드는 것을 부르는 명칭은?

① 컴바인(Combine)
② 믹스(Mix)
③ 블렌딩(Blending)
④ 머지(Merge)

해설 | 블렌딩은 서로 다른 커피를 혼합하여 새로운 특성의 커피를 만드는 것이다.

15 커피를 단종 별로 각각 로스팅 한 후 혼합하는 블렌딩 방법은?

① Blending with Roasting
② Blending after Roasting
③ Blending before Roasting
④ Blending together Roasting

해설 | 각각의 커피콩을 로스팅 해서 섞는 방법을 Blending after Roasting이라 한다.

16 생두를 일정 비율로 혼합한 뒤 한번에 로스팅 하는 방법을 무엇이라 하는가?

① Blending with Roasting
② Blending after Roasting
③ Blending before Roasting
④ Blending together Roasting

해설 | 생두를 섞어 로스팅 하는 방법을 Blending before Roasting 이라 한다.

17 로스팅 방식에 따른 로스팅 머신의 분류가 아닌 것은?

① 수세식
② 반열풍식
③ 직화식
④ 열풍식

해설 | 수세식은 커피가공법이다. 로스팅 방식은 직화식, 열풍식, 반열풍식, 원적외선, 마이크로파, 고압을 이용한 방법 등이 있다.

18 커피 로스팅에 사용되는 열원의 종류가 아닌 것은?

① 전기
② 증기
③ 숯
④ 가스

해설 | 로스팅에 사용되는 열원은 가스, 전기, 화목(숯) 등이다.

19 로스팅 과정 중 샘플러(확인봉, Sampler)를 통해 확인할 수 없는 것은?

① 색의 변화 과정
② 모양이 변화하는 과정
③ 형태가 변화하는 과정
④ 맛이 변화하는 과정

해설 | 맛은 추출을 통해서만 확인할 수 있다.

20 로스팅에 대해 잘못 설명하고 있는 것은?

① 로스팅 프로파일을 수립하고 그에 맞게 로스팅을 진행하는 것이 좋다.
② 생두의 종류, 특성, 투입량 등을 감안하여 투입온도를 결정한다.
③ 로스팅 머신의 예열은 강한 화력으로 최대한 짧은 시간에 마치는 것이 좋다.
④ 로스팅 전에 머신의 점검사항을 체크한다.

해설 | 로스팅 머신의 예열은 약한 화력으로 천천히 하는 것이 좋다.

· **정답** · 14 ③ 15 ② 16 ③ 17 ① 18 ② 19 ④ 20 ③

21 로스팅 과정이 순서대로 나열된 것은?

① 열분해 - 냉각 - 건조
② 건조 - 열분해 - 냉각
③ 냉각 -열분해 -건조
④ 건조 - 냉각 -열분해

해설 | 건조 - 열분해 - 냉각 순이다.

22 로스팅 방법에 대해 설명한 것 중 맞는 것은?

① 고온 로스팅 : 고온으로 짧은 시간에 로스팅 하는 방법
② 저온 로스팅 : 저온으로 짧은 시간에 로스팅 하는 방법
③ 혼합 로스팅 : 생두를 하나씩 로스팅 한 후 섞는 방법
④ 더블 로스팅 : 한번의 로스팅으로 끝내는 방법

해설 | 저온 로스팅은 저온으로 긴 시간에 걸쳐 로스팅 하는 방법이다. 혼합 로스팅은 생두를 섞어 한 번에 로스팅 하는 방법을 말한다. 더블 로스팅은 두 번에 걸쳐서 하는 방법이다.

23 로스팅 머신의 댐퍼의 기능에 대해 잘못 설명하고 있는 것은?

① 흡열과 발열 반응을 조절하는 기능
② 드럼 내부의 열량 조절
③ 드럼 내부의 공기의 흐름 조절
④ 실버스킨 배출 기능

해설 | 댐퍼로 흡열과 발열 반응을 조절할 수는 없다.

24 커피로스팅의 열전달 방법에 해당되지 않는 것은?

① 전도
② 복사
③ 증류
④ 대류

해설 | 로스팅의 열전달 방법은 전도, 대류, 복사이다.

25 수망 로스팅에 대해 잘못 설명하고 있는 것은?

① 생두에 열을 골고루 전달하기 위해 상하 좌우로 흔들어 준다.
② 원하는 포인트가 오기 전에 화력을 조절하고 포인트에 도달하면 불을 꺼준다.
③ 가급적 냉각은 서서히 시킨다.
④ 로스팅 전에 핸드픽으로 결점두를 제거한다.

해설 | 신속히 냉각을 시켜야 한다.

26 서로 다른 커피를 혼합하여 새로운 맛과 향을 지닌 커피를 만들기 위한 작업이면서 같은 품종이라도 로스팅의 강약 정도를 달리해서 배합하는 경우도 있어 커피의 특성을 조절할 수 있는 장점이 있는 방법은?

① 그라인딩(Grinding)
② 머징(Merging)
③ 그룹핑(Grouping)
④ 블렌딩(Blending)

해설 | 블렌딩에 대한 설명이다.

정답 21 ② 22 ① 23 ① 24 ③ 25 ③ 26 ④

해설과 함께 풀어보는
기출 예상문제

CHAPTER 3. 커피 향미 평가

SECTION 1 | **커피의 화학 반응과 성분**

01 로스팅 과정 중 고온의 열로 인한 건열반응에 의해 생성되며 원두 안에 든 가스의 대부분을 차지하는 것은?

① 산소
② 수소
③ 이산화탄소
④ 일산화탄소

해설 | 생두 1g 당 2~5ml의 가스가 발생하며 그 중 87%는 이산화탄소다. 가스의 50% 정도는 즉시 방출되지만 나머지는 서서히 방출되면서 향기 성분이 공기 중의 산소와 접촉하는 것을 막아준다.

02 생두에 들어있던 성분 중 로스팅이 진행되면서 가장 많이 감소하는 것은?

① 수분
② 탄수화물
③ 단백질
④ 무기질

해설 | 수분은 커피콩 내부의 물의 온도가 물의 끓는점 이상으로 상승하면서 급격히 기화되어 감소한다. 그 후 수분 함량은 로스팅이 진행되면서 1~2%로 줄어든다.

03 커피의 성분 중 갈변반응을 통해 원두가 갈색을 띠게 하고, 플레이버와 아로마 물질을 형성하게 하는 물질은?

① 클로로겐산
② 자당
③ 유기산
④ 카페인

해설 | 당류 중 가장 많은 자당(Sucrose)은 갈변반응을 통해 원두가 갈색을 띠게 하고, 플레이버와 아로마 물질을 형성하며 로스팅 후 대부분 소실된다.

04 다음 빈칸에 들어 갈 알맞을 말로 짝지어진 것은?

> 탄수화물은 커피성분 중 가장 많은 비중을 차지한다. 탄수화물 중 가장 많은 다당류는 대부분 불용성으로 세포벽을 이루는 (   )와 (   )를 구성한다.

① 스테롤(Sterol) – 왁스(Wax)
② 디테르펜(Diterpene) – 토코페롤(Tocopherol)
③ 트리글리세이드(Triglyceride) – 지방산(Fattyacids)
④ 셀룰로오스(Cellulose) – 헤미셀루오스(Hemicelluose)

해설 | 다당류에 해당되는 것은 셀룰로오스와 헤미셀룰로오스 이다.

05 커피 아로마와 깊은 관계가 있으면서 로부스타보다 아라비카에 더 많이 들어있는 성분은?

① 지질
② 단백질
③ 무기질
④ 탄수화물

해설 | 지질은 생두 내부뿐만 아니라 표면에도 왁스 형태로 소량 존재하며 열에 안정적이어서 로스팅에 따라 큰 변화를 보이지 않는다.

정답 · **01** ③ **02** ① **03** ② **04** ④ **05** ①

06 다음 중 커피에 들어있는 지질과 관계없는 성분은?

① 트리글리세이드(Triglyceride)
② 지방산(Fattyacids)
③ 디테르펜(Diterpene)
④ 트리고넬린(Trigonelline)

해설 | 커피 안에 들어 있는 지질은 대부분 트리글리세이드 형태이며 그 밖에 지방산, 디테르펜, 토코페롤, 스테롤 등으로 존재한다.

07 커피의 단백질 성분 중 로스팅 진행에 따라 급속히 소실되고 단당류와 반응하여 멜라노이딘(Melanoidin)과 향기 성분으로 바뀌는 것은?

① 유기산
② 펩타이드
③ 유리아미노산
④ 클로로겐산

해설 | 단백질은 펩타이드(Peptide), 유리아미노산(Free amino acid)등을 포함하며 그 중 유리아미노산은 로스팅 진행에 따라 급속히 소실되고 단당류와 반응해서 멜라노이딘과 향기 성분으로 바뀐다.

08 커피의 신맛을 결정하는 유기산 성분에 해당되지 않는 것은?

① 시트르산(Citric acid)
② 말산(Malic acid)
③ 트리고넬린(Trigonellin)
④ 아세트산(Acetic acid)

해설 | 유기산 성분은 아로마와 커피 추출액의 쓴맛과도 관련이 있다. 신맛을 내는 성분은 시트르산(Citric acid), 말산(Malic acid), 아세트산(Acetic acid), 타타르산(Tartaric acid) 등이 있다. 트리고넬린의 쓴맛은 카페인의 4분의 1 정도다.

09 커피의 유기산 성분 중 가장 많은 비중을 차지하고 있으며 분해되면 퀸산(Quinic acid)과 카페산(Caffeic acid)으로 바뀌는 성분은?

① 아세트산
② 말산
③ 타타르산
④ 클로로겐산

해설 | 클로로겐산(Chlorogenic acid)은 유기산 중 가장 많은 성분이다. 폴리페놀 형태의 페놀화합물에 속하며 로스팅에 따라 클로로겐산의 양은 감소하는데, 분해되면 퀸산과 카페산으로 바뀌며 둘 다 떫은 맛을 낸다. 일반적으로 아라비카 보다 로부스타에 더 많이 함유되어 있다.

10 생두뿐만 아니라 잎에도 소량 존재하며 비교적 열에 안정적이라 로스팅에 따른 소실율이 적고 커피의 쓴맛에 기여하는 알칼로이드 성분은?

① 카페인
② 시트르산
③ 클로로겐산
④ 타타르산

해설 | 카페인은 승화 온도가 178℃로 비교적 열에 안정적이다. 로스팅을 하면 일부가 승화되어 소실되지만 로스팅에 따른 중량 손실로 인해 원두에서 차지하는 비중은 큰 변화를 보이지 않는다. 카페인의 쓴맛은 전체 커피 쓴맛의 10% 정도이다.

11 커피의 알칼로이드 성분 중 카페인의 약 25% 정도의 쓴맛을 내며, 열에 불안정해 로스팅이 진행됨에 따라 급속히 감소하는 성분은?

① 트리고넬린
② 유기산
③ 클로로겐산
④ 페놀

해설 | 트리고넬린은 카페인의 약 25% 정도의 쓴맛을 낸다. 열에 불안정하기 때문에 로스팅에 따라 급속히 감소한다.

· **정답** · 06 ④ 07 ③ 08 ③ 09 ④ 10 ① 11 ①

12 커피에 함유되어 있는 무기질 성분 중 가장 많은 비율을 차지하는 것은?

① 인(P)
② 칼슘(Ca)
③ 칼륨(K)
④ 망간(Mn)

해설 | 커피에 함유되어 있는 무기질 중 칼륨이 약 40%로 가장 많고, 그 밖에 인(P), 칼슘(Ca), 망간(Mn), 나트륨(Na) 등이 존재한다.

13 다음 설명에 해당되는 것은?

> 원두 중량의 0.05% 미만인 700~2,500ppm으로 매우 적은 양이나 800여 가지 이상이 되며 가스방출과 함께 증발, 산화되어 상온에서 2주가 지나면 커피 향기를 잃어버린다.

① 휘발성 화합물
② 무기질
③ 산
④ 단백질

해설 | 휘발성 화합물은 아라비카가 로부스타 보다 더 많이 함유하고 있으며, 로스팅이 진행되면서 풀시티 로스트까지는 증가하지만 프렌치, 이탈리안 로스트에 이르면 오히려 감소한다.

14 식품이 조리나 가공과정에서 갈색으로 변하는 것을 일컫는 말은?

① 흡열반응
② 산소반응
③ 갈변반응
④ 발열반응

해설 | 커피의 경우 열에 의한 비효소적 갈변반응이다.

15 다음 중 커피의 갈변반응에 속하지 않는 것은?

① 캐러멜화
② 산소 반응
③ 마이야르 반응
④ 클로로겐산의 갈변

해설 | 커피의 갈변반응에는 캐러멜화, 마이야르 반응, 클로로겐산에 의한 갈변이 있다.

16 생두에 있는 당 성분이 고온으로 가열 되면서 열분해 또는 산화과정을 거쳐 변화하는 것은?

① 클로로겐산의 갈변
② 마이야르 반응
③ 캐러멜화
④ 멜라노이딘 반응

해설 | 생두의 자당이 가열되면서 열분해 또는 산화과정을 거쳐 캐러멜로 변한다.

17 생두에 있는 미량의 아미노산이 환원당, 다당류 등과 작용하여 갈색의 중합체인 멜라노이딘을 만드는 반응을 일컫는 말은?

① 마이야르 반응
② 캐러멜화
③ 클로로겐산의 갈변
④ 산소 반응

해설 | 마이야르 반응으로 만들어진 멜라노이딘으로 인해 커피가 갈색을 띤다.

· **정답** · 12 ③ 13 ① 14 ③ 15 ② 16 ③ 17 ①

18 클로로겐산류와 단백질 및 다당류와의 반응으로 고분자의 갈색색소를 형성하는 반응은?

① 캐러멜화
② 클로로겐산에 의한 갈변
③ 마이야르 반응
④ 산소 반응

해설 | 클로로겐산의 갈변에 대한 설명이다.

19 다음 중 커피의 색상과 관련이 없는 것은?

① 멜라노이딘
② 클로로겐산
③ 카라멜
④ 카페인

해설 | 카페인은 색상과 관련이 없다.

20 커피나무의 부위 중 카페인을 함유하고 있는 것으로 바르게 짝지어진 것은?

① 나뭇잎 – 나무껍질
② 생두 – 나뭇잎
③ 뿌리 – 생두
④ 나무껍질 – 뿌리

해설 | 카페인은 생두와 나뭇잎에만 존재한다.

21 로스팅이 진행됨에 따라 변하는 성분 중 변화가 가장 적은 것은?

① 카페인
② 자당
③ 수분
④ 트리고넬린

해설 | 다른 성분에 비해 카페인은 변화량이 적다.

22 다음 성분 중 원두에 12~16% 정도 함유되어 있으면서 커피의 향미에 가장 많은 영향을 주는 것은?

① 시트르산
② 말릭산
③ 지방
④ 클로로겐산

해설 | 지방이 맛과 향에 가장 많은 영향을 미친다.

23 커피에 함유되어 있는 무기질 성분 중 가장 많은 것은?

① 인
② 나트륨
③ 칼륨
④ 칼슘

해설 | 칼륨이 가장 많은 비중을 차지한다.

24 커피를 마시면 몸에 흡수가 저해되는 성분은?

① 인
② 철분
③ 망간
④ 칼슘

해설 | 커피를 마시면 철분 섭취가 방해를 받는다.

· **정답** · 18 ② 19 ④ 20 ② 21 ① 22 ③ 23 ③ 24 ②

25 로스팅에 따른 성분 변화를 잘못 설명하고 있는 것은?

① 유기산 : 커피의 신맛을 결정하는 성분이지만 아로마와 커피 추출액의 쓴맛에도 관여한다.
② 단백질 : 당과 반응하여 멜라노이딘을 형성하는 카라멜화 반응을 일으킨다.
③ 수분 : 로스팅 시 가장 많이 손실되는 성분이다.
④ 자당 : 원두의 갈색과 향을 형성하는데 큰 영향을 미친다.

해설 | 단백질 중 유리아미노산은 로스팅이 진행되면서 소실이 되고 단당류와 반응하여 멜라노이딘(Melanoidin)과 향기 성분으로 변한다.

26 생두의 탄수화물 성분에 해당되지 않는 것은?

① 전분
② 헤미셀룰로오스
③ 셀룰로오스
④ 스테롤

해설 | 스테롤은 지질성분에 해당된다.

27 생두와 원두에 함유된 화학 성분에 대해 잘못 설명하고 있는 것은?

① 생두에 함유된 지방은 아라비카종이 로부스타종 보다 많다.
② 유기산에 의해 커피의 신맛이 난다.
③ 원두의 지방산은 대부분 불포화 지방산이다.
④ 생두 보다 원두의 아미노산 함량이 두 배 더 많다.

해설 | 아미노산의 함량은 크게 차이나지 않는다.

28 로스팅이 진행되면 원두를 갈색으로 변하게 만들고 향기를 생성하는데 중요한 역할을 하는 성분은?

① 탄수화물
② 단백질
③ 유기산
④ 무기질

해설 | 탄수화물이 생두에 가장 많이 들어있다.

29 생두의 유리당 중 성분이 가장 많은 것은?

① 포도당
② 과당
③ 셀룰로스
④ 자당

해설 | 자당 성분이 가장 많은 비중을 차지한다.

30 생두의 성분 중 로스팅이 진행됨에 따라 가장 많이 감소하는 것은?

① 자당
② 과당
③ 헤미셀룰로오스
④ 클로로겐산

해설 | 로스팅에 의하여 자당은 거의 소멸된다.

31 로스팅 된 원두의 쓴맛 중 약 10% 정도의 비중을 차지하는 것은?

① 인
② 카페인
③ 트리고넬린
④ 칼슘

해설 | 카페인은 전체 커피 쓴맛의 약 10% 정도를 차지한다.

정답 ▶ 25 ② 26 ④ 27 ④ 28 ① 29 ④ 30 ① 31 ②

32 로스팅이 진행됨에 따라 변화하는 맛에 대해 잘못 설명하고 있는 것은?

① 신맛은 로스팅 초기에 강해지다 로스팅이 강해질수록 감소한다.
② 아라비카종의 신맛이 로부스타종 보다 강하다.
③ 로스팅이 강하게 진행될수록 떫은맛이 증가한다.
④ 쓴맛은 로스팅이 강하게 진행될수록 증가한다.

해설 | 떫은맛은 로스팅이 진행될수록 감소한다.

33 로스팅이 진행됨에 따라 변화하는 생두의 반응에 대해 잘못 설명하고 있는 것은?

① 로스팅 시 발생하는 대부분의 가스는 질소와 일산화탄소이다.
② 수분은 12% 내외에서 1~2% 정도로 감소한다.
③ 생두의 당분은 로스팅이 진행됨에 따라 증가한다.
④ 생두의 섬유소는 로스팅이 진행됨에 따라 감소한다.

해설 | 로스팅 시 발생하는 가스의 87% 정도는 이산화탄소이다.

34 향기성분에 대해 잘못 설명하고 있는 것은?

① 향기성분은 이탈리안 로스팅 단계에서 최대가 된다.
② 커피의 향기성분은 생두의 품종이나 재배지의 환경에 의해 달라진다.
③ 커피의 향기성분은 로스팅의 정도에 따라 달라진다.
④ 향이 다양하고 복합적인 커피가 좋은 맛을 지닌다.

해설 | 로스팅이 너무 강하면 향기성분이 급격히 감소한다.

35 마이야르 반응에 대해 바르게 설명하고 있는 것은?

① 당 성분이 고온으로 가열되면서 열분해 또는 산화과정을 거쳐 캐러멜화 되는 것이다.
② 클로로겐산류와 단백질 및 다당류와의 반응으로 갈색 색소를 형성하는 반응이다.
③ 아미노산이 환원당, 다당류 등과 작용하여 갈색의 중합체인 멜라노이딘을 만드는 반응이다.
④ 클로로겐산이 분해되어 퀸산과 카페산으로 바뀌는 현상이다.

해설 | 생두에 있는 미량의 아미노산이 환원당, 다당류 등과 작용하여 갈색의 중합체인 멜라노이딘을 만드는 반응이다.

36 커피의 갈색색소 형성에 관계가 없는 것은?

① Maillard reaction
② 불포화 지방산의 자동 산화반응
③ Caramelization
④ 클로로겐산류의 중합 및 회합반응

해설 | 갈색색소 형성은 마이야르반응, 자당의 카라멜화, 클로로겐산류의 중합 및 회합반응

37 클로로겐산에 대해 잘못 설명하고 있는 것은?

① 유기산 중 가장 많은 성분이다.
② 로스팅에 따라 클로로겐산의 양은 감소한다.
③ 일반적으로 로부스타 보다 아라비카에 더 많이 함유되어 있다.
④ 분해되면 퀸산과 카페산으로 바뀐다.

해설 | 클로로겐산은 로부스타에 더 많이 함유되어 있다.

- **정답** - 32 ③ 33 ① 34 ① 35 ③ 36 ② 37 ③

38 커피의 바디감과 직접적인 관련이 없는 성분은?

① 미세섬유
② 오일
③ 지질
④ 카페인

해설 | 카페인은 바디감과 관련이 없다.

39 다음 보기 중 원두의 산패가 진행됨에 따라 증가하는 성분은?

① 유리지방산
② 가스
③ 단백질
④ 트리고넬린

해설 | 원두가 산패되면 유리지방산이 점차 증가한다.

40 아라비카종이 로부스타종 보다 많이 함유하고 있는 성분은?

① 카페인
② 지질과 자당
③ 자당
④ 클로로겐산

해설 | 카페인과 클로로겐산은 로부스타종이 더 많다.

41 커피의 갈변반응 중 마이야르 반응에 관여하지 않는 물질은?

① 환원당
② 단백질
③ 망간
④ 아미노산

해설 | 마이야르 반응에 관여하는 물질은 아미노산, 환원당, 다당류 등이다.

42 생두를 감싸고 있는 실버스킨에 가장 많이 함유되어 있는 물질은?

① 유리아미노산
② 아세트산
③ 퀸산
④ 식이섬유질

해설 | 실버스킨의 60% 정도가 식이섬유질이며 그 중 수용성 섬유질은 14% 정도이다.

정답 38 ④ 39 ① 40 ② 41 ③ 42 ④

01 우리가 커피를 마실 때 느낄 수 있는 커피의 향기와 맛의 복합적은 느낌을 나타내는 용어는?

① Olfaction
② Gustation
③ Flavor
④ Mouthfeel

해설 | 커피의 향기와 맛의 복합적인 느낌을 플레이버(Flavor, 향미)라고 한다.

02 커피 플레이버에 대한 관능 평가에 해당되지 않는 것은?

① 통각(Sence of pain)
② 후각(Olfaction)
③ 미각(Gustation)
④ 촉각(Mouthfeel)

해설 | 커피 플레이버의 관능 평가에 해당하는 것은 후각, 미각, 촉각이 있다.

03 향의 생성 원인에 따른 분류에서 효소작용(Enzymatic by-products)에 의해 생성되는 향기의 종류가 아닌 것은?

① Flowery
② Nutty
③ Fruity
④ Herby

해설 | 효소작용에 의해 생성되는 향은 Flowery, Fruity, Herby 세 가지다.

04 향기의 분류 중 갈변반응(Sugar browning by-product)에 의해 생성되는 향기의 종류가 아닌 것은?

① Nutty
② Caramelly
③ Chocolaty
④ Carbony

해설 | 갈변반응에 의해 생성되는 향기의 종류는 Nutty, Caramelly, Chocolaty 세 가지다.

05 향기의 생성 원인에 따른 분류 중 건류반응(Dry distillation by- Products)에 의해 생성되는 향기의 종류가 아닌 것은?

① Herby
② Turpeny
③ Spicy
④ Carbony

해설 | 건류반응에 의해 생성되는 향기의 종류에는 Turpeny, Spicy, Carbony 세 가지가 있다.

06 향을 맡는 단계에 따라 분류할 때 분쇄된 커피 입자에서 나는 향기를 일컫는 말은?

① Aftertaste
② Nose
③ Aroma
④ Fragrance

해설 | 프래그런스(Fragrance)는 분쇄된 입자에서 나는 향기(Dry aroma)를 말하며 주로 나는 향기에는 Flower가 있다.

· **정답** · 1 ③ 2 ① 3 ② 4 ④ 5 ① 6 ④

07 추출된 커피의 표면에서 맡을 수 있는 향기 (Cup aroma)를 지칭하는 용어는?

① Aftertaste
② Nose
③ Aroma
④ Fragrance

해설 | 아로마(Aroma)는 추출된 커피의 표면에서 나는 향기를 말하며 Fruity, Herbal, Nut-like가 이에 해당된다.

08 커피를 마실 때 느껴지는 향기를 무엇이라 부르는가?

① Aroma
② Fragrance
③ Nose
④ Aftertaste

해설 | 노즈(Nose)는 커피를 마실 때 느껴지는 향기를 말하며 Candy, Syrup이 여기에 해당된다.

09 마시고 난 뒤 입 뒤쪽에서 느껴지는 향기를 지칭하는 용어는?

① Aroma
② Fragrance
③ Nose
④ Aftertaste

해설 | 애프터테이스트(Aftertaste)는 마시고 난 다음 입 뒤쪽에서 느껴지는 향기를 말하며 Spicy, Turpeny가 이에 해당된다.

10 전체 커피향기를 총칭하여 부르는 용어는?

① Bouquet
② Banquet
③ Perfume
④ Scent

해설 | 전체 커피향기를 총칭하여 부케(Bouquet)라고 한다.

11 커피 향의 강도를 나타내는 용어가 아닌 것은?

① Odour
② Rich
③ Full
④ Rounded

해설 | 커피 향의 강도는 향을 이루는 유기화합물의 풍부함과 세기의 척도로 분류하며 Rich, Full, Rounded, Flat 네 가지로 구분한다.

12 커피 향의 강도를 나타내는 용어 중 풍부하지만 강도가 약한 향기를 나타내는 용어는?

① Rounded
② Rich
③ Full
④ Flat

해설 | 풍부하지만 강도가 약한 향기(Full & not strong)는 Full이라 한다.

13 풍부하면서도 강한 향기를 지칭하는 말은?

① Full
② Rich
③ Rounded
④ Flat

해설 | 풍부하면서도 강한 향기(Full & strong)는 Rich라 한다.

정답   7 ③ 8 ③ 9 ④ 10 ① 11 ① 12 ③ 13 ②

14 풍부하지도 않고 강하지도 않은 향기를 지칭하는 용어는?

① Full
② Rich
③ Rounded
④ Flat

해설 | 풍부하지도 않고 강하지도 않은 향기(Not full & strong)는 Rounded라 부른다.

15 커피에 향기가 거의 없을 때 부르는 명칭은?

① Full
② Flat
③ Rounded
④ Flat

해설 | 향기가 없을 때(Absence of any bouquet) Flat이라 칭한다.

16 커피의 네 가지 기본 맛에 속하지 않는 것은?

① 신맛
② 단맛
③ 매운맛
④ 짠맛

해설 | 커피의 네 가지 기본 맛은 신맛, 단맛, 쓴맛, 짠맛이다.

17 커피에 신맛을 부여하는 물질이 아닌 것은?

① 캐러멜
② 클로로겐산
③ 옥살산
④ 말산

해설 | 커피에 신맛을 부여하는 물질은 클로로겐산, 유기산(옥살산, 말산, 시트르산, 타타르산)이다.

18 커피의 단맛을 형성하는 물질이 아닌 것은?

① 환원당
② 카페인
③ 캐러멜
④ 단백질

해설 | 커피에 단맛을 부여하는 물질은 환원당, 캐러멜, 단백질이다.

19 커피의 쓴맛 성분이 아닌 것은?

① 카페인
② 트리고넬린
③ 카페산
④ 말산

해설 | 커피의 쓴맛을 내는 물질은 카페인, 트리고넬린, 카페산, 퀸산, 페놀 화합물이다.

20 커피의 짠맛에 기여하는 물질이 아닌 것은?

① 산화칼륨
② 단백질
③ 산화인
④ 산화마그네슘

해설 | 커피의 짠맛 성분은 산화무기물로 산화인, 산화칼륨, 산화칼슘, 산화마그네슘이 여기에 해당된다.

21 다음 빈칸에 알맞은 말로 짝지어진 것은?

( )과 짠맛은 온도가 높아지면 상대적으로 약해지지만 ( )은 온도의 영향을 거의 받지 않는다.

① 단맛 – 신맛
② 쓴맛 – 신맛
③ 신맛 – 단맛
④ 쓴맛 – 단맛

해설 | 단맛과 짠맛은 온도가 높으면 약하게 느껴지지만 신맛은 온도의 영향을 거의 받지 않는다.

22 촉각은 음식이나 음료를 섭취한 후 입안에서 느껴지는 촉감을 말한다. 입안에 있는 말초신경은 고형성분의 양에 따라 커피의 점도(Viscosity)를 지방함량에 따라 미끈함(Oilness)을 감지하는데 이 두 가지를 집합적으로 부르는 용어는?

① Sweetness
② Acidity
③ Body
④ Flavor

해설 | 바디(Body)의 강도는 지방함량에 따라 Buttery 〉 Creamy 〉 Smooth 〉 Watery, 고형성분에 따라 Thick 〉 Heavy 〉 Light 〉 Thin으로 표현한다.

23 커피샘플의 향과 맛의 특성을 체계적으로 평가하는 것을 무엇이라 부르는가?

① Cup
② Cupper
③ Cupping
④ Coaster

해설 | 커피샘플의 맛과 향의 특성을 체계적으로 평가하는 것을 커핑(Cupping)이라고 하며, 이런 작업을 전문적으로 수행하는 사람을 커퍼(Cupper)라고 한다.

24 SCA 커피 커핑의 샘플준비 중 로스팅은 커핑 24시간 이내에 이루어져야 하고 적어도 8시간 정도 숙성 시켜야 한다. 로스팅 정도는 SCA 로스트 타일 기준 얼마 정도가 되어야 하는가?

① #45
② #55
③ #65
④ #75

해설 | 로스팅 정도는 라이트에서 라이트 미디엄 사이가 되도록 하며 이는 SCA 로스트 타일 #55에 해당하는 수치다.

25 SCA 커피 커핑의 샘플분쇄는 홀빈 상태에서 무게를 측정하며 입자가 US 기준 메쉬(Mesh) 얼마를 몇 % 정도 통과해야 하는가?

① 15 – 70%
② 20 – 75%
③ 25 – 80%
④ 30 – 85%

해설 | 메쉬는 20, 75% 통과할 크기로 해준다. 분쇄한 후 향이 소실되지 않도록 컵에 뚜껑을 씌워 놓는다.

26 커핑 시 적정한 물과 커피의 비율로 잘 짝지어진 것은?

① 120ml – 7.25g
② 130ml – 7.5g
③ 140ml – 8.0g
④ 150ml – 8.25g

해설 | 커핑 시 적정한 물의 비율은 물 150ml(약 5oz) 당 커피 8.25g으로 하며 샘플당 5컵을 준비한다. 물과 커피의 양은 같은 비율에 따라 양 조절이 가능하다.

정답 · 21 ① 22 ③ 23 ③ 24 ② 25 ② 26 ④

27 커피 플레이버(Flavor)에 대한 설명으로 바른 것은?

① 커피를 다른 커피와 구별할 수 있게 해주는 일차적 감각 수단이다.
② 특정한 맛과 결합한 커피의 맛을 말한다.
③ 전체 커피의 향기를 총칭하여 부르는 말이다.
④ 커피 품질을 결정하는 중요한 요소로 맛과 향기에 대한 종합적인 느낌을 말한다.

해설 | 플레이버는 후각, 미각, 촉각의 세단계로 나뉜다.

28 커핑 용어에 대해 잘못 설명하고 있는 것은?

① Aftertaste : 커피를 머금었을 때 입안에서 느껴지는 촉감을 말한다.
② Aroma : 커피에서 증발되는 향으로 후각으로 느껴지는 향을 말한다.
③ Flavor : 커피를 머금었을 때 후각과 입에서 느껴지는 맛과 향
④ Taste : 커피에 포함된 단맛, 쓴맛, 짠맛

해설 | 애프터테이스트는 커피를 삼키고 난 후 지속적으로 맴도는 여운을 말한다.

29 커피의 향미를 평가하는 순서로 바르게 짝지어진 것은?

① 촉감 → 향기 → 맛
② 맛 → 향기 → 촉감
③ 촉감 → 맛 → 향기
④ 향기 → 맛 → 촉감

해설 | 커피의 향미는 향기→맛→촉감 순으로 평가한다.

30 SCA에서 분류한 커피 향기의 종류 중 효소 작용군에 해당되는 것이 아닌 것은?

① Flowery
② Chocolaty
③ Fruity
④ Herbal

해설 | Chocolaty는 갈변화 반응군에 해당 된다.

31 커피의 향기 성분 중 휘발성이 강한 순서부터 바르게 나열된 것은?

① Turpeny 〉 Fruity 〉 Chocolaty 〉 Carbony
② Nutty 〉 Caramelly 〉 Herby 〉 Fruity
③ Caramelly 〉 Carbony 〉Flowery 〉 Spicy
④ Flowery 〉 Nutty 〉Chocolaty 〉 Spicy

해설 | 휘발성은 효소작용〉갈변반응〉건류반응 순으로 강도를 나타낼 수 있다.

32 커피의 향을 표현하는 용어 중 향기를 총칭하여 부르는 말은?

① 부케
② 플레이버
③ 아로마
④ 퍼퓸

해설 | 향기를 총칭하여 부르는 용어는 부케(Bouquet)이다.

33 Fruity, Herbal, Nut-like 등으로 표현하며 추출한 커피에서 느껴지는 향을 부르는 명칭은?

① Acidity
② Aroma
③ Sweetness
④ Aftertaste

해설 | 추출한 커피에서 느껴지는 향으로 분자량이 적고 휘발성이 강한 향을 지칭하는 용어는 Aroma이고, 분쇄된 커피에서 느껴지는 향은 Fragrance 이다.

34 다음 설명 중 커피의 평가 용어에 대해 바르게 설명하고 있는 것은?

> 가. Flavor : 입속에 커피를 머금었을 때 느껴지는 맛과 향
> 나. Fragrance : 분쇄된 커피 입자에서 나오는 향기
> 다. Nose : 마시고 난 다음 입 뒤쪽에서 느껴지는 향기
> 라. Aftertaste : 마실 때 느껴지는 향기

① 가 - 나
② 나 - 다
③ 다 - 라
④ 가 - 라

해설 | 노즈는 마실 때 느껴지는 향기, 애프터테이스트는 마시고 난 다음 입 뒤쪽에서 느껴지는 향기를 말한다.

35 커핑 시 커피의 향을 인식하는 순서대로 바르게 나열한 것은?

① Fragrance → Aroma → Nose → Aftertaste
② Aroma → Fragrance → Nose → Aftertaste
③ Nose → Fragrance → Nose → Aftertaste
④ Aftertaste → Nose → Fragrance → Aroma

해설 | Fragrance → Aroma → Nose → Aftertaste 순으로 평가한다.

36 다음 중 커피향기에 대한 설명으로 잘못된 것은?

① 향기를 판별할 때는 개인의 경험이나 훈련에 의해 쌓인 기억에 의존한다.
② 향기는 휘발성이라 기체 상태로 느낄 수 있다.
③ 분자량이 적을수록 날카롭고 거칠게 느껴진다.
④ 커피 향기의 분류는 생성원인에 따른 분류와 향을 맡는 단계에 따른 분류로 나뉜다.

해설 | 분자량이 많을수록 날카롭고 거칠게 느껴진다.

37 향기의 강도를 강한 것부터 약한 것 순으로 바르게 나열한 것은?

① Rich 〉 Full 〉 Rounded 〉 Flat
② Full 〉 Rich 〉 Rounded 〉 Flat
③ Rounded〉 Full 〉 Rich 〉 Flat
④ Rich 〉 Flat 〉 Rounded 〉 Fullt

해설 | 강한 것부터 나열하면 Rich 〉 Full 〉 Rounded 〉 Flat 순이다.

38 커피의 맛을 감별하기 위한 기본적인 미각이 아닌 것은?

① 쓴맛
② 단맛
③ 신맛
④ 짠맛

해설 | 쓴맛은 단맛. 신맛, 짠맛의 강도를 왜곡시키는 역할을 한다.

39 커피의 맛에 대해 잘못 설명하고 있는 것은?

① 단맛은 환원당, 캐러멜, 단백질에 의해 생성된다.
② 신맛은 주로 혀의 맨 앞쪽 끝 부분에서 느껴지는 경우가 많다.
③ 짠맛은 산화무기물에 의해 생성된다.
④ 쓴맛을 내는 성분은 카페인, 트리고넬린, 퀸산 등이다.

해설 | 신맛은 혀의 뒷부분 측면에서 주로 느껴진다.

40 커피의 신맛을 내는 주성분에 해당되는 것은?

① 산화무기물
② 단백질
③ 페놀 화합물
④ 유기산

해설 | 신맛을 내는 성분은 클로로겐산과 유기산(옥살산, 말산. 시트르산, 타타르산)이 있다. 옥살산은 식물 속에서 칼륨 또는 칼슘염 형태로 존재하고 무색무취의 흡습성 결정물이다. 말산은 능금산, 사과산이라 불릴 만큼 천연 과일에 많이 함유되어 있다. 물과 에탄올에는 잘 녹지만 에테르에는 잘 녹지 않는다. 시트르산은 구연산이라고도 하며 식물의 씨나 과즙 속에 유리상태의 산 형태로 존재한다. 고등동물의 물질 대사에 중요한 역할을 하며 혈액응고 저지제로도 활용된다.

41 커피의 신맛과 거리가 먼 성분은?

① 카페산
② 시트르산
③ 옥살산
④ 타타르산

해설 | 카페산을 쓴맛을 내는 성분이다.

42 커피의 쓴맛과 관련이 없는 성분은?

① 카페인
② 환원당
③ 카페산
④ 퀸산

해설 | 환원당은 단맛을 내는 성분이다.

43 커피의 쓴맛에 대해 바르게 설명하고 있는 것은?

① 쓴맛을 내는 카페인 성분은 로스팅을 강하게 할수록 증가한다.
② 로스팅을 강하게 하면 새로운 쓴맛 성분이 생성 되므로 쓴맛이 점차 강해진다.
③ 유기산에 의해 쓴맛 성분이 강조된다.
④ 카페인은 커피의 쓴맛을 내는 유일한 물질이다.

해설 | 카페인 성분은 로스팅의 강도에 큰 영향을 받지 않는다. 쓴맛을 내는 성분은 퀸산, 트리고넬린, 카페인 등이다.

44 커피의 쓴맛에 대해 틀리게 설명하고 있는 것은?

① 카페인에 의해 생성되는 쓴맛은 10%를 넘지 않는다.
② 퀸산, 페놀 화합물은 쓴맛의 주 성분이다.
③ 카페인을 제거한 디카페인 커피는 쓴맛이 나지 않는다.
④ 생두를 로스팅 해서 로스팅이 점차 진행될수록 쓴맛이 강해진다.

해설 | 카페인을 제거했더라도 트리고넬린, 카페산, 퀸산, 페놀 화합물 등에 의하여 쓴맛이 난다.

45 생두를 로스팅 하면 당의 캐러멜화 반응에 의해 갈색으로 변하는데 여기에 반응하지 않고 남은 당에 의해 느껴지는 맛은?

① 단맛
② 신맛
③ 짠맛
④ 쓴맛

해설 | 당에 의해 생성되는 맛은 무조건 단맛이다.

46 맛의 변화에 대해 잘못 설명하고 있는 것은?

① 단맛은 온도가 낮아지면 상대적으로 강해진다.
② 짠맛은 온도가 낮아지면 상대적으로 강해진다.
③ 신맛은 온도의 영향을 거의 받지 않는다.
④ 쓴맛은 다른 맛에 비해 약하게 느껴진다.

해설 | 쓴맛은 다른 맛에 비해 강하게 느껴진다.

47 음식이나 음료를 섭취하거나 섭취한 후 입안에서 물리적으로 느껴지는 촉감을 무엇이라 하는가?

① Body
② Mouthfeel
③ Flavor
④ Aroma

해설 | 촉각(Mouthfeel)에 대한 설명이다.

48 입안에 있는 말초신경은 커피의 점도와 미끈함을 감지하는데 이 두 가지를 집합적으로 부르는 말은?

① Acidity
② Mouthfeel
③ Body
④ Sweetness

해설 | 바디(Body)에 대한 설명이다.

49 입안에서 느껴지는 중량감 또는 밀도감을 말하는 용어는?

① 떫은맛
② 바디감
③ 매운맛
④ 신맛

해설 | 바디감은 입안에서 느껴지는 중량감 또는 밀도감을 말한다.

정답 · **44** ③ **45** ① **46** ④ **47** ② **48** ③ **49** ②

50 커피의 맛을 평가하는 요소 중 하나인 바디에 관한 설명으로 맞는 것은?

① 입안에서 느껴지는 촉감을 말하며 커피의 지방 성분 등에 의해 느껴진다.
② 커피를 한 모금 삼키고 난 후 입 뒤쪽에서 느껴지는 향기를 말한다.
③ 커피의 당도를 나타내는 말로 당도가 높은 커피일수록 바디가 강하다.
④ 쓴맛이 강하면 바디가 강하고 약하면 바디 또한 약하다.

해설 | 바디는 입안에서 느껴지는 촉감과 관련이 깊은 용어로 고형성분에 따라 커피의 점도를, 지방함량에 따라 미끈함을 감지하는 것을 말한다.

51 바디의 강도는 지방 함량에 따라 표현할 수 있는데 강한 것부터 순서대로 나열한 것은?

① Buttery〉Watery〉Smooth〉Creamy
② Creamy〉Buttery 〉Smooth〉Watery
③ Buttery〉Creamy〉Smooth〉Watery
④ Creamy〉Smooth〉Buttery 〉Watery

해설 | Buttery〉Creamy〉Smooth〉Watery 순이다.

52 SCA 커핑 항목에 해당되지 않는 것은?

① Flavor
② Fragrance
③ Aftertaste
④ Bitterness

해설 | 쓴맛은 평가항목에 해당되지 않는다.

53 SCA의 커핑을 실시하는 궁극적인 목적은?

① 생두의 등급 분류
② 커피 판매
③ 자격증 취득
④ 로스팅 등급 분류

해설 | 커피의 맛과 향을 판별해 생두의 등급을 분류하기 위해서이다.

54 SCA 커핑에 대해 잘못 설명하고 있는 것은?

① 로스팅 정도는 라이트에서 라이트 미디엄 사이가 되도록 한다.
② 커피를 마신 후 느낌이 매우 중요하기 때문에 샘플은 남기지 않고 모두 마신다.
③ 커피와 물의 비율은 물 150ml 당 커피 8.25g 이다.
④ 입자는 US 메쉬 20을 기준으로 75% 통과할 크기로 해준다.

해설 | 모두 마시지 않아도 된다.

55 SCA 커핑 순서를 바르게 나열한 것은?

① Flavor 평가 → Fragrance 평가 → Aroma 평가 → Breaking Aroma 평가
② Flavor 평가 → Fragrance 평가 → Breaking Aroma 평가 → Aroma 평가
③ Fragrance 평가 → Aroma 평가 → Breaking Aroma 평가 → Flavor 평가
④ Fragrance 평가 → Aroma 평가 → Flavor 평가 → Breaking Aroma 평가

해설 | 분쇄향인 Fragrance를 평가하고 물에 적셨을 때 올라오는 Aroma를 평가한 다음 Breaking 하면서 올라오는 Aroma를 평가한다. 마지막으로 Flavor를 평가한다.

정답 50 ① 51 ③ 52 ④ 53 ① 54 ② 55 ③

01 커피의 추출 과정을 순서대로 잘 나열한 것은?

① 침투 → 분리 → 용해
② 분리 → 침투 → 용해
③ 침투 → 용해 → 분리
④ 용해 → 침투 → 분리

해설 | 물이 분쇄된 입자 속으로 스며들어 가용성 성분을 용해하고, 용해된 성분들은 커피입자 밖으로 용출되는 과정을 거치며 마지막으로 용출된 성분을 물을 이용해 뽑아내는 과정을 통해 추출이 이루어진다.

02 커피 원두를 분쇄하는 이유에 대해 바르게 설명하고 있는 것은?

① 커피의 고형 성분이 물에 쉽게 용해되게 하기 위해서이다.
② 커피 입자를 잘게 부수면 커피향이 더 진해지기 때문이다.
③ 커피를 추출하는 도구를 보호하기 위해서이다.
④ 조금이라도 더 부드러운 커피 맛을 내기 위해서이다.

해설 | 커피 입자를 잘게 부숴 표면적을 넓힘으로써 커피의 고형 성분이 물에 쉽게 용해되게 하기 위해서이다.

03 그라인더의 분쇄원리에 따른 구분 중 간격식 그라인더가 아닌 것은?

① 코니컬형(Conical burr)
② 칼날형(Blade type)
③ 플랫형(Flat burr)
④ 롤형(Roll type)

해설 | 그라인더는 분쇄원리에 따라 충격식(Impact)과 간격식(Gap) 그라인더로 나뉜다. 칼날형은 충격식으로 고른 분쇄가 어려우며 코니컬형, 플랫형, 롤형은 모두 간격식이다.

04 커피 원두를 분쇄할 때 주의해야 할 사항이 아닌 것은?

① 물과 접촉하는 시간이 짧을수록 분쇄 입자를 가늘게 한다.
② 분쇄 입도가 고르지 못하면 용해 속도가 달라져 커피 맛이 떨어진다.
③ 분쇄 시 발생하는 열은 맛과 향을 변질 시키므로 열 발생을 최소화 한다.
④ 미분은 분쇄 시 발생되는 먼지를 말하는데 독특한 맛을 주기 때문에 많이 발생하면 좋다.

해설 | 미분은 좋지 않은 맛의 원인이 되므로 되도록 발생하지 않도록 한다.

· **정답** · 1 ③ 2 ① 3 ② 4 ④

05 커피를 추출하는 물과 커피의 비율에 대해 잘못 설명하고 있는 것은?

① 추출 수율이 28~33%이고 농도가 1.15~1.35%일 때 커피가 가장 맛있다.
② 92~96℃의 뜨거운 물 1리터로 52~65g의 신선한 커피를 사용하여 추출한다.
③ 커피에 사용되는 물은 깨끗해야 한다.
④ 일반적으로 50~100ppm의 무기물이 함유된 물이 추출에 적당하다.

해설 | SCA의 기준에 따르면 수율이 18~22%이고 농도가 1.15~1.35%일 때 커피가 가장 맛있었다고 한다.

06 커피를 추출할 때 물과 추출 시간에 대해 잘못 설명하고 있는 것은?

① 커피 추출에 사용되는 물은 신선해야 하고 냄새가 나지 않아야 한다.
② 커피 추출에 사용되는 물은 불순물이 적거나 없어야 한다.
③ 로스팅이 강할수록 가용 성분이 많이 뽑혀 나오므로 추출할 때 물의 온도를 낮춰준다.
④ 추출 시간이 길면 길수록 고형 성분이 많아져 맛이 좋아진다.

해설 | 추출 시간이 길어지면 맛에 안 좋은 영향을 주는 성분들이 많이 나와 커피 맛이 안 좋아지기 때문에 적정한 추출 시간 안에 커피를 뽑는 것이 좋다.

07 커피의 산패 과정을 순서대로 바르게 나열한 것은?

① 증발(Evaporation) → 산화(Oxidation) → 반응(Reaction)
② 반응(Reaction) → 산화(Oxidation) → 증발(Evaporation)
③ 증발(Evaporation) → 반응(Reaction) → 산화(Oxidation)
④ 산화(Oxidation) → 증발(Evaporation) → 반응(Reaction)

해설 | 로스팅이 되면 시간이 지남에 따라 향기가 소실되고 더 나아가 맛이 변질되는데, 증발 → 반응 → 산화의 3단계 과정을 거친다.

08 커피의 산패 요인에 대해 잘못 설명하고 있는 것은?

① 포장 내 소량의 산소만으로도 완전 산화된다.
② 상대습도가 100%일 때 3~4일, 50%일 때 7~8일, 0%일 때 3~4주부터 산패가 진행된다.
③ 커피를 분쇄하면 홀빈 상태보다 산패가 더디게 진행된다.
④ 온도가 10℃ 상승할 때마다 2,3승씩 향기 성분이 빨리 소실된다.

해설 | 분쇄 상태의 커피는 홀빈 상태보다 5배 빨리 산패가 진행된다. 그리고 다크 로스트일수록 함수율이 낮으며 오일이 배어나와 있고 더 다공질 상태이므로 산패가 라이트 로스트일 때 보다 빨리 진행된다.

· 정답 · 5 ① 6 ④ 7 ③ 8 ③

09 다음 중 커피의 포장 방법에 해당되지 않는 것은?

① 불활성 가스 포장
② 진공 포장
③ 밸브 포장
④ 산소 포장

해설 | 산소는 커피 산패의 가장 큰 적이므로 사용하지 않는다. 대신 질소 가스 포장 방법이 쓰이는데 질소를 가압하여 포장하는 질소 가압 포장이 포장 방법 중 보관 기간이 가장 긴 것으로 알려져 있다.

10 커피의 포장 재료가 갖추어야 할 조건이 아닌 것은?

① 방향성
② 차광성
③ 방기성
④ 방습성

해설 | 방향이 아니라 향기를 보호하는 보향성을 갖추고 있어야 한다.

11 커피 추출 시 발생되는 현상에 대해 잘못 설명하고 있는 것은?

① 커피입자 안에 스며든 물은 가용성 성분을 용해시킨 후 다시 커피 입자 안으로 집어넣는다.
② 신선한 커피는 물을 적시면 이산화탄소를 방출한다.
③ 커피 추출은 난류의 원리를 이용한다.
④ 커피입자 밖으로 용출된 성분을 물을 이용해 뽑아내는 과정을 거친다.

해설 | 물이 분쇄된 입자 속으로 스며들어 가용성 성분을 용해하고, 용해된 성분들은 커피입자 밖으로 용출되는 과정을 거친다.

12 커피를 추출할 때 커피 맛에 가장 적은 영향을 미치는 것은?

① 분쇄된 커피의 입자크기
② 추출수의 온도
③ 컵의 색상
④ 원두의 신선도

해설 | 컵의 모양이나 색상은 해당되지 않는다.

13 커피 맛을 음미하기에 가장 적당한 온도는 몇 도인가?

① 65~70℃
② 70~75℃
③ 75~80℃
④ 80~90℃

해설 | 커피를 마실 때 가장 향기롭고 맛있게 느껴지는 온도는 65~70℃이다.

14 커피 추출에 사용되는 물에 대해 바르게 설명하고 있는 것은?

① 신선하고 냄새가 나지 않는 물이 좋다.
② 로스팅 강도에 따라 물의 온도를 다르게 하는 것이 좋다.
③ 불순물이 적거나 없어야 한다.
④ 200ppm이상의 미네랄이 함유되어 있는 물이 좋다.

해설 | 50~100ppm의 무기물이 함유된 물이 추출에 적당하다.

15 커피 추출에 사용되는 물의 설명으로 맞는 것은?

① 미네랄이 많이 함유된 물은 좋은 커피맛을 내는 데 도움이 된다.
② 연수를 사용하면 가용 성분이 더 많이 추출된다.
③ 지하수를 사용하면 커피의 맛이 더 좋아진다.
④ 추출 온도가 높을수록 더 좋은 맛과 향을 내는 가용 성분이 많이 추출된다.

해설 | 커피 추출을 할 때 미네랄이 많이 함유된 물을 사용하는 것이 좋다. 하지만 연수를 사용한다고 해서 가용 성분이 더 많이 추출되는 것은 아니다. 추출 온도가 높으면 쓴 맛 위주의 성분이 추출되어 전체적인 맛과 향이 떨어진다.

16 다음 중 일반적으로 가장 가늘게 분쇄된 원두를 사용하는 추출 기구는?

① 이브릭
② 에어로프레스
③ 프렌치프레스
④ 핸드드립

해설 | 이브릭은 아주 곱게 간 원두를 끓는 물에 부어 우려내는 방식을 사용한다.

17 다음 중 가장 굵은 분쇄 원두를 사용하는 도구는?

① 에스프레소 머신
② 나폴레타나
③ 프렌치프레스
④ 체즈베

해설 | 프렌치프레스는 굵게 분쇄된 원두를 사용해 커피를 추출하는 도구다.

18 아래 보기 중 가장 가는 분쇄 입도를 사용하는 방식은?

① 에스프레소
② 핸드드립
③ 프렌치프레스
④ 콜드브류

해설 | 현존하는 커피 추출법 중 가장 가는 분쇄도를 사용하는 도구 중 하나는 에스프레소다.

19 다음 중 입자의 균일성이 가장 떨어지는 그라인더 칼날의 형태는?

① 코니컬(Conical)형
② 플랫(Flat)형
③ 롤(Roll)형
④ 칼날(Blade)형

해설 | 칼날 두 개로 원두를 분쇄하는 칼날형의 분쇄 균일성이 가장 낮다.

20 그라인더의 입자 분포가 균일하지만 열 발생이 많은 칼날의 형태는?

① Flat형
② Conical형
③ Roll형
④ Blade형

해설 | 평면형(Flat) 칼날이 입자분포가 가장 균일하다.

정답 · 15 ① 16 ① 17 ③ 18 ① 19 ④ 20 ①

21 커피 추출을 위한 분쇄의 이유에 대해 바르게 설명하고 있는 것은?

① 커피의 양을 최대한 늘리기 위해
② 커피 성분을 많이 뽑아내기 위해
③ 빨리 추출해서 효율적인 서비스를 하기 위해
④ 물에 접촉되는 커피 표면적의 증가를 위해

해설 | 물에 접촉되는 커피 표면적을 증가시켜 추출을 용이하게 하기 위해서이다.

22 커피 분쇄에 영향을 미치는 요소가 아닌 것은?

① 로스팅 정도
② 습도
③ 커피의 산지
④ 발열

해설 | 커피의 산지는 큰 영향이 없다.

23 다음 중 추출을 위한 분쇄 방법에 대해 잘못 설명하고 있는 것은?

① 추출하고자 하는 기구의 특성에 맞게 분쇄한다.
② 물과 접촉하는 시간이 길수록 굵게 분쇄한다.
③ 분쇄된 커피의 미분이 많이 함유되어 있을 때 좋은 맛의 커피를 추출할 수 있다.
④ 분쇄 입도가 고르면 용해 속도가 일정해 커피 맛이 좋아진다.

해설 | 미분이 많이 발생되는 좋지 않은 커피 맛이 난다.

24 커피의 분쇄 입자에 대해 잘못 설명하고 있는 것은?

① 터키식 커피는 분쇄를 매우 미세하게 한다.
② 분쇄된 입자가 굵을수록 고형 성분이 더 많이 추출된다.
③ 프렌치프레스는 페이퍼필터 커피에 비해 분쇄 입자가 굵다.
④ 분쇄 입자에 따라 커피의 맛이 달라진다.

해설 | 분쇄 입자가 굵을수록 고형 성분이 덜 추출된다.

25 현존하는 커피 포장 방법 중 가장 오래 보관이 가능하다고 알려진 것은?

① 진공 포장
② 질소 가압 포장
③ 밸브 포장
④ 공기 포장

해설 | 질소 가압 포장은 캔과 같은 금속 용기에 질소를 가압하여 포장하는 방법으로 가장 긴 것으로 알려져 있다.

26 커피 추출 과정을 바르게 설명하고 있는 것은?

① 분리 → 용해 → 침투
② 용해 → 분리 → 침투
③ 침투 → 분리 → 용해
④ 침투 → 용해 → 분리

해설 | 물이 침투하고 고형성분을 용해한 다음 분리해 추출한다.

정답 21 ④ 22 ③ 23 ③ 24 ② 25 ② 26 ④

27 커피에 추출 된 성분의 비율을 무엇이라 하는가?

① 성분 수율
② 실제 비율
③ 추출 수율
④ 가용 수율

해설 | 커피의 가용 성분 중 실제로 커피에 추출된 성분의 비율을 추출 수율이라고 한다.

28 SCA 기준의 적정 추출 수율과 커피 농도로 바르게 짝지어진 것은?

① 18~22%와 1.15~1.35%
② 15~20%와 1.15~1.85%
③ 25~30%와 1.25~1.35%
④ 12~16%와 1.35~1.85%

해설 | 적정 추출 수율은 18~22%, 적정 커피농도는 1.15~1.35%로 규정되어 있다.

29 다음 중 커피 추출에 대해 바르게 설명하고 있는 것은?

① 커피의 추출 농도는 18~22%가 이상적이다.
② 물의 온도가 낮을수록 커피의 농도가 진하다.
③ 커피 분쇄도는 맛에 직접적인 영향이 없으므로 모두 같은 굵기로 한다.
④ 커피 양과 물의 비율을 맞추었더라도 입자의 크기가 적당해야 원하는 농도의 커피를 추출할 수 있다.

해설 | 추출 수율이 18~22%, 물의 온도가 높을수록 커피의 농도가 진하고, 추출하는 도구에 따라 분쇄도를 다르게 해주어야 한다.

30 커피의 산패에 대해 바르게 설명하고 있는 것은?

① 부패와 산패는 같은 뜻이다.
② 습도와 결합하여 커피가 썩는 것을 의미한다.
③ 산소가 결합되어야 좋은 맛과 향을 낸다는 의미다.
④ 산패는 공기 중의 산소와 결합되어 산화되는 것을 말한다.

해설 | 공기 중의 산소와 결합되어 맛과 향이 변화하는 것을 말한다.

31 향미가 좋은 커피를 마시기 위한 설명으로 잘못된 것은?

① 홀빈 상태의 커피를 추출하기 바로 직전에 분쇄해 사용한다.
② 한 번에 많은 양을 구매하여 소분해서 햇볕이 잘 드는 곳에 보관한다.
③ 추출된 커피는 가급적 식기 전에 마신다.
④ 커피는 산소를 차단하고 볕이 들지 않는 서늘한 곳에 보관한다.

해설 | 한 번에 많은 양을 구매하지 않고 일주일 정도의 소비 분량만 구매한다.

32 커피 원두의 신선도를 저하시키는 원인이 아닌 것은?

① 습도
② 질소
③ 산소
④ 햇볕

해설 | 질소는 산패가 진행되는 것을 늦춰준다.

33 커피 신선도를 저해시키는 산패의 주요 원인이 아닌 것은?

① 분쇄 여부
② 주변 습도
③ 밀도
④ 보관 온도

해설 | 밀도는 생두를 분석할 때 사용되는 요소다.

34 커피 포장 재료가 갖춰야 할 조건이 아닌 것은?

① 빛을 보존하는 기능이 있어야 한다.
② 습도를 방지해야 한다.
③ 산소가 침투하지 않도록 해야 한다.
④ 향기가 보존되는 장치가 있어야 한다.

해설 | 빛이 침투되지 않도록 해야 한다.

35 다음 중 원두 보관 방법으로 올바른 것은?

① 원두는 항상 냉동 보관하는 것이 좋다.
② 냉동 보관된 원두는 추출 시 바로 사용해야 한다.
③ 원두는 냉동보다 냉장 보관하는 것이 좋다.
④ 원두를 밀봉 또는 진공 용기를 사용하여 공기와의 접촉을 최소화한다.

해설 | 원두는 냉장고에 넣지 않는 것이 좋다.

36 원두의 품질을 유지시키기 위한 포장 기술에 해당되지 않는 것은?

① 가스치환 포장
② 탈취형 포장
③ 진공 포장
④ 보존밸브 포장

해설 | 커피의 향기 성분 보존을 위해 탈취형 포장을 하면 안 된다.

PART 1 :: 기출 예상문제

정답· 33 ③ 34 ① 35 ④ 36 ②

01 추출 용기에 분쇄된 커피 가루를 넣고 뜨거운 물을 붓거나 찬물을 넣고 가열하여 커피 성분을 뽑아내는 방식은?

① 투과식
② 여과식
③ 침지식
④ 증발식

해설 | 커피 가루를 넣고 가열하여 커피 성분을 뽑아내는 방법은 침지식(침출식)이다. 프렌치프레스, 터키식 커피 등이 이에 해당한다.

02 분쇄 커피 가루가 담긴 물을 통과시켜 커피 성분을 뽑아내는 방식은?

① 여과식
② 침지식
③ 침출식
④ 증발식

해설 | 여과식(투과식)은 침지식에 비해 깔끔한 커피가 추출된다. 드립식 추출, 모카포트 등이 여기에 해당된다.

03 독일의 멜리타 벤츠(Melitta Bentz) 부인에 의해 처음 시작된 추출 방식은?

① 융드립
② 페이퍼 필터 드립
③ 사이폰
④ 프렌치프레스

해설 | 플라스틱, 도자기, 유리 등의 재질로 제작된 드리퍼 위에 분쇄 커피가 담긴 페이퍼를 올려놓은 다음 드립용 주전자를 이용해 물을 부어 커피를 추출하는 방식은 페이퍼 필터 드립이다.

04 드리퍼 내부의 요철로 물을 부었을 때 공기가 빠져나가는 통로 역할을 하는 것은?

① 필터(Filter)
② 홀(Hole)
③ 핸들(Handle)
④ 리브(Rib)

해설 | 리브가 촘촘하고 높을수록 커피액이 아래로 잘 빠져나간다.

5 천의 섬유 조직을 필터로 사용해 커피를 추출하는 방식은?

① 융 드립
② 프렌치프레스
③ 터키식 커피
④ 사이폰

해설 | 융 추출은 커피의 바디를 구성하는 오일 성분이나 불용성 고형 성분이 페이퍼 드립에 비해 쉽게 통과되어 진하면서도 부드러운 맛의 커피가 뽑힌다.

06 독일의 화학자 쉴럼봄(Schlumbohm)에 의해 탄생한 커피 추출 도구는?

① 체즈베(Cezve)
② 이브릭(Ibrik)
③ 사이폰(Syphon)
④ 케멕스 커피메이커(Chemex coffee maker)

해설 | 케멕스는 드리퍼와 서버가 하나로 연결된 일체형으로 리브가 없어 이 역할을 하는 공기 통로를 설치하였다. 물 빠짐이 페이퍼 드립에 비해 좋지 않다.

정답 01 ③ 02 ① 03 ② 04 ④ 05 ① 06 ④

07 증기압을 이용해 추출하기 때문에 진공식 추출이라고도 불리는 도구는?

① 체즈베
② 이브릭
③ 사이폰
④ 모카포트

해설 | 사이폰의 원래 명칭은 배큠 브루어(Vacuum Brewer)이다. 사용되는 열원은 알코올램프, 할로겐램프와 가스스토브이다.

08 비커에 굵게 분쇄한 커피를 담고 뜨거운 물을 부은 후 몇 분 정도 기다린 후에 플런저(Plunger)를 눌러 커피를 추출하는 도구는?

① 페이퍼 필터 드립
② 융 드립
③ 프렌치프레스
④ 에어로 프레스

해설 | 프렌치프레스는 금속 필터로 여과하므로 미세한 커피 침전물까지 추출액에 섞일 수 있어 깔끔하지 않고 텁텁한 맛이 날 수 있다.

09 가장 오래된 추출 방법으로 커피 입자를 에스프레소 보다 가늘게 분쇄한 후 체즈베로 커피를 달여서 추출하는 방식은?

① 미국식 커피
② 이탈리아식 커피
③ 프랑스식 커피
④ 터키식 커피

해설 | 터키식 커피는 여과를 하지 않으므로 커피 입자를 에스프레소 보다 더 가늘게 분쇄한다.

10 찬물로 장시간 추출하는 방식은?

① 콜드 브루(Cold brew)
② 에어로프레스(Aeropress)
③ 모카포트(Moka pot)
④ 케멕스(Chemex)

해설 | 더치커피로 많이 알려져 있으며 찬물로 장시간 추출하는 방식은 콜드 브루이다. 원두의 분쇄도와 물이 맛에 중요한 작용을 한다.

11 플런저에 압력을 가해 체임버에 담긴 물을 밀어내어 추출하는 방식으로 주사기와 같은 원리의 추출도구는?

① 에어로프레스
② 모카포트
③ 케멕스
④ 페이퍼 필터 드립

해설 | 에어로프레스는 추출이 신속하게 이루어지며 휴대가 가능하여 장소에 구애받지 않고 사용할 수 있다.

12 이탈리아의 비알레띠(Bialetti)에 의해 탄생하였으며 가정에서 손쉽게 에스프레소를 즐길 수 있게 고안된 커피도구는?

① 콜드 브루
② 사이폰
③ 모카포트
④ 케멕스

해설 | 모카포트는 불 위에 올려놓고 추출하므로 'Stove-top espresso maker'라고도 한다.

정답 07 ③ 08 ③ 09 ④ 10 ① 11 ① 12 ③

13 다음 커피 추출 방법 중 여과식에 해당되지 않는 것은?

① 핸드드립
② 에스프레소
③ 터키식 커피
④ 모카포트

해설 I 터키식 커피는 침출식에 해당된다.

14 다음 커피 기구 중 달임 방식(Decoction)에 해당하는 것은?

① 융 드립
② 페이퍼 드립
③ 케멕스 커피 메이커
④ 터키식 커피

해설 I 터키식 커피 외 나머지는 모두 여과식이다.

15 다음 보기 중 추출 방식이 다른 하나는?

① 프렌치프레스
② 에스프레소
③ 모카포트
④ 핸드드립

해설 I 프렌치프레스는 침지식이며 나머지는 여과식이다.

16 진공 여과(Vacuum filtration) 방식 추출이라고도 하며 커피가 만들어지는 과정을 지켜 볼 수 있어 시각적 효과가 좋은 커피 추출 방법은?

① 달임(Decoction) 방식
② 드립 여과(Drip filtration) 방식
③ 침지(Steeping) 방식
④ 사이폰(Syphon)

해설 I 사이폰 혹은 배큠 브루어에 대한 설명이다.

17 페이퍼 드립 추출에 대한 방법으로 잘못 설명된 것은?

① 독일의 멜리타 벤츠 여사가 페이퍼 필터를 최초로 만들었다.
② 드리퍼의 리브가 짧을수록 추출 시간이 빨라진다.
③ 드립포트는 스파웃의 모양을 고려해서 선택한다.
④ 융드립이 페이퍼 드립 보다 지용성 물질이 많이 통과된다.

해설 I 드리퍼의 리브가 길고 많을수록 추출 시간이 빨라진다.

18 터키식 커피를 추출할 때 사용되며, 가장 오래된 추출 기구로 알려져 있는 것은?

① 칼리타(Kalita) 드리퍼
② 사이폰(Syphon)
③ 이브릭(Ibrik)
④ 융(Flannel) 드립

해설 I 터키식 도구는 이브릭과 체즈베가 있다.

19 커피를 끓이다가 거품이 끓어오르면 커피 찌꺼기를 가라앉힌 후에 잔에 따라 마시는 기구는?

① 핸드드립
② 프렌치프레스
③ 사이펀
④ 체즈베

해설 I 체즈베로 추출하는 터키식 커피에 대한 설명이다.

20 사이폰(Syphon)에 대한 다음 설명으로 잘못된 것은?

① 사이폰은 증기압을 이용해 추출하는 방식이다.
② 배큠 브루어(Vacuum Brewer)라는 명칭으로 불렸다.
③ 열원은 알코올램프, 할로겐램프, 가스 스토브를 사용한다.
④ 상부의 플라스크를 뜨겁게 하여 그 수증기의 압력에 의해 하부로 뜨거운 물이 내려가 커피를 추출한다.

해설 | 사이폰은 하부의 물이 상부로 올라가는 방식이다.

21 커피를 장시간 추출해 부드러운 맛과 향기를 그대로 담아두며 물의 맛이 중요한 추출법은?

① 체즈베
② 모카포트
③ 콜드브루
④ 클레버

해설 | 콜드브루는 커피를 장시간 추출하며 향기를 커피에 그대로 담아둘 수 있다.

22 다음 중 필터를 사용하지 않는 추출 방식은?

① 사이폰
② 에스프레소
③ 핸드 드립
④ 터키식 커피

해설 | 터키식 커피는 달임방식으로 추출한다.

23 핸드드립 추출에 대해 바르게 설명하고 있는 것은?

① 추출하는 물의 온도는 로스팅 정도와 무관하다.
② 오랜 시간 천천히 추출할수록 맛이 더 좋은 커피가 추출된다.
③ 사용되는 드리퍼의 종류와 상관없이 맛은 일정하다.
④ 원두의 분쇄도가 굵을수록 커피의 맛이 연해진다.

해설 | 로스팅 정도가 강할수록 물의 온도는 낮게. 적정한 시간 동안 추출해야 맛이 좋다. 드리퍼의 종류에 따라 맛의 차이가 많다.

24 플렌저에 압력을 가해 체임버에 담긴 물을 밀어내어 추출하는 방식으로 주사기와 같은 원리이다. 추출이 신속하게 이루어지며 휴대가 가능한 장점이 있는 도구는?

① 모카포트
② 케멕스 커피메이커
③ 프렌치프레스
④ 에어로프레스

해설 | 에어로프레스에 대한 설명이다.

25 사이폰 추출 시 플라스크를 가열하는 열원이 아닌 것은?

① 알코올
② 할로겐
③ 핫플레이트
④ 가스

해설 | 알코올, 가스, 전기식 할로겐이 주로 사용된다.

정답 - 20 ④ 21 ③ 22 ④ 23 ④ 24 ④ 25 ③

26 유리, 금속, 합성수지 등으로 제작되었으며 금속필터를 사용해 미세한 침전물이 섞이는 추출 도구는?

① 프렌치프레스
② 융 드립
③ 케멕스 커피 메이커
④ 에스프레소 머신

해설 | 프렌치프레스에 대한 설명이다.

27 페이퍼 드립과 상관 없는 도구는?

① 포타필터
② 드리퍼
③ 페이퍼 필터
④ 드립포트

해설 | 포타필터는 에스프레소용 추출도구다.

28 다음 커피 추출법 중 드립식 추출 도구가 아닌 것은?

① 페이퍼 필터
② 드립 포트
③ 서버
④ 쉐이커

해설 | 드립식 추출 도구는 드리퍼, 여과지, 드립 포트, 서버 등이다.

29 융드립의 불편함을 개선하기 위해 발명된 추출법은?

① 모카포트
② 페이퍼 필터
③ 이브릭
④ 체즈베

해설 | 페이퍼 필터는 독일의 멜리타 벤츠 여사에 의해 개발 되었다.

30 드리퍼 내부에 있는 리브(Rib)의 역할을 바르게 설명한 것은?

① 커피 가루 사이에 있는 공기를 원활히 배출시키는 역할을 한다.
② 필터의 조직을 더 단단하게 만드는 역할을 한다.
③ 접촉면을 증가시켜 물이 빠지는 시간을 길게 하는 역할을 한다.
④ 리브가 적을수록 유속이 빨라진다.

해설 | 공기를 원활히 배출하게 하는 역할을 하고 길이가 길고 촘촘할수록 배출이 잘된다.

31 다음 중 투명 플라스틱 드리퍼의 특성에 대해 잘못 설명하고 있는 것은?

① 동이나 도자기 드리퍼에 비해 보온성이 좋지 않다.
② 드립할 때 물의 흐름을 관찰할 수 있다.
③ 다루기가 불편하고 파손의 위험이 크다.
④ 오래 사용하면 형태의 변형이 올 수 있다.

해설 | 파손의 위험이 큰 것은 아니다.

32 바디가 강하며 매끈한 맛을 표현할 수 있고 뜸 들이는 효과를 충분히 얻을 수 있는 추출 기구는?

① 사이펀
② 모카포트
③ 융
④ 프렌치프레스

해설 | 융은 커피 가루의 팽창이 원활하여 뜸 들이는 효과를 충분히 얻을 수 있다.

정답 26 ① 27 ① 28 ④ 29 ② 30 ① 31 ③ 32 ③

33 신선한 커피에 물을 부으면 표면이 부풀어 오르거나 거품이 생기는 이유는 어떤 성분 때문인가?

① 탄산가스
② 자당
③ 지방
④ 클로로겐산

해설 | 이산화탄소에 의해 거품이 생성된다.

34 다음은 커피 추출기구의 특성을 나열한 것이다. 잘못 연결된 것은?.

① 융 드립 : 다른 드립 추출법에 비해 바디가 약하고 깔끔한 커피를 추출할 수 있다.
② 페이퍼 필터 드립 : 1908년 독일의 멜리타 부인이 발명하여 출발이 되었다.
③ 케멕스 : 독일 출신의 화학자 쉴럼봄에 의해 탄생 하였다.
④ 체즈베 : 터키식 추출기구로 여과를 하지 않으며 가늘게 분쇄한 커피를 물, 설탕과 함께 넣고 끓인다.

해설 | 융 드립은 진하면서도 부드러운 맛을 낸다.

기출 예상문제

CHAPTER 5. **에스프레소**

SECTION 1 | **에스프레소 특성**

01 커피의 추출 방법 중 빠르게 추출하는 커피로 중력의 8~10배를 가해 30초 안에 커피의 모든 맛을 추출해 내는 방법은?

① 프렌치프레스
② 핸드드립
③ 에스프레소
④ 에어로프레스

해설 | 에스프레소(Espresso)는 빠르게 추출한다는 의미로 수용성 성분 외에 비수용성 성분도 함께 추출해 내는 추출법이다.

02 이탈리아어로 '바(Bar) 안에 있는 사람'을 뜻하는 용어는?

① 바리스타
② 웨이터
③ 소믈리에
④ 셰프

해설 | 바리스타는 '바 안에 있는 사람'이라는 뜻으로 바 맨(Bar man)을 의미한다. 완벽한 에스프레소 추출과 좋은 원두의 선택, 커피 머신의 완벽한 활용, 고객의 입맛에 최대한 만족을 주기 위한 능력을 겸비해야 한다.

03 에스프레소 추출 시간을 가장 잘 설명한 것은?

① 5~10초
② 10~20초
③ 20~30초
④ 40~50초

해설 | 에스프레소 추출 시간은 20~30초이다.

04 에스프레소 추출 기준에 대해 틀리게 설명하고 있는 것은?

① 분쇄원두의 양 : 7±1g
② 추출 압력 : 9±1bar
③ 추출 시간 : 20~30초
④ 추출수의 온도 : 80~85℃

해설 | 추출수의 온도는 90~95℃이다.

05 잘 추출된 에스프레소의 맛에 대해 잘못 설명하고 있는 것은?

① 지속적으로 길게 느껴지는 강렬한 쓴맛
② 부드러운 크레마
③ 깊고 중후한 바디감
④ 단맛과 신맛이 어우러진 균형 잡힌 맛

해설 | 기분 나쁘게 강렬한 쓴맛은 좋지 않은 맛이다.

06 에스프레소 추출에 가장 적합한 물의 온도는?

① 60~65℃
② 70~75℃
③ 75~80℃
④ 90~95℃

해설 | 에스프레소 추출수는 90~95℃ 정도로 높은 온도여야 한다.

· 정답 · 1 ③ 2 ① 3 ③ 4 ④ 5 ① 6 ④

07 에스프레소 추출 방법에 대해 잘못 설명하고 있는 것은?

① 90~95℃의 물로 20~30초 정도 추출해 준다.
② 분쇄된 커피를 다지는 행위를 탬핑이라고 한다.
③ 에스프레소는 고농도의 향미 성분을 추출해야 하므로 분쇄도를 가장 굵게 해주어야 한다.
④ 추출수의 압력은 9기압 정도로 분쇄된 커피에 통과시켜 추출한다.

해설 | 에스프레소는 분쇄도를 가장 가늘게 쓰는 추출 방법 중 하나이다.

08 에스프레소의 특징에 대해 잘못 설명하고 있는 것은?

① 추출량은 1oz 정도이다.
② 추출량과 추출 시간에 맞게 분쇄도를 조절해야 한다.
③ 탬핑을 할 때 50kg 이상의 힘으로 힘껏 눌러 주어야 한다.
④ 에스프레소는 커피를 추출하는 다양한 방법 중 하나이다.

해설 | 탬핑은 20kg의 힘으로 한다.

09 에스프레소를 추출할 때 생성되는 크레마(Crema)는 어떤 추출요소 때문인가?

① 회전력
② 원심력
③ 중력
④ 압력

해설 | 9~10bar로 가해지는 압력 때문에 크레마가 생성된다.

10 에스프레소에 대한 일반적인 기준으로 잘못된 것은?

① 에스프레소의 로스팅 포인트는 이탈리안 로스트이다.
② 추출된 에스프레소의 ph는 5.2 정도다.
③ 추출량은 1온스 정도가 되는 25±5cc 정도다.
④ 에스프레소 추출은 지역이나 머신의 특성, 바리스타에 의해 조금씩 달라질 수 있다.

해설 | 로스팅 포인트를 꼭 이탈리안 로스트로 할 필요는 없다.

11 순수한 물과 비교했을 때 에스프레소의 물리적 특성에 대해 틀리게 설명하고 있는 것은?

① 에스프레소의 밀도는 감소한다.
② 전기전도도는 증가한다.
③ 표면장력은 감소한다.
④ 점도는 증가한다.

해설 | Ph는 감소하고 밀도는 증가한다.

정답 · 7 ③ 8 ③ 9 ④ 10 ① 11 ①

01 에스프레소의 역사에 대해 잘못 설명하고 있는 것은?

① 증기압을 이용한 커피기계가 산타이스 (Santais)에 의해 개발되어 1855년 파리 만국 박람회에 선을 보였다.
② 1901년 이탈리아 밀라노의 루이지 베제라(Luigi Bezzera)는 증기압을 이용하여 커피를 추출하는 에스프레소 머신의 특허를 출원하였다.
③ 1946년 페이마(Faema)는 피스톤 방식의 머신을 생산하였으며, 9기압 이상의 압력에서 추출된 커피에서 뜻하지 않게 '크레마(Crema)'라 불리는 거품이 생성되었다.
④ 버튼 하나만 누르면 커피가 분쇄되고 우유 거품이 만들어지는 완전 자동 방식인 머신 'Acrto 990'이 탄생하였다.

해설 | 1946년 가지아(Gaggia)가 상업적인 피스톤 방식의 머신을 개발하였다. 1960년 페이마 E61이 탄생했는데, 이 기계는 전동펌프에 의해 뜨거운 물을 커피로 보내는 것을 가능하게 하였으며 열교환기를 채택하여 에스프레소 머신의 크기가 더욱 작아지는 계기가 되었다.

02 다음 중 머신의 종류와 설명이 잘못된 것은?

① 수동식 머신 : 모터의 힘에 의해 피스톤을 작동하여 추출하는 방식
② 반자동 머신 : 별도의 그라인더를 통해 분쇄를 한 후 탬핑을 하여 추출하는 방식
③ 자동 머신 : 탬핑 작업을 하여 추출을 하나 메모리칩이 장착되어 있어 물량을 자동으로 세팅할 수 있는 방식
④ 완전 자동 머신 : 그라인더가 내장되어 있어 별도의 탬핑 작업 없이 메뉴 버튼의 작동으로만 추출하는 방식

해설 | 수동식 머신은 사람의 힘에 의해 피스톤을 작동시킨다.

03 에스프레소 머신의 부품 중 커피 추출 물량을 감지해 주는 부품은?

① 그룹헤드
② 보일러
③ 플로우 미터
④ 포타필터

해설 | 플로우 미터가 고장 나면 커피 추출 물량이 제대로 조절되지 않는다.

04 에스프레소 부품 중 압력을 7~9bar로 상승시켜 주는 역할을 하는 것은?

① 가스켓
② 디퓨져
③ 솔레노이드 벨브
④ 펌프모터

해설 | 펌프모터가 고장나면 물 공급이 제대로 되지 않아 심한 소음이 나고 압력이 올라가지 않게 된다.

05 에스프레소 추출을 위해 물이 공급되는 부분으로 포타필터를 장착하는 곳은?

① 그룹헤드
② 디스퍼전 스크린
③ 플로우 미터
④ 펌프모터

해설 | 물이 공급되는 부분은 그룹헤드라 불리는 곳이다.

06 물의 흐름을 통제하는 부품으로 보일러에 유입되는 찬물과 보일러에서 데워진 온수의 추출을 조절하는 장치는?

① 디퓨저
② 샤워 스크린
③ 보일러
④ 솔레노이드 밸브

해설 | 솔레노이드 밸브는 2극과 3극이 있다. 3극은 커피 추출에 사용되는 물의 흐름을 통제한다.

정답 · 01 ③ 02 ① 03 ③ 04 ④ 05 ① 06 ④

07 추출 시 고온 고압의 물이 새지 않도록 차단하는 역할을 하는 부품은?

① 그룹헤드
② 포타필터
③ 가스켓
④ 히터

해설 ｜ 가스켓은 고무로 되어있어 주기적으로 교체해 주어야 물이 새지 않는다.

08 에스프레소 머신의 보일러에 대해 잘못 설명하고 있는 것은?

① 열선이 내장되어 있다.
② 전기로 물을 가열해 온수와 스팀을 공급하는 역할을 한다.
③ 본체는 플라스틱으로 되어있다.
④ 내부에는 부식을 방지하기 위해 니켈로 도금되어 있다.

해설 ｜ 본체는 동 재질로 되어있다.

09 그룹헤드 본체에서 나온 물을 4～6개의 물줄기로 갈라 필터 전체에 압력이 걸리도록 하는 부품은?

① 솔레노이드 밸브
② 펌프모터
③ 포타필터
④ 디퓨져

해설 ｜ 디퓨저는 샤워 홀더(Shower holder)라고도 부른다.

10 1901년 에스프레소 머신을 최초로 개발해 특허를 출원한 사람은?

① 루이지 베제라
② 산타이스
③ 아킬레 가지아
④ 라마르조꼬

해설 ｜ 에스프레소 머신을 최초로 개발한 사람은 루이지 베제라이다.

11 에스프레소 머신의 발전 단계에 대해 바르게 서술하고 있는 것은?

① 진공방식 → 증기압 방식 → 피스톤 방식 → 전동펌프 방식
② 진공방식 → 피스톤 방식→ 증기압 방식 → 전동펌프 방식
③ 증기압 방식 → 진공방식 → 피스톤 방식 → 전동펌프 방식
④ 증기압 방식 → 피스톤 방식 → 진공방식 → 전동펌프 방식

해설 ｜ 진공방식 → 증기압 방식 → 피스톤 방식 → 전동펌프 방식 순으로 발전해 왔다.

12 피스톤과 스프링을 이용한 기계를 만들어 9기압에서 크레마를 발견한 사람은?

① 아킬레 가지아
② 훼마
③ 달라 코르테
④ 루이지 베제라

해설 ｜ 가지아가 크레마를 발견하였다.

13 에스프레소 머신 중 바리스타의 기술에 가장 많이 의존하는 것은?

① 반자동 머신
② 수동 머신
③ 자동 머신
④ 완전 자동 머신

해설 | 수동 머신은 추출 압력이 바리스타의 기술에 의해 좌우된다.

14 에스프레소 머신 중 바리스타의 기술에 대한 의존도가 가장 낮은 것은?

① 반자동 머신
② 수동 머신
③ 자동 머신
④ 슈퍼 오토매틱 머신

해설 | 완전 자동 머신이 바리스타의 기술 의존도가 가장 낮다.

15 에스프레소 머신의 부품 중 필터 홀더(Filter Holder)의 재질은 무엇인가?

① 알루미늄
② 은
③ 동
④ 플라스틱

해설 | 동 재질로 만들어 진다.

16 에스프레소 머신 가동 시 포터 필터의 보관 방법은?

① 에스프레소 머신의 워머에 보관한다.
② 그룹에 장착한 상태로 보관한다.
③ 분리해서 테이블 위에 올려놓는다.
④ 물기 제거를 위해 설거지 통에 보관한다.

해설 | 온도 유지를 위해 그룹헤드에 장착해 두어야 한다.

17 탬퍼의 재질로 사용되지 않는 것은?

① 알루미늄
② 스페인리스
③ 플라스틱
④ 동

해설 | 탬퍼의 재질은 알루미늄, 스테인리스, 플라스틱 등 이다.

18 다음 중 휘핑(Whipping)기에 일반적으로 사용 되는 가스는?

① 탄소
② 산소
③ 질소
④ 수소

해설 | 휘핑 가스는 질소를 많이 사용한다.

19 에스프레소 머신의 보일러 물은 어느 정도까 지 채워 지는가?

① 70%
② 80%
③ 90%
④ 100%

해설 | 보일러는 스팀생성을 위해 70% 까지만 물이 차도록 설계되어 있다.

20 에스프레소 머신의 보일러 압력과 펌프 압력의 적정 범위가 맞게 짝지어진 것은?

① 보일러 압력 5~10bar, 펌프 압력 1~1.5bar
② 보일러 압력 8~10bar, 펌프 압력 5~10bar
③ 보일러 압력 8~10bar, 펌프 압력 10~15bar
④ 보일러 압력 1~1.5bar, 펌프 압력 8~10bar

해설 | 온도를 확인할 수 있는 보일러의 압력은 1~1.5bar, 추출을 확인할 수 있는 펌프 압력은 8~10bar 이다.

21 에스프레소 머신의 보일러 내부에 도금하는 재질은?

① 금
② 은
③ 니켈
④ 망간

해설 | 부식방지를 위해 니켈로 도금처리 한다.

22 에스프레소 추출 작업에 사용되는 도구와 설명이 잘못 연결된 것은?

① 넉 박스(Knock box) – 커피를 보관하는 용기
② 포터 필터(Porter filter) – 분쇄된 원두를 담아 그룹헤드에 장착 시키는 도구
③ 밀크 피쳐(Milk pitcher) – 우유를 담아 데우거나 거품을 내는 도구
④ 패킹 매트(Packing mat) – 탬핑 작업 시 포터 필터 밑에 까는 매트

해설 | 넉 박스는 에스프레소 추출 후 발생한 케이크를 버리는 통을 말한다.

23 구멍이 없이 막힌 필터로 그룹헤드를 청소할 때 쓰는 것은?

① 가스켓
② 블라인드 필터
③ 포터 필터
④ 샤워스크린

해설 | 블라인드 필터를 사용해 그룹헤드를 청소한다.

24 에스프레소 머신과 연결해 물을 공급해 주는 연수기 청소에 사용되는 재료는?

① 세탁 세제
② 베이킹 파우더
③ 설탕
④ 소금

해설 | 연수기 필터를 소금에 담가 청소한다.

25 에스프레소 머신의 일일 점검 사항이 아닌 것은?

① 추출수의 온도 확인
② 보일러의 압력 확인
③ 디스퍼전 스크린의 세척 상태 확인
④ 가스켓의 마모 상태 확인

해설 | 가스켓은 마모가 많이 진행되면 교체한다. 보통 3~6개월 주기로 교체한다.

26 에스프레소 머신의 그룹헤드 안에 속하지 않는 부속품은?

① 포터 필터
② 가스켓
③ 샤워 홀더
④ 샤워 스크린

해설 | 포터 필터는 그룹헤드와 분리되어 사용하는 부속품이다. 샤워 홀더는 디퓨져, 샤워 스크린은 디스퍼전 스크린이라고도 한다.

정답 · 20 ④ 21 ③ 22 ① 23 ② 24 ④ 25 ④ 26 ①

27 에스프레소 머신의 부품이 아닌 것은?

① 포터 필터
② 펌프모터
③ 호퍼
④ 보일러

해설 | 호퍼는 그라인더의 부품이다.

28 그라인더의 부품인 호퍼를 매일 닦아 주어야 하는 이유는?

① 칼날과 직접 접촉하기 때문
② 커피 오일이 묻기 때문
③ 습기가 자주 끼기 때문
④ 칼날에서 튕겨져 나오는 원두가 붙기 때문

해설 | 커피에서 나오는 오일로 인해 이물질이 끼거나 변색이 되기 때문이다.

29 그라인더의 부속품에 해당되지 않는 것은?

① 모터
② 도저
③ 호퍼
④ 솔레노이드 밸브

해설 | 솔레노이드 밸브는 에스프레소 머신의 부품이다.

01 에스프레소 추출의 특징에 대해 잘못 설명하고 있는 것은?

① 커피 케이크(Coffee cake)에 고압의 물이 통과되면 향미 성분이 용해된다.
② 분쇄 입도와 압축 정도에 따라 공극률이 변하며 추출 속도가 조절된다.
③ 중력의 원리를 이용해 추출하는 방법이다.
④ 미세한 섬유소와 불용성 커피 오일이 유화 상태로 함께 추출된다.

해설 | 중력이 아니라 고압(9bar)의 압력으로 추출되는 원리다.

02 에스프레소 추출 시 커피의 지방 성분, 탄산가스, 향 성분이 결합하여 생성된 거품을 지칭하는 말은?

① 크레마(Crema)
② 버블(Bubble)
③ 오일(Oil)
④ 케이크(Cake)

해설 | 크레마는 영어의 Cream에 해당하며 에스프레소 커피를 다른 방식의 커피와 구분 짓는 특성이며 밝은 갈색이나 붉은 빛이 도는 황금색을 띠어야 하고 커피양의 10% 이상은 되어야 한다.

03 에스프레소를 마시는 전용잔을 무엇이라 부르는가?

① 데킬라컵
② 머그컵
③ 데미타세
④ 계량컵

해설 | 데미타세의 용량은 일반 컵의 반 정도인 60~70㎖ 정도이고, 재질은 도기이며 일반 컵에 비해 두꺼워 커피가 빨리 식지 않도록 하였다. 안쪽은 둥근 U자 형태로 에스프레소를 직접 받을 때 튀어나가지 않도록 설계 되었으며 잔 외부의 색깔은 다양하지만 내부는 보통 흰색이다.

04 에스프레소 머신의 추출 속도에 영향을 미치는 요인이 아닌 것은?

① 커피의 신선도
② 그라인더 회전 속도
③ 로스팅 정도
④ 추출 압력

해설 | 그라인더의 회전 속도 보다는 칼날의 간격이나 칼날의 모양이 영향을 미친다.

05 다음 중 가장 이상적인 에스프레소 추출은?

① 9기압으로 20~29초 동안 1oz의 커피를 추출하였다.
② 신맛을 조금 더 도드라지게 하기 위해 물의 온도를 80℃ 정도로 맞춰서 추출하였다.
③ 보다 부드러운 맛을 즐기기 위하여 약하게 탬핑한 다음, 40~45초 동안 추출하였다.
④ 조금 더 강한 맛을 내기 위해 굵은 분쇄 입자의 원두를 사용하였다.

해설 | 에스프레소 추출은 90~95℃의 물로 9기압의 압력을 이용해 20~30초 사이에 1oz양의 커피를 추출해 내는 것을 말한다.

06 에스프레소 추출 동작에 대해 틀리게 설명하고 있는 것은?

① 포터 필터 장착 후 컵을 내리고 10초 후 추출 버튼을 누른다.
② 정해진 시간에 추출을 완료한다.
③ 추출 동작은 끊김이 없이 연속 작업으로 진행 되어야 한다.
④ 잔은 항상 데워진 상태로 사용한다.

해설 | 포터 필터 장착 후 바로 추출 버튼을 눌러야 한다.

정답 · 01 ③ 02 ① 03 ③ 04 ② 05 ① 06 ①

07 에스프레소 머신 사용에 대해 잘못 설명하고 있는 것은?

① 커피 추출 전 그룹헤드의 물을 2~3초간 흘려준다.
② 추출 할 때는 추출 시간과 추출량을 체크한다.
③ 추출 버튼을 누른 다음 잔을 내리고 커피를 담는다.
④ 커피 추출 시간은 가급적 짧은 것이 좋다.

해설 | 추출량에 맞게 추출 시간을 조절해야 한다.

08 에스프레소 추출 시간에 변화를 주는 요인과 거리가 먼 것은?

① 공기 중의 습도
② 로스팅 정도
③ 탬퍼의 무게
④ 원두의 분쇄도

해설 | 탬퍼의 무게 보다는 탬핑을 가하는 힘이 추출 시간에 영향을 미친다.

09 원활한 에스프레소 추출을 위해 바리스타가 숙지해야 할 내용이 아닌 것은?

① 에스프레소 머신의 보일러 압력과 펌프 압력이 정상 범위에 있는지 확인한다.
② 그라인더의 분쇄 입자가 적절한 추출 시간에 맞게 맞추어져 있는지 확인한다.
③ 포터 필터는 사용 후 항상 그룹헤드에 장착해 두어야 한다.
④ 메인 보일러의 물 온도가 높아도 열수를 많이 빼주면 과다 추출이 이루어진다.

해설 | 열수를 많이 빼주면 물의 온도가 낮아져 과소 추출이 일어날 수 있다.

10 다음 중 도징(Dosing)에 대해 바르게 설명하고 있는 것은?

① 분쇄된 커피를 포터 필터에 채우고 다지는 행위를 말한다.
② 커피 그라인더에 적절한 굵기의 커피를 분쇄한 다음 배출 레버의 작동으로 일정한 양의 분쇄 커피가 배출되도록 하는 동작을 말한다.
③ 호퍼에 원두를 담아 그라인딩을 준비하는 동작을 말한다.
④ 그라인더를 작동시켜 원두를 갈아내는 동작을 말한다.

해설 | 도저의 레버를 작동시켜 일정량의 커피가 배출되도록 하는 행위를 말한다.

11 커피를 홀더에 담는 과정을 패킹이라고 한다. 이 과정과 관련이 없는 것은?

① 도징   ② 태핑
③ 인퓨전   ④ 탬핑

해설 | 도징, 태핑, 탬핑이 패킹의 과정이다.

12 다음 중 탬핑(Tamping)에 대해 바르게 설명하고 있는 것은?

① 에스프레소 추출 시 커피 케이크의 균일한 밀도 유지를 통해 물이 일정하게 통과할 수 있도록 해주는 작업을 말한다.
② 필터 바스켓 안에 담긴 분쇄 커피를 레벨링 하는 것을 말한다.
③ 필터 홀더의 가장자리에 묻은 커피 가루를 털어주는 행위를 말한다.
④ 포터 필터를 그룹헤드에 맞춰 끼우는 행위를 말한다.

해설 | 탬핑은 커피를 다져 균일한 밀도를 유지시켜 주는 행위를 말한다.

- **정답** · 07 ④ 08 ③ 09 ④ 10 ② 11 ③ 12 ①

13 에스프레소를 추출할 때 패킹(Packing) 과정 이전에 해야 할 동작에 해당되는 것은?

① 열수 배출
② 커피 분쇄
③ 태핑
④ 탬핑

해설 | 패킹은 커피원두를 분쇄해서 담는 과정이므로 커피 분쇄가 먼저 이루어져야 한다.

14 에스프레소 머신의 추출 과정 중 탬핑을 하는 이유는?

① 옅은 크레마를 얻기 위해서
② 물과의 접촉면을 넓히기 위해서
③ 커피 케이크의 고른 밀도와 물의 균일한 통과를 위해서
④ 추출을 빠르게 하기 위해서

해설 | 고른 밀도 유지를 통해 물의 균일한 통과를 위해서 탬핑을 한다.

15 에스프레소 추출 전 물 흘리기를 하는 이유가 아닌 것은?

① 물의 온도를 조절하기 위해서다.
② 뜸들이기를 하기 위해서이다.
③ 그룹헤드의 이물질을 제거하기 위해서다.
④ 추출 온도를 점검하기 위해서다.

해설 | 인퓨전을 위해서 물 흘리기를 하지는 않는다.

16 에스프레소 전용잔인 데미타세의 크기는?

① 일반 커피잔 크기
② 10온스 잔과 동일한 크기
③ 5온스 잔과 동일한 크기
④ 일반 커피잔 크기의 1/2

해설 | 데미타세는 일반 잔의 1/2 크기 정도다.

17 에스프레소 크레마의 체크사항으로 잘못된 것은?

① 크레마의 색상
② 크레마의 온도
③ 크레마의 지속력
④ 크레마의 두께

해설 | 크레마의 온도는 체크 대상이 아니다.

18 에스프레소가 기준 시간 보다 빨리 추출될 때의 원인이 아닌 것은?

① 추출 온도가 낮아졌다.
② 탬핑 후 충격을 주어 커피 케이크 내부에 균열이 생겼다.
③ 탬핑을 너무 강하게 하였다.
④ 분쇄 입자가 굵었다.

해설 | 탬핑을 강하게 하면 추출 시간이 느려진다.

19 에스프레소 과다 추출의 원인이 아닌 것은?

① 탬핑의 강도가 너무 강했다.
② 추출수의 온도가 너무 낮았다.
③ 분쇄도가 너무 가늘었다.
④ 원두량이 너무 많았다.

해설 | 추출수의 온도가 낮을 경우 과소 추출이 된다.

정답 13 ② 14 ③ 15 ② 16 ④ 17 ② 18 ③ 19 ②

20 에스프레소의 관능 평가에 대해 틀리게 설명하고 있는 것은?

① 신맛, 쓴맛, 짠맛 중 쓴맛이 강렬하게 도는 것이 좋다.
② 크레마의 색상은 적갈색이 좋다.
③ 크레마는 지속력과 복원력이 높을수록 좋게 평가한다.
④ 바디가 강할수록 좋은 에스프레소다.

해설 | 신맛, 쓴맛, 단맛이 균형 잡혀 있어야 한다.

21 에스프레소 커피맛의 특색이 아닌 것은?

① 부드러운 감촉
② 강한 바디감
③ 긴 여운
④ 지속적으로 이어지는 쓴맛

해설 | 쓴맛은 부드럽게 끝나야 좋은 에스프레소 맛이다.

22 에스프레소의 3대 추출 요소에 해당되지 않는 것은?

① 탬퍼의 재질
② 커피의 양
③ 분쇄된 커피 입자의 크기
④ 탬핑을 하는 강도

해설 | 탬퍼의 재질은 추출 요소와는 거리가 멀다.

23 에스프레소 추출에 대해 틀리게 설명하고 있는 것은?

① 탬핑이 끝난 원두는 그룹헤드에 신속하게 장착한다.
② 크레마는 10% 이상이 되어야 한다.
③ 에스프레소의 추출량은 항상 40ml여야 한다.
④ 추출은 적정 범위 안에서 이루어지도록 해야 한다.

해설 | 에스프레소 추출량은 30ml가 기준이다.

24 에스프레소 추출 과정에 대해서 잘못 설명하고 있는 것은?

① 탬핑은 1, 2차로 나누어 할 수도 있지만 한 번만 하기도 한다.
② 열수를 미리 흘려주는 행위는 반드시 탬핑 후 추출 직전에만 해야 한다.
③ 필터 바스켓 가장자리에 묻은 커피 찌거기는 손으로 쓸어 넉 박스에 버린다.
④ 커피 서빙이 끝난 후 포터 필터를 분리하여 넉 박스에 커피 찌거기를 버린다.

해설 | 반드시 탬핑 후에만 하는 것이 아니라 그 이전에 해도 된다.

25 크레마 평가에 대해 잘못 설명하고 있는 것은?

① 커피의 지방성분, 탄산가스, 향 성분이 결합하여 생성된 미세한 거품이다.
② 크레마 색상이 밝은 연노랑색을 띠면 과소 추출에 해당된다.
③ 에스프레소 추출 시간이 짧으면 크레마 거품이 빨리 사라진다.
④ 크레마 색상이 적갈색을 띤 커피라면 신맛, 단맛이 균형 잡힌 커피다.

해설 | 크레마 색상은 밝은 갈색이나 붉은빛이 도는 황금색을 띠어야 한다.

정답 · 20 ① 21 ④ 22 ① 23 ③ 24 ② 25 ④

26 에스프레소 추출 시간과 밀접한 관련이 없는 것은?

① 탬퍼를 만드는 재질
② 그라인딩 된 커피입자의 굵기
③ 필터 안에 담긴 커피의 양
④ 탬핑을 하는 힘의 강도

해설 | 탬퍼의 재질은 크게 관련이 없다.

27 에스프레소 과소 추출의 원인이 아닌 것은?

① 원두의 입자가 너무 굵게 분쇄되었다.
② 탬핑이 기준보다 약하게 되었다.
③ 물의 온도가 기준보다 높았다.
④ 추출 시간이 너무 짧았다.

해설 | 물의 온도가 높으면 과다 추출이 일어난다.

28 에스프레소 과다 추출의 원인이 아닌 것은?

① 추출 시간이 너무 길었다.
② 필터 바스켓의 구멍이 너무 큰 것을 사용하였다.
③ 기준 양 보다 많은 커피를 사용하였다.
④ 추출 시간이 너무 길었다.

해설 | 필터 바스켓의 구멍이 크면 과소 추출이 일어난다.

정답 26 ① 27 ③ 28 ②

01 다음 중 더블 에스프레소(Double espresso)를 뜻하는 용어는?

① 트리플(Triple)
② 솔로(Solo)
③ 도피오(Doppio)
④ 룽고(Lungo)

해설 | 도피오는 통상 Two shot 이나 Double shot 이라고도 한다.

02 10～15초 동안 15～20ml 정도의 양을 추출 하는 진한 에스프레소를 부르는 명칭은?

① 리스트레또(Ristretto)
② 도피오(Doppio)
③ 룽고(Lungo)
④ 솔로(Solo)

해설 | 추출 시간을 짧게 하여 양이 적은 진한 에스프레소를 추출하는 것을 리스트레또라고 한다.

03 에스프레소 보다 추출 시간을 길게하여 보다 양이 많게 추출하는 것은?

① 리스트레또(Ristretto)
② 도피오(Doppio)
③ 룽고(Lungo)
④ 솔로(Solo)

해설 | 룽고는 40～50ml 정도를 추출한다.

04 에스프레소에 뜨거운 물을 추가하여 희석한 메뉴의 명칭은?

① 도피오(Doppio)
② 아메리카노(Americano)
③ 룽고(Lungo)
④ 솔로(Solo)

해설 | 연한 커피를 즐겨 마시는 미국인이라는 뜻을 지닌 아메리카노에 대한 설명이다.

05 에스프레소 위에 우유 거품을 2～3스푼 올려 에스프레소 잔에 제공하는 메뉴는?

① 에스프레소 마끼아또(Espresso Macchiato)
② 카페 라떼(Café Latte)
③ 카푸치노(Cappuccino)
④ 카페 콘 빠나(Café con Panna)

해설 | 마끼아또는 '점', '얼룩'을 의미하며 에스프레소 위에 우유 거품을 올린 메뉴를 말한다.

06 에스프레소에 휘핑크림을 얹어 부드럽게 즐기는 메뉴는?

① 에스프레소 마끼아또(Espresso Macchiato)
② 카페 라떼(Café Latte)
③ 카푸치노(Cappuccino)
④ 카페 콘 빠나(Café con Panna)

해설 | Coffee with cream 이라는 뜻의 카페 콘 빠나에 대한 설명이다.

· 정답 · 01 ③ 02 ① 03 ③ 04 ② 05 ① 06 ④

07 프렌치 로스트한 커피를 드립으로 추출하여 데운 우유와 함께 전용 볼(Bowl)에 동시에 부어 만드는 메뉴는?

① 카페 모카(Café Mocha)
② 카페 라떼(Café Latte)
③ 카푸치노 (Cappuccino)
④ 카페 오레(Café au Lait)

해설 | 카페오레는 일반적으로 에스프레소와 거품 우유를 사용하여 만들기도 한다.

08 아이스 커피를 말하며, 에스프레소를 얼음이 담긴 잔에 부어 만든 메뉴의 명칭은?

① 카페 모카(Café Mocha)
② 카페 오레(Café au Lait)
③ 카페 프레도(Café Freddo)
④ 카푸치노(Cappuccino)

해설 | 카페 프레도는 잘게 간 얼음 위에 에스프레소를 부어 만든다.

09 에스프레소에 초콜릿 시럽과 데운 우유를 넣어 섞은 후 그 위에 휘핑크림을 얹어 초콜릿 소스나 초콜릿 파우더를 장식하는 메뉴는?

① 카페 모카(Café Mocha)
② 카페 오레(Café au Lait)
③ 카페 프레도(Café Freddo)
④ 카푸치노(Cappuccino)

해설 | 카페 모카에 대한 설명이다.

10 카페 모카(Café Mocha)에 첨가되지 않는 재료는?

① 에스프레소
② 럼주
③ 초코소스
④ 우유

해설 | 술은 카페모카에 넣지 않는다.

11 다음 중 전체 음료의 양이 가장 적은 메뉴는?

① 에스프레소
② 룽고
③ 리스트레또
④ 도피오

해설 | 리스트레또의 양이 가장 적다.

12 리스트레또(Ristretto)에 대해 잘못 설명하고 있는 것은?

① 에스프레소 위에 레몬을 한 조각 올린 메뉴다.
② 이탈리아 사람들이 즐겨 마시는 적은 양의 에스프레소
③ 추출 시간은 10~15초 정도다.
④ 추출량은 15~20ml 정도다.

해설 | 에스프레소 위에 레몬을 올린 메뉴는 카페 로마노(Café Romano)이다.

13 다음 중 메뉴에 대해 잘못 설명하고 있는 것은?

① Shakerato : 에스프레소를 시럽과 얼음이 든 쉐이커에 넣고 흔들어 만든 음료
② Café Freddo : 따뜻한 물에 에스프레소를 넣은 음료
③ Café Romano : 에스프레소 위에 신선한 레몬 한 조각을 올린 음료
④ Lungo : 에스프레소를 길게 추출하여 40~50ml 정도의 양이 되게 만든 음료

해설 | 프레도는 차갑다는 의미로 얼음이 들어간 차가운 음료를 말한다.

정답 · 07 ④ 08 ③ 09 ① 10 ② 11 ③ 12 ① 13 ②

14 에스프레소 메뉴에 대해 잘못 설명하고 있는 것은?

① 에스프레소 : 데미타세 잔에 제공되며 양은 25~30ml 정도이다
② 도피오 : 더블 에스프레소를 뜻하는 말로 더블 샷이라고도 한다.
③ 리스트레또 : 롱의 의미로 일반적인 에스프레소 보다 양이 많은 것이다.
④ 아메리카노 : 에스프레소에 뜨거운 물을 추가하여 희석한 것이다.

해설 | 양이 많은 것은 룽고이다.

15 다음 메뉴 중 실키 폼(Silky foam)이 가장 많이 들어가는 것은?

① 카페 모카(Café Mocha)
② 카페 오레(Café au Lait)
③ 카페 프레도(Café Freddo)
④ 카푸치노(Cappuccino)

해설 | 카푸치노는 실키 폼이 생명이다.

16 다음 중 데미타세 잔에 제공할 수 없는 메뉴는?

① 리스트레또
② 에스프레소
③ 도피오
④ 카페라떼

해설 | 카페라떼는 양이 많아 라떼잔에 제공해야 한다.

17 다음 중 베리에이션(Variation) 메뉴에 해당되는 것은?

① 리스트레또
② 카페라떼
③ 아메리카노
④ 에스프레소

해설 | 베리에이션은 우유나 크림이 첨가된 메뉴를 말한다.

18 다음 중 차가운 음료에 해당되는 것은?

① 카페 모카(Café Mocha)
② 카페 오레(Café au Lait)
③ 카페 프레도(Café Freddo)
④ 카푸치노(Cappuccino)

해설 | 프레도는 차갑다는 의미의 이탈리아어이다.

19 다음 중 알코올이 들어간 카페메뉴는?

① 카페 모카(Café Mocha)
② 카페 꼬레또(Café Corretto)
③ 카페 프레도(Café Freddo)
④ 카푸치노(Cappuccino)

해설 | 카페 코레또는 꼬냑 등의 알코올이 들어간 에스프레소 메뉴이다.

20 오스트리아에서는 아인슈패너(Einspanner)라 불리는 커피메뉴는?

① 비엔나 커피
② 카페 오레
③ 카레 라떼
④ 카푸치노

해설 | 오스트리아의 명칭은 아인슈패너이지만, 우리나라에서는 비엔나 커피라 불린다.

정답 · 14 ③ 15 ④ 16 ④ 17 ② 18 ③ 19 ② 20 ①

21 다음 커피메뉴 중 에스프레소 샷이 들어가지 않는 것은?

① 카페 모카(Café Mocha)
② 카페 오레(Café au Lait)
③ 카페 프레도(Café Freddo)
④ 카푸치노 (Cappuccino)

해설 | 카페 오레는 프렌치 로스트한 커피를 드립으로 추출하여 만든 음료다.

22 나폴레옹이 즐겨 마셨던 커피 메뉴로 브랜디가 들어간 음료는?

① 카페 로얄(Café Royale)
② 카페 오레(Café au Lait)
③ 카페 프레도(Café Freddo)
④ 카푸치노(Cappuccino)

해설 | 브랜디를 이용하여 환상적인 연출이 가능한 메뉴는 카페로얄이다.

23 커피에 코코아, 바닐라 향을 첨가하여 만든 리큐어는?

① 카페 모카(Café Mocha)
② 카페 오레(Café au Lait)
③ 깔루아(Kahlua)
④ 카푸치노 (Cappuccino)

해설 | 멕시코산 커피에 코코아, 바닐라 향을 첨가해 만든 리큐어는 깔루아이다.

24 위스키를 첨가해 만드는 커피 메뉴는?

① 카페 모카(Café Mocha)
② 아이리쉬 커피(Irish coffee)
③ 깔루아 커피(Kahlua coffee)
④ 카푸치노(Cappuccino)

해설 | 아이리쉬 커피에 위스키를 첨가한다.

01 우유에 함유되어 있는 수분의 비율은?

① 66%
② 77%
③ 88%
④ 99%

해설 | 우유에는 약 88%의 수분이 함유되어 있다. 이 중 당질과 무기질은 용액상태로, 지방질은 유탁액으로, 단백질은 콜로이드상의 현탁액으로 분산되어 있다.

02 우유에 대해 설명한 것으로 틀린 것은?

① 우유에서 지방이 풍부한 부분을 분리한 것을 크림(Cream)이라고 한다.
② 크림 이외의 부분을 탈지유(Skimmed milk)라고 한다.
③ 탈지유에 대응하는 용어로서 지방을 제거하지 않은 원래의 우유를 초유라고 한다.
④ 탈지유에 산 또는 응유 효소를 첨가했을 때에 생성하는 응고물을 커드(Curd)라고 하며, 이것의 주요 성분은 우유 단백질인 카세인(Casein)이다.

해설 | 탈지유에 대응하는 용어로서 지방을 제거하지 않은 원래의 우유를 전유(Whole milk)라고 한다.

03 우유의 단백질 중 약 80%를 차지하는 성분은?

① 락토알부민
② 카세인
③ 락토글로불린
④ 레닛

해설 | 우유의 단백질은 약 80%가 카세인으로 그 밖에 락토알부민, 락토글로불린 등의 유청 단백질도 있다.

04 단백질과 인지질의 혼합물로 우유 지방구 표면에 흡착되어 지방구의 주위에 안정한 박막을 형성하고 있는 것은?

① 카세인
② 비단백태질소화합물
③ 유청 단백질
④ 리포단백질(Lipoprotein)

해설 | 리포단백질에 의하여 우유의 유탁질을 안정화시키고 유화제와 같은 역할을 한다.

05 우유 전체 질소량의 약 5%를 차지하고 있는 질소화합물은?

① 비단백태질소화합물
② 콜로이드상
③ 리포단백질
④ 펩타이드

해설 | 비단백태질소화합물은 단백질 이외의 질소화합물이다.

06 각종 포유동물의 유지방의 지방산 조성이 잘못 짝지어진 것은?

① 우유/산양유 – 휘발성 단사슬지방산(Short Chain fatty Acids)
② 모유 – 긴사슬불포화지방산(VLCFA)
③ 우유/산양유 – 부르티산(Butyric Acids), 카프론산
④ 모유 – 휘발성 단사슬지방산(Short Chain fatty Acids)

해설 | 모유에서는 리놀산(Linoleic Acids)과 같은 긴사슬불포화지방산(VLCFA)이나 포화지방산에서도 라우르산(Lauric acid)의 함량이 높다.

· **정답** · 01 ③ 02 ③ 03 ② 04 ④ 05 ① 06 ④

07 우유에 함유되어 있는 당질의 대부분을 차지하는 것은?

① 과당
② 자당
③ 유당
④ 단당

해설 | 우유에 함유되어 있는 당질의 99.8%가 유당이다. 유당은 포유동물 특유의 당질이며 우유에 감미를 부여한다. 자당의 감미가 100이라고 했을 때 유당은 16 정도로 감미가 약하다.

08 우유에 함유되어 있는 유당의 특성에 대해 잘못 설명하고 있는 것은?

① 자당의 감미가 100이라고 했을 때 유당은 16 정도로 감미가 약하다.
② 유당은 95% 이상의 알코올, 에테르에 녹지 않으며, 냉수에도 용해도가 낮다.
③ 유당은 가수분해 되지 않는다.
④ 소장의 점막상피세포의 외측막에 락타제가 결손되면 유당의 분해와 흡수가 되지 않아 오히려 장관을 자극하여 심하면 통증을 유발하기도 한다.

해설 | 유당은 효소 락타제에 의하여 분해되어 글루코스와 갈락토스 등의 단당류가 된다.

09 우유의 무기질 중 가장 중요한 성분은?

① 락토알부민, 락토글로불린
② 글루코스, 갈라토스
③ 나트륨, 칼륨
④ 칼슘, 인

해설 | 나트륨, 칼륨 및 염소는 거의 완전한 용액으로서 일부분은 현탁액의 형태로 존재한다. 인은 인단백질(카세인), 인지질, 유기인산에스테르 등의 구성분 형태로 되어있다. 또 칼슘은 카세인과 결합한 형태로서도 존재한다. 무지질 중에서는 칼슘과 인이 가장 중요하다.

10 우유 거품을 만들 때 거품형성에 가장 중요한 역할을 하는 우유의 성분은?

① 단백질
② 칼슘
③ 탄수화물
④ 칼륨

해설 | 단백질 성분에 의해 우유 거품이 생성된다.

11 다음 중 우유 단백질에 속하는 성분은?

① 카세인
② 부티르산
③ 오브알부민
④ 카프론산

해설 | 우유의 단백질에 속하는 성분은 카세인, 베타-락토글로불린, 락토페린 등이다.

12 다음 중 우유 거품을 만들기에 가장 적합한 우유는?

① 멸균 우유
② 저지방 우유
③ 살균 우유
④ 전지분유

해설 | 카푸치노를 만들 때 사용되는 우유는 신선하며, 유지방 성분이 조정되지 않은 우유가 좋다.

13 카페메뉴를 만드는 커피크림으로 가장 적합한 것은?

① 균질 크림
② 비균질 크림
③ 활성 크림
④ 비활성 크림

해설 | 우유 지방구를 기계적 처리에 의해 작은 지방구로 파괴하여 우유에 균일하게 분산되는 것을 '균질'이라 한다. 유지방을 균질화해서 유지방이 부상하고 크림라인이 형성되는 것을 방지한다.

정답 · 07 ③ 08 ③ 09 ④ 10 ① 11 ① 12 ③ 13 ①

14 무균질 우유에 대해 바르게 설명하고 있는 것은?

① 세균을 완전히 사멸시킨 우유를 말한다.
② 지방구의 크기를 작게 분쇄시키진 않은 우유를 말한다.
③ 우유의 유당을 분해한 것을 말한다.
④ 저온 살균법으로 처리한 우유를 말한다.

해설 | 세균을 완전히 사멸시킨 우유는 멸균 우유이다.

15 다음 중 우유의 영양적 가치를 설명한 것으로 잘못된 것은?

① 유당이 풍부하게 함유되어 있다.
② 지방, 단백질 등이 풍부하게 함유되어 있어 영양가가 높다.
③ 유당이 함유되어 있어 우유에 감미를 부여한다.
④ 함유된 칼슘의 양이 적다.

해설 | 우유는 칼슘의 보고라 불릴만큼 칼슘이 풍부하게 함유되어 있다.

16 우유의 성분 중 칼슘 흡수를 촉진하는 물질은?

① 포화지방산
② 단백질
③ 불포화지방산
④ 유당

해설 | 유당은 칼슘을 가용화 시키고, 소장 세포의 산화적 대사계를 저해하여 칼슘의 투과성을 증대시킨다.

17 우리나라 사람들 중 대다수가 우유를 마시면 간혹 소화가 잘되지 않아서 고통을 동반하게 되는 경우가 있다. 이러한 현상의 원인이 되는 것은?

① 단백질　　　② 유당
③ 미네랄　　　④ 올리고당

해설 | 유당불내증(Lactose intolerance)은 유당에 의해 일어난다.

18 국내 우유업계에서 가장 많이 사용하는 우유 살균법은?

① 초고온순간 살균법
② 초저온 멸균법
③ 초고온 멸균법
④ 초고온장시간 살균법

해설 | 초고온순간 살균법으로 3~5초 동안 살균 한다.

19 가열에 의해 변형되기 쉬운 단백질로 우유를 40℃ 이상으로 가열할 때 생성되는 표면의 얇은 피막의 주성분은 무엇인가?

① 무기질
② 베타-락토글로불린
③ 칼륨
④ 인

해설 | 베타-락토글로불린은 가열에 의해 변형되기 쉬운 물질이다.

20 우유를 높은 온도까지 가열할 때 생기는 가열 취의 원인이 되는 물질은?

① 카제인
② 카페인
③ 베타-락토글로불린
④ 칼슘

해설 | 우유를 가열하면 베타-락토글로불린의 시스테인으로부터 휘발성 황화수소가 발생함으로써 가열취가 생성된다.

정답　14 ②　15 ④　16 ④　17 ②　18 ①　19 ②　20 ③

21 우유를 가열할 때 발생되는 이상취의 원인이 되는 물질은?

① 염소
② 수소
③ 황화수소
④ 이산화탄소

해설 | 우유를 가열하면 단백질 성분에 의해 황화수소가 발생되고 휘발되면서 가열취와 이상취를 만든다.

22 우유를 응고시키는 물질이 아닌 것은?

① 당류   ② 산
③ 염류   ④ 레닌

해설 | 우유 응고는 우유에 렌닌이 작용하여 케이신 마이셀이 안정성을 잃고 서로 엉켜 침전하는 현상을 말한다.

23 밀크 스티밍(Milk steaming) 과정에서 우유의 단백질 외에 거품의 안정성에 중요한 역할을 하는 성분은?

① 탄수화물
② 단백질
③ 무기질
④ 지방

해설 | 거품의 안정성에 중요한 역할을 하는것은 지방이다.

24 우유의 단백질 성분인 카세인에 대해 잘못 설명하고 있는 것은?

① 칼슘과 결합하여 칼슘카제이네이트가 된다.
② 인체에서는 전혀 생성되지 않는 물질이다.
③ 우유이 단백질 중 80%를 차지한다.
④ 인산칼슘 등의 염류와 복합체를 형성하여 거대 분자의 집합제의 형태로서 콜로이드상으로 분산되어 있다.

해설 | 모유에도 카제인이 약 1% 정도 들어있다.

25 카푸치노에 들어가는 우유 거품에 대해 잘못 설명하고 있는 것은?

① 우유에 스팀노즐을 담글 때 적절한 깊이로 담궈야 한다.
② 우유는 차갑고 신선한 것을 사용한다.
③ 거품을 만들 때 거친 거품이 나지 않도록 스팀 노즐의 위치를 세밀하게 조절한다.
④ 스팀피쳐는 유리 재질로 만든 것이 좋다.

해설 | 스팀피쳐의 재질은 주로 스테인레스를 많이 사용한다.

26 우유 거품을 만드는 방법에 대해 잘못 설명하고 있는 것은?

① 스팀 노즐을 피쳐에 최대한 깊게 담궈 공기의 유입을 막는다.
② 차갑고 신선한 우유를 사용한다.
③ 적절한 거품양이 되면 노즐을 피쳐의 벽쪽으로 이동시켜 혼합한다.
④ 우유의 온도는 60~70℃가 되게한다.

해설 | 적절한 높이로 담궈 공기를 유입시켜 거품을 내야 한다.

27 스팀 피쳐의 적절한 용도에 대해 잘못 설명하고 있는 것은?

① 밑 부분은 둥글고 윗 부분은 좁은 것
② 우유의 온도 측정이 가능하도록 스테인레스로 만든 것
③ 우유의 온도가 빨리 전이되도록 플라스틱으로 만든 것
④ 거품을 부었을 때 잘 부어지는 것

해설 | 재질은 스테인레스로 만든 것이 좋다.

정답 · 21 ③ 22 ① 23 ④ 24 ② 25 ④ 26 ① 27 ③

SECTION 1 | 위생/카페인

01 병원체가 음식물, 음료수, 식기, 손 등을 통하여 감염되는 질병으로 주로 소화기계통에 발생하는 전염병을 이르는 명칭은?

① 만성질환
② 급성전염병
③ 경구전염병
④ 의료관련감염병

해설 | 음식물, 음료수, 식기, 손 등을 통하여 경구로 침입하여 감염되는 병을 경구전염병이라 한다. 극히 미량의 균으로도 감염이 이루어지며 2차 감염도 발생할 수 있다.

02 먼저 구입한 물건을 항상 선반 앞쪽에 진열하고 먼저 사용하는 방법은?

① 선입후출법
② 후입선출법
③ 선입선출법
④ 후입후출법

해설 | 먼저 구입한 물건을 항상 앞쪽에 두고 먼저 사용하는 방법은 선입선출법(First In First Out, FIFO)이다. 이렇게 하면 부패 또는 변질이 우려되는 식품을 먼저 구입한 것부터 사용할 수 있다.

03 냉장 및 냉동 보관해야 하는 식품의 냉장 온도와 냉동 온도가 바르게 짝지어진 것은?

① 냉장: 5℃ 이하, 냉동: −10℃ 이하
② 냉장: 5℃ 이하, 냉동: −18℃ 이하
③ 냉장: 10℃ 이하, 냉동: −20℃ 이하
④ 냉장: 10℃ 이하, 냉동: −25℃ 이하

해설 | 구입한 재료 및 식품은 특성에 따라 냉장고, 냉동고, 식품 창고 등에 정리하여 보관하며 냉장 : 5℃ 이하, 냉동 : −18℃ 이하 등의 온도 유지를 주기적으로 체크해야 한다.

04 공기와 물 등 투명한 물질만 투과하는 속성이 있어 피조사물의 표면살균에 효과적인 것은?

① 감마선 살균 소독
② 방사선 살균 소독
③ 적외선 살균 소독
④ 자외선 살균 소독

해설 | 살균력이 강한 2,537 Å의 자외선을 인공적으로 방출시켜 소독하는 것으로 거의 모든 균종에 대해 효과가 있다. 살균력은 균 종류에 따라 다르고 같은 세균이라 하더라도 조도, 습도, 거리에 따라 효과에 차이가 있다.

05 다음 중 위해 요소 분석과 중요 관리점을 표현하는 용어는?

① HACCP
② HICCP
③ HECCP
④ HTCCP

해설 | Hazard Analysis Critical Control Point의 약자로 위해 요소 중점 관리 기준이라 한다.

· 정답 · 01 ③ 02 ③ 03 ② 04 ④ 05 ①

06 다음 중 해썹(HACCP)에 대해 잘못 설명하고 있는 것은?

① 식품의 원재료부터 제조, 가공, 보존, 유통, 조리 단계를 거쳐 최종 소비자가 섭취하기 전까지의 과정을 포함한다.

② 각 단계에서 발생할 우려가 있는 위해 요소를 규명한다.

③ 위해 요소를 중점적으로 관리하기 위한 중요 관리점을 결정한다.

④ 수동적이고 비효율적인 방법이지만 인증 획득을 위해 시행하는 경향이 있다.

해설 | 자율적이며 체계적이고 효율적인 관리로 식품의 안전성을 확보하기 위한 과학적인 위생 관리 체계다.

07 다음 중 식중독 예방 3대의 원칙에 해당되지 않는 것은?

① 청결의 원칙

② 신속의 원칙

③ 상온보관의 원칙

④ 냉각 또는 가열의 원칙

해설 | 식품은 위생적으로 취급하여 세균 오염을 방지하여야 하며 손을 자주 씻어 청결을 유지하는 것이 중요하다(청결의 원칙). 세균 증식을 방지하기 위하여 식품은 오랫동안 보관하지 않도록 하며 조리된 음식은 가능한 바로 섭취하는 것이 안전하다(신속의 원칙). 조리된 음식은 5℃ 이하 또는 60℃ 이상에서 보관해야 하며 가열조리가 필요한 식품은 중심부 온도가 75℃ 이상 되도록 조리해야 한다(냉각 또는 가열의 원칙).

08 카페인이 인체에 미치는 효과에 대해 잘못 설명하고 있는 것은?

① 뇌의 신경전달물질의 생성/분비를 촉진하여 각성효과가 있으며 긴장감을 유지시킨다.

② 이뇨작용을 촉진한다.

③ 심장의 수축력과 심장박동 수를 감소시킨다.

④ 커피 섭취량이 과다하면 불면증, 두통, 신경과민, 불안감 등의 증세가 발생한다.

해설 | 심장의 수축력과 심장박동 수를 증가시키고, 이뇨작용을 촉진한다.

09 커피에 함유된 카페인과 건강에 대해 잘못 설명하고 있는 것은?

① 카페인은 신속하게 위장관에 흡수 · 대사되므로 공복 시 커피 음용을 자제한다.

② 임산부의 잦은 커피 음용은 태아의 혈중 카페인 농도를 높인다.

③ 하루 2~3잔 이상의 커피 섭취는 폐경기 여성의 경우에 골다공증의 간접적인 원인이 된다.

④ 위염, 위궤양 증세를 완화해 주는 효과가 있다.

해설 | 위염, 위궤양 증세가 있을 때는 커피 음용을 자제하는 것이 좋다.

10 최초로 커피에서 카페인을 분리한 화학자는?

① 룽게(Friedrich Ferdinand Runge)
② 로셀리우스(Ludwig Roselius)
③ 테니에르(David Teniers II)
④ 아키라(Suzuki Akira)

해설 | 1819년 독일의 화학자 룽게가 최초로 커피에서 카페인을 분리하였다. 이후 1903년 독일의 로셀리우수가 상업적 규모의 카페인 제거 기술을 개발함에 따라 비로소 디카페인 커피가 탄생하였다.

11 다음 중 디카페인 제조법이 아닌 것은?

① 증류 추출법
② 용매 추출법
③ 물 추출법
④ 초임계 추출법

해설 | 디카페인 추출법은 용매 추출법, 물 추출법, 초임계 추출법 등이 있다.

12 다음 설명에 해당되는 디카페인 제조법은?

> 높은 압력을 받아 액체 상태가 된 CO2를 생두에 침투시켜 카페인을 제거하는 방법이다. 유해 물질의 잔류 문제가 없고 카페인의 선택적 추출이 가능한 반면 설비에 따른 비용이 많이 든다.

① 용매 추출법
② 물 추출법
③ 초임계 추출법
④ 간접 추출법

해설 | 탄산가스 추출법이라고도 불리는 초임계 추출법에 대한 설명이다.

13 벤젠, 클로로포름, 디클로로메탄, 트리클로로에틸렌 등의 물질로 카페인을 추출하는 방법은?

① 용매 추출법
② 물 추출법
③ 초임계 추출법
④ 간접 추출럽

해설 | 유기용매로 카페인을 추출하면 97~99%의 카페인이 제거되나 미량의 용매 성분이 커피에 잔류하는 문제점이 있다.

14 추출 속도가 빨라 회수 카페인의 순도가 높으며 유기 용매가 직접 커피에 접촉하지 않아 안전하고 경제적인 카페인 추출법은?

① 초임계 추출법
② 물 추출법
③ 용해 추출법
④ 용매 추출법

해설 | 생두에 물을 통과시켜 카페인을 제거하는 방식으로 가장 많이 사용되는 방법은 물 추출법이다.

15 커피의 영양학적 효능에 대해 잘못 설명하고 있는 것은?

① 타 음료에 비해 항산화효과가 있는 페놀류를 다량 함유하고 있다.
② 오렌지 주스보다 많은 수용성 식이섬유를 가지고 있다.
③ 구강 건조 시 타액 분비를 촉진시킨다.
④ 장에 유해한 성분이 있어 장이 좋지 않은 사람은 섭취를 삼가해야 한다.

해설 | 장 건강에 유익한 유산균(비피도박테리아)을 활성화시키며 커피의 항산화 효과는 미디엄 로스트 커피가 최대치를 나타낸다.

16 다음 중 커피의 음료 분류로 맞는 것은?

① 영양음료
② 기호음료
③ 청량음료
④ 알콜음료

해설 | 커피는 기호음료에 속한다.

17 다량의 커피를 섭취하면 커피의 폴리페놀 성분에 의해 섭취가 제한되는 무기질은?

① 몰리브덴
② 철분
③ 아연
④ 요오드

해설 | 폴리페놀 성분에 의해 철분의 섭취가 낮아진다.

18 커피가 인체에 미치는 영향을 잘못 설명하고 있는 것은?

① 심장박동수를 감소시켜 차분한 진정효과를 낸다.
② 중추신경계를 자극하여 정신을 맑게 한다.
③ 이뇨 역할을 하여 소변을 자주 보게 한다.
④ 위액의 분비를 촉진 시킨다.

해설 | 커피를 마시면 심장박동수가 증가하고 신체가 활성화 된다.

19 커피를 많이 마시는 사람이 가장 많이 보충해 주어야 할 영양소는?

① 칼슘
② 망간
③ 크롬
④ 아연

해설 | 몸에 가장 많은 무기질인 칼슘은 대부분 뼈와 치아를 만드는 데 사용되지만 1%가량은 혈액을 타고 돌면서 근육이나 신경의 기능을 조절하고 혈액 응고를 돕는다.

20 자연에 존재하는 천연당류 중 가장 단 당은?

① 갈락토오스
② 포도당
③ 과당
④ 맥아당

해설 | 설탕의 감미도가 100이라면 과당은 173 정도로 천연식품 중 가장 달다.

21 커피와 건강의 상관관계에 대해 잘못 설명하고 있는 것은?

① 커피는 활성산소를 증가시켜 노화를 예방한다.
② 카페인은 신진대사를 촉진하고 스트레스를 감소시키는 효과가 있다.
③ 커피는 이뇨작용을 촉진시켜 노폐물의 분비를 돕는다.
④ 커피에는 체내의 지방을 분해하는 다이어트 촉진 효과가 있다.

해설 | 커피는 활성산소를 감소시켜 노화를 예방해 주는 효과가 있다.

22 생두의 보관 창고 환경으로 적절한 것은?

① 햇볕이 잘 드는 양지가 좋다.
② 고온다습한 실내 환경이 좋다.
③ 얼리면 오래 보관할 수 있으므로 냉동실에 보관하는 것이 좋다.
④ 다습한 곳을 피하고 상온을 유지시켜 주는 곳이 좋다.

해설 | 적정 온도와 적정 습도가 유지되어야 한다.

정답 · 16 ② 17 ② 18 ① 19 ① 20 ③ 21 ① 22 ④

23 카페에서 사용하는 냉장/냉동고의 관리 및 사용에 대해 잘못 설명하고 있는 것은?

① 냉장/ 냉동고는 주 1회 이상 청소와 소독을 한다.
② 식품별로 분류 · 보관하여 교차 오염을 예방한다.
③ 냉장고의 온도는 5℃ 이하, 냉동고는 −18℃ 이하의 온도를 유지하는지 주기적으로 체크한다.
④ 냉장고, 냉동고는 내부 용적의 90% 이하로 식품을 보관한다.

해설 | 냉장, 냉동고의 내부 용적의 70%이하로 채워야 식재료를 위생적으로 관리할 수 있다.

24 자외선 살균등 소독법에 대해 바르게 설명하고 있는 것은?

① 살균은 균의 종류와 상관없이 동일하게 해야 한다.
② 3,500Å 범위의 강력한 자외선을 이용한다.
③ 대부분의 미생물에 대해 효과가 있는 소독법이다.
④ 자외선은 물질의 표면과 내면을 투과할 수 있다.

해설 | 살균등은 2,000~3,000Å 범위의 자외선을 사용하며, 2,600Å 부근이 살균력이 가장 높다.

25 카페의 식재료 보관 방법으로 잘못 설명하고 있는 것은?

① 가능한 낮은 온도에 보관한다.
② 식품 내의 효소를 활성화 시키도록 보관해야 한다.
③ 햇볕 노출을 최소화 한다.
④ 진공포장해서 보관한다.

해설 | 식품 내의 효소가 활성화되면 부패된다.

26 카페에서 많이 사용하는 우유의 보관온도로 적절한 것은?

① 냉장 5℃
② 냉장 15℃
③ 냉동 −5℃
④ 냉동 − 10℃

해설 | 우유는 냉장 5℃ 정도가 적당하다.

27 식음료를 취급하는 행위로 잘못 설명하고 있는 것은?

① 차가운 음료는 4℃ 또는 더 낮게 보관한다.
② 뜨거운 음료는 60℃ 또는 더 높게 보관한다.
③ 유제품은 냉장 보관하고 제조일로 부터 5일 이내에 사용한다.
④ 냉동고의 온도를 가능한 낮게 유지하여 보관한다.

해설 | 냉동고의 온도는 −18℃ 이하로 보관해 주면 된다.

28 식자재 관리의 기본 원칙을 잘 설명하고 있는 것은?

① 가격이 비싼 식자재를 먼저 사용한다.
② 선입선출법에 의해 먼저 들어온 식자재를 먼저 사용한다.
③ 메뉴를 풍성하게 제공하기 위해 식자재를 아끼지 않고 사용한다.
④ 유통기한이 얼마 남지 않은 식자재는 냉동시켜 보관한다.

해설 | 가장 기본이 되는 원칙은 선입선출법이다.

29 식음료 취급사항에 대해 잘못 설명하고 있는 것은?

① 뜨거운 음료와 음식은 최대한 뜨겁게 해야 한다.
② 차가운 음료는 4℃ 정도로 보관해 준다.
③ 식음료를 만들기 전에 손을 청결히 한다.
④ 작업공간에는 깨끗한 행주나 물수건을 준비해 둔다.

해설 ㅣ 뜨거운 음료는 60℃ 또는 더 높게 보관한다.

30 우리나라의 식품 위생법 상 차의 종류(茶類)에 속하는 것은?

① 토마토 주스
② 사이다
③ 홍삼차
④ 커피

해설 ㅣ 인삼차나 홍삼차는 다류에 속하지 않고 인삼류에 속한다.

31 식품온도계를 사용하는 방법으로 잘못된 것은?

① 식품에 삽입하고 15초 후에 측정값을 읽어야 한다.
② 온도계는 한번 쓰고 소독해야 한다.
③ 수은 온도계로 얼음의 온도를 측정해도 된다.
④ 감지하는 부분이 용기의 바닥에 닿지 않아야 한다.

해설 ㅣ 수은 온도계는 얼음의 온도를 측정하지 못한다.

32 다음 중 일반 세균이 번식하기 가장 쉬운 온도는?

① 0~10℃
② 10~20℃
③ 25~37℃
④ 40℃ 이상

해설 ㅣ 세균번식은 다소 높은 온도인 25~37℃에서 가장 많다.

33 식품이 부패했다고 할 때 주로 어떤 성분의 변질을 말하는가?

① 지방
② 단백질
③ 비타민
④ 당질

해설 ㅣ 단백질의 변질에 의해 주로 식품의 변질이 이루어진다.

34 식재료를 취급하는 방법에 대해 잘못 설명하고 있는 것은?

① 커피메뉴 제조에 많이 사용되는 우유는 냉장 5℃에서 보관한다.
② 식품의 효소를 활성화 시키면 깊은 풍미를 낼 수 있기 때문에 효소를 활성화 하도록 보관한다.
③ 뜨거운 음료는 60℃ 또는 그 이상에서 보관한다.
④ 식자재 보관 시 선입선출법(FIFO)을 기본으로 한다.

해설 ㅣ 식품의 효소는 활성화 되면 안된다.

정답 · 29 ① 30 ④ 31 ③ 32 ③ 33 ② 34 ②

35 식품을 제조/가공 또는 보존하는 과정에서 식품에 넣거나 섞는 물질을 무엇이라 부르는가?

① 식품 가공물
② 식품 제조물
③ 식품 첨가물
④ 화학 첨가물

해설 | 식품위생법에 정해진 식품 첨가물을 말한다.

36 식품위생법 상 영업에 종사하지 못하는 질병은?

① 비감염성 결핵
② 독감 바이러스
③ 렙토스피라증
④ 파라티푸스

해설 | 파라티푸스는 파라티푸스균(Salmonella paratyphi) A, B, C에 감염되어 발생하며 전신의 감염증 또는 위장염의 형태로 나타나는 감염성 질환이다. 격리가 필요한 질병이기 때문에 영업에 종사하지 못한다.

37 미생물 등 생물학적, 화학적, 물리적 위해 요소 분석을 의미하는 것으로 원료와 공정에서 발생 가능한 위해 요소 분석을 일컫는 것은?

① HACCP
② Garnish
③ Invetory
④ COOP

해설 | 해썹(HACCP) 인증을 말한다.

38 디카페인 커피(Decaffeinated coffee)를 최초로 개발한 나라는 어디인가?

① 독일
② 영국
③ 에티오피아
④ 한국

해설 | 1903년 독일의 로셀리우스가 상업적 규모의 카페인 제거 기술을 개발함에 따라 비로소 디카페인 커피가 탄생했다.

39 다음 중 디카페인 커피의 제조 방법에 해당되는 것은?

① 건조 추출법
② 수소 추출법
③ 초임계 추출법
④ 기압 추출법

해설 | 디카페인 제조방법에는 용매 추출법, 물 추출법, 초임계 추출법이 있다.

40 디카페인 커피에 대해 바르게 설명하고 있는 것은?

① 1819년 독일의 로셀리우스가 최초로 커피에서 카페인을 분리하였다.
② 유해물질의 잔류문제가 없고 카페인의 선택적 추출이 가능한 방법은 용매 추출법이다.
③ 생두에 물을 통과시켜 카페인을 제거하는 방법은 초임계 추출법이다.
④ 디카페인 처리를 한다고 해서 카페인을 100% 제거할 수 있는 것은 아니다.

해설 | 최초로 카페인을 분리한 사람은 독일의 룽게이다. 유해 물질의 잔류 문제가 없고 카페인의 선택적 추출이 가능한 방법은 초임계 추출법이다. 생두에 물을 통과시켜 카페인을 제거하는 방법은 물 추출법이다.

정답 35 ③ 36 ④ 37 ① 38 ① 39 ③ 40 ④

SECTION 2 | 서비스/커피 매장 안전 관리

01 서비스 직원의 기본자세에 대해 잘못 설명하고 있는 것은?

① 깔끔한 인상을 주기 위해 향이 강한 향수나 짙은 화장을 하고 화려한 액세서리를 한다.
② 머리는 단정하고 깔끔하게 유지한다.
③ 매니큐어는 색깔이 있는 것은 안 되고 손톱은 짧게 한다.
④ 유니폼은 깨끗하고 정해진 것으로 착용한다.

해설 | 강한 향수나 짙은 화장, 화려한 장신구는 피하는 것이 좋다.

02 카페에서 일하는 서비스 직원의 자세로 부적절한 것은?

① 긴 머리는 묶는 것이 좋다.
② 명찰은 지정된 위치에 달아야 한다.
③ 여자 직원은 굽이 높은 화려한 구두를 착용하고, 스타킹은 살색이 좋다.
④ 남자 직원은 검정색 구두를 착용하며 항상 깨끗하게 관리한다.

해설 | 여자 직원은 굽이 낮은 검정색 구두를 착용하는 것이 좋다.

03 고객이 카페를 방문했을 때 영접하는 자세로 잘못된 것은?

① 밝은 얼굴로 '어서오십시오.'라고 인사하고 반갑게 맞이한다.
② 단골고객이라 할지라도 '고객님'으로 호칭을 통일하여 거리를 유지한다.
③ 고객이 입장하면 제일 먼저 예약 여부와 인원수를 확인한다.
④ 입장한 순서대로 자리를 안내한다.

해설 | 단골고객일 경우 이름이나 직함을 불러줌으로써 친밀감을 갖도록 한다.

04 카페에서 고객이 입장할 경우 좌석 안내 요령으로 부적절한 것은?

① 예약 손님일 경우 예약 테이블로 안내한다.
② 테이블이 없을 경우 웨이팅 룸(Waiting room)에서 대기하도록 정중하게 말씀드린다.
③ 젊은 남녀 고객은 벽 쪽의 조용한 테이블로 안내한다.
④ 남녀를 불문하고 혼자 오신 고객은 어둡고 한적한 곳으로 안내한다.

해설 | 혼자 오신 고객은 전망이 좋은 곳으로 안내하는 것이 좋다.

05 카페 서비스 요령 중 일반적인 테이블 배정 요령에 대해 바르게 설명하고 있는 것은?

① 멋있고 호화로운 고객은 영업장 중앙 테이블로 안내하여 영업장 분위기를 밝게 한다.
② 아이를 동반한 고객은 다른 고객에게 방해가 되므로 입장을 제한한다.
③ 좌석이 만석인 경우 입장을 제한하고 빈 좌석이 날 때까지 기다린다.
④ 젊은 남녀 고객은 밝고 환한 자리로 안내한다.

해설 | 좌석이 만석인 경우 예상 시간을 말씀 드린 후 순서에 따라 좌석을 배정한다.

정답 01 ① 02 ③ 03 ② 04 ④ 05 ①

06 카페 직원의 주문 받는 자세 및 주문 요령에 대해 잘못 설명하고 있는 것은?

① 메뉴를 제공하고 고객의 곁에서 대기하고 있다가 손님이 준비가 되면 주문을 받는다.
② 고객의 좌측 또는 우측에서 제시하며, 시계 방향으로 돌면서 한다.
③ 주빈이나 여자고객, 연장자, 직책이 높은 사람부터 제시한다.
④ 주문 받는 순서는 주최자의 오른쪽부터 반시계 방향으로 받되, 항상 남자 고객부터 주문을 받는다.

해설 | 주문 받는 순서는 주최자의 왼쪽부터 시계 방향으로 받되, 항상 여자 고객부터 주문을 받는다.

07 고객이 주문한 커피를 서비스하는 원칙에 대해 잘못 설명하고 있는 것은?

① 커피는 쟁반에 들고 운반하여 고객의 오른쪽에서 오른손으로 서비스 한다.
② 서비스 할 때는 여성 우선의 원칙을 지켜야 한다. 여자, 연장자, 남자 등의 순으로 서비스 한다.
③ 커피를 서비스할 때는 커피 잔의 손잡이와 커피 스푼의 손잡이가 왼쪽으로 향하도록 한다.
④ 매장 안에서 드시고 갈 음료는 일회용 컵보다는 재사용이 가능한 컵으로 서빙한다.

해설 | 커피를 서비스할 때는 커피 잔의 손잡이와 커피 스푼의 손잡이가 오른쪽으로 향하도록 한다. 오른손잡이가 많기 때문이다.

08 카페의 매장 안전 관리 방법 중 사고에 대응하는 방법에 대해 잘못 설명하고 있는 것은?

① 안전 관리에 관한 기준을 확립하여 사고의 예방에 만전을 기한다.
② 안전 사고 발생 시 신속하고 적절한 초기 대응을 가능하게 하여야 한다.
③ 전기 화재의 경우 물을 뿌려 화재를 재빨리 진압해야 한다.
④ 감전의 경우 사고자를 안전 장소로 구출하고 의식/화상/출혈 상태 등을 확인한다.

해설 | 전기 화재의 경우 물을 뿌리면 감전의 위험이 있으므로 분말소화기를 사용하여 화재를 진압한다.

09 화재 발생 시 행동 요령에 대해 잘못 설명하고 있는 것은?

① 화재가 발생하면 건물 내 소화전 상단의 비상 버튼을 눌러 화재 상황을 건물 내 모든 사람에게 알린다.
② 건물 내 비상전화 혹은 휴대전화를 이용하여 119 소방본부에 신고하여 상황을 알린다.
③ 초기 화재 장소를 목격한 사람은 화재 시 건물 내에 비치된 소화기와 소화전을 사용하여 초기진화를 한다.
④ 화재 장소에서 진화가 안 될 시 낮은 자세로 엎드려 구조를 기다린다.

해설 | 화재장소에서 진화가 안 될 경우 안내에 따라 외부로 질서 있게 대피한다.

10 화재로 인한 화상을 입었을 경우 조치하는 요령으로 잘못된 것은?

① 옷을 입은 상태라면 가위로 잘라서 벗긴 후 차가운 물에 상처를 식힌다.
② 상처부위나 물집은 되도록 건드리지 않도록 한다.
③ 2차감염 예방을 위해 상처 부위를 거즈로 덮어준다.
④ 아무 연고나 바르지 말고 상처를 깨끗한 거즈로 덮은 뒤 의사에게 치료 받는다.

해설 | 옷을 입은 상태로 차가운 물에 상처 부위를 충분히 식힌 다음 옷을 가위로 잘라서 벗긴다.

11 지진 발생 시 행동 요령에 대해 잘못 설명하고 있는 것은?

① 지진으로 인한 정전이 발생하면 위험한 행동은 삼가하면서 바로 밖으로 탈출한다.
② 벽면 혹은 책상 아래로 몸을 숙여서 대피한다.
③ 충격에 대비해 기둥 및 손잡이 등의 고정물을 꽉 잡는다.
④ 휴대폰이나 사무실 전화로 침착하게 본인의 위치를 119에 알린다.

해설 | 정전이 발생하면 상황이 진정되고 나서 밖으로 탈출하는 것이 좋다.

12 지진 발생 시 엘리베이터 사용 및 안전 요령에 대해 틀리게 설명하고 있는 것은?

① 지진이 발생하면 엘리베이터는 사용하지 않는 것이 좋다.
② 엘리베이터 내에 있을 때 지진이 발생하면 엘리베이터 정지 후 안전하고 신속하게 내려 대피해야 한다.
③ 엘리베이터 내에 갇혔을 경우 벽을 두드리며 소리쳐 최대한 위치를 알린다.
④ 엘리베이터 내에 갇혔을 경우 구조 요청을 하고 안에 있는 손잡이를 잡고 구조될 때까지 기다린다.

해설 | 엘리베이터 안에 갇혔을 경우 엘리베이터 내 인터폰으로 상황을 전파하며 구조 요청을 하고 안에 있는 손잡이를 잡고 구조될 때까지 기다린다.

13 다음은 어떤 감염병에 대한 설명인가?

> 대부분의 환자가 일부는 무증상을 나타내기도 하고 가벼운 폐렴 증세를 나타내는 경우도 있다. 주 증상으로는 발열, 기침, 호흡곤란 그 외에도 두통, 오한, 인후통, 콧물, 근육통뿐만 아니라 식욕부진, 오심, 구토, 복통, 설사 등이다. 잠복기는 5일이다.

① MERS-CoV
② MARS-CoV
③ MIRS-CoV
④ MORS-CoV

해설 | 중동호흡기증후군 코로나바이러스(Middle East Respiratory Syndrome Coronavirus)에 대한 설명이다.

14 중동호흡기증후군 코로나바이러스 예방법에 대해 잘못 설명하고 있는 것은?

① 손 씻기 등 개인위생 수칙을 준수한다.
② 발열 및 기침, 호흡곤란 등 호흡기 증상이 있을 경우 잠복기 5일이 지난 후 병원을 방문한다.
③ 기침, 재채기 시 휴지로 입과 코를 가리고 휴지는 반드시 쓰레기통에 버린다.
④ 발열이나 호흡기 증상이 있는 사람과 접촉을 피한다.

해설 | 증상이 있을 경우에는 즉시 병원을 방문해야 한다.

15 다음 빈칸에 알맞은 말로 짝지어진 것은?

> 커피음료를 주문 받을 때에는 고객의 (   )에서 받고, 식음료 제공은 고객의 (   )에서 한다.

① 앞 – 왼쪽
② 앞 – 오른쪽
③ 오른쪽 – 왼쪽
④ 왼쪽 – 오른쪽

해설 | 주문의 고객의 왼쪽에서 받고, 식음료 제공은 오른쪽에서 한다.

16 카페에서 음료를 주문 받는 요령에 대해 잘못 설명하고 있는 것은?

① 음식은 미리 조리해야 하므로 커피 주문 전에 주문을 받는다.
② 서빙은 시계 방향으로 여성 고객부터 먼저 받을 수 있도록 한다.
③ 판매하는 메뉴 내용을 완전히 숙지하여 자신이 판매를 리드해 나간다.
④ 주문이 끝나면 주문 내용을 복창·확인하여야 한다.

해설 | 커피 주문을 먼저 받고 음식 주문을 받는다.

17 다음 보기 중 카페의 경영과 직접적인 영향이 없는 법규는?

① 소방기본법
② 문화관광촉진법
③ 식품위생법
④ 학교보건법

해설 | 소방, 식품, 학교보건법은 안전과 보건, 학교의 보건과 위생을 도모하기 위한 법률들로 카페운영에 직/간접적인 영향을 미친다.

18 카페에서 많이 사용하는 잔 받침(Coaster)에 대해 잘못 설명하고 있는 것은?

① 유리로 만든 컵의 밑받침이다.
② 브랜드의 로고 등을 넣어 인쇄물로서의 광고 효과도 있다.
③ 냅킨 대신으로 많이 사용되고 있다.
④ 많이 훼손되지 않으면 재사용도 가능하다.

해설 | 잔 받침은 딱딱한 재질이라 냅킨 대용으로 사용할 수 없다.

19 카페에서 많이 사용하는 유리컵의 점검사항 중 가장 먼저 체크해야 할 사항은 무엇인가?

① 유리컵의 가장자리가 파손되지 않았는지 점검한다.
② 유리컵에 얼룩이 지지 않았는지 점검한다.
③ 유리컵이 적정한 온도로 예열되고 있는지 점검한다.
④ 유리컵이 적정한 재고를 유지하고 있는지 점검한다.

해설 | 유리컵은 가장자리가 조금만 파손되어도 종사자나 고객을 다치게 할 가능성이 크다.

정답 · 14 ② 15 ④ 16 ① 17 ② 18 ③ 19 ①

20 카페에서 근무하는 종사자의 직무에 대해 잘못 설명하고 있는 것은?

① 각 식재료의 위생 상태 확인
② 각 식재료의 재고량 파악 및 주문
③ 월간/분기별/연간 매출 분석을 통한 경영분석
④ 영업시간 전 부재료 파악과 영업을 위한 재료준비

해설 | 매출 분석은 종사자의 일 보다는 카페 주인장의 업무 영역이라 할 수 있다.

21 카페나 음식점에서 사용하는 '기준 레시피(Standard recipe)'는 어떤 것을 말하는가?

① 표준 제조법
② 표준 서비스법
③ 표준 감사법
④ 표준 분류법

해설 | 표준 제조법을 명문화해 놓은 것을 말한다.

22 카페의 식재료 저장 방법과 가장 거리가 먼 것은?

① 식재료별 분류 저장
② 저장장소 표시
③ 저장일자 표시
④ 매출 증대

해설 | 카페 식재료의 저장은 분류 저장, 품질 보전 등을 위해 시행한다.

23 카페에서 실시하는 영업 준비 작업이 아닌 것은?

① 일일 영업명세서 작성
② 일일 보급물품 수령
③ 시설 및 장비 작동 점검
④ 식음료 가니쉬(Garnish) 점검 및 준비

해설 | 일일영업 명세서는 영업 마감 시에 실시한다.

24 카페의 매출 증대를 위한 마케팅 방법 중 하나인 '해피아워(Happy hour)'에 대해 바르게 설명한 것은?

① 종사원 휴식의 시간
② 영업 준비 시간
③ 가격 할인 시간대
④ 특별 세트메뉴 행사

해설 | 일정한 시간을 정해놓고 가격을 할인해 주는 것을 말한다.

25 카페에서 식기를 세척할 때 가장 위생적으로 세척할 수 있는 순서는?

① 비눗물 → 더운물 → 찬물
② 찬물 → 비눗물 → 더운물
③ 비눗물 → 찬물 → 더운물
④ 찬물 → 더운물 → 비눗물

해설 | 비눗물로 씻고 찬물과 더운물 순으로 헹궈주면 된다.

26 카페의 기물 세척 방법 중 가장 좋은 방법은?

① 사용한 기물은 그때그때 즉시 세척한다.
② 기물들을 모두 모아 한 번에 세척한다.
③ 영업을 종료하는 시간에 세척해서 하루 한번으로 끝낸다.
④ 어느정도 깨끗한 기물은 재사용해도 된다.

해설 | 사용 즉시 세척하는 것을 원칙으로 한다.

정답 20 ③ 21 ① 22 ④ 23 ① 24 ③ 25 ③ 26 ①

27 카페에서 매월 월말에 실시하는 인벤토리(Inventory) 조사는 어떤 조사인가?

① 재고량 조사
② 매출액 조사
③ 고정비 조사
④ 순수익 조사

해설 | 재고량 조사를 인벤토리 조사라 부른다.

28 카페 종사원의 인사 예절법에 대해 바르게 설명하고 있는 것은?

① 자주 보는 고객에게는 가볍게 목례만 해도 된다.
② 여성은 오른손이 왼손을 감싸도록 두 손을 앞으로 가지런히 모으고 인사한다.
③ 인사는 90도 이상 고개를 숙여서 해야 한다.
④ 남성도 두 손을 가지런히 모으고 인사해야 한다.

해설 | 남성은 손을 모으지 않고 가볍게 주먹을 쥔 자세로 인사한다. 고객인사는 45도 정중례나 30도 보통례로 한다.

29 유리잔 중 다리(Stem)가 있는 유리잔에서 그 다리의 기본적인 용도는 무엇인가?

① 잔을 씻을 때 편리하게 하기 위해
② 장식으로 사용하기 위해
③ 보관을 간편하게 하기 위해
④ 유리잔이 놓인 테이블과 손의 열이 음료에 전달되는 것을 방지하기 위해

해설 | 열이 전달되는 것을 방지하기 위해 다리를 만드는 것이다.

30 카페의 고객 맞이를 위한 인사 예절법과 거리가 먼 것은?

① 항상 얼굴에 미소를 지으며 인사한다.
② 고객과 아이 컨텍(Eye contact)을 하며 인사한다.
③ 밝은 목소리 톤인 솔(Sol) 톤으로 인사를 한다.
④ 허리를 숙이지 않고 목례만 가볍게 한다.

해설 | 허리를 숙여 정중하게 인사한다.

31 바리스타의 근무 자세로 잘못된 것은?

① 모든 손님을 공평하게 접대하며 항상 손님의 입장에서 생각하고 근무한다.
② 손님이 없는 시간에도 항상 올바른 자세를 유지한다.
③ 자주 오는 손님의 경우 취향에 맞게 서비스를 제공한다.
④ 손님 간에 대화를 할 경우에 적극적으로 손님의 대화에 참여한다.

해설 | 손님간의 대화에 끼어들지 않는 것이 올바른 자세다.

32 카페에서 하루 영업에 필요한 식재료양 만큼만 준비해 두는 것을 무엇이라 부르는가?

① 스톡 사이즈(Stock Sizes)
② 웰 스톡(Well Stock)
③ 파 스톡(Par Stock)
④ 스톡 리저브(Stock Reserve)

해설 | 파 스톡이란 물품공급을 원활하게 하고, 신속한 서비스를 도모하기 위한 목적으로 일정수량의 식료재고를 저장고에서 인출해서 영업장의 진열대나 기타의 장소에 보관하고 필요할 때 사용하는 재고를 지칭한다. 즉 저장되어 있는 "적정재고량"을 말한다.

33 카페에서 커피를 서비스 하는 방법으로 가장 올바른 것은?

① 커피는 고객의 오른쪽에서 오른손으로 서비스한다.
② 커피를 서비스할 때는 남성 우선의 원칙을 지켜야 한다.
③ 커피 서비스는 남자, 연장자, 여자의 순으로 한다.
④ 커피잔의 손잡이와 커피스푼의 손잡이가 왼쪽으로 향하도록 서비스 한다.

해설 | 커피 서비스는 여성 우선의 원칙이며, 여자, 연장자, 남자의 순으로 한다. 커피잔의 손잡이와 커피스푼의 손잡이가 오른쪽으로 향하도록 서비스 한다.

34 커피를 서비스 하는 원칙에 대해 잘못 설명하고 있는 것은?

① 커피스푼의 손잡이는 고객을 기준으로 오른쪽으로 향하도록 서비스 한다.
② 서빙을 하는 서비스 쟁반(Service tray)은 고객 테이블에 올려놓고 안전하게 서비스 한다.
③ 커피는 고객의 오른쪽에서부터 한다.
④ 커피 서비스는 여성 고객부터 가장 먼저 서비스 한다.

해설 | 서비스 쟁반은 한 손으로 받치고 안전하게 서비스 하여야 한다.

35 전기로 인한 화재가 발생했을 때 대응하는 방법으로 잘못된 것은?

① 상황을 전파하고 즉시 119에 신고한다.
② 가장 가까운 곳의 물을 이용하여 화재를 진입한다.
③ 사고자를 화재와 전기로부터 안전한 장소로 구출한다.
④ 사고자에게 인공호흡 등 응급처치를 실시한다.

해설 | 전기화재는 정전의 위험으로 인해 물로 진입하지 않고 분말소화기를 사용하여 화재를 진입하여야 한다.

36 화재가 발생하였을 경우 조치해야 하는 사항으로 잘못된 것은?

① 우왕좌왕 하지 말고 소방관의 안내에 따라 질서 있고 신속하게 대피하여야 한다.
② 화재가 발생한 곳의 반대 방향으로 대피하여야 한다.
③ 최초 발견자는 비상벨을 눌러 상황을 전파한다.
④ 유독가스가 바닥에 깔릴 수 있으므로 대피 시 옷이나 수건 등으로 호흡기를 막고 높은 자세로 대피한다.

해설 | 대피 시 옷이나 수건 등으로 호흡기를 막고 최대한 낮은 자세로 비상등을 보며 대피해야 한다.

37 지진이 발생했을 때 대처해야 하는 요령을 바르게 설명한 것은?

① 충격에 의해 무너질 수 있으므로 기둥에서 멀리 떨어진다.
② 지진으로 인한 정전 발생 시 당황하지 말고 위험한 행동은 삼가하며 상황이 진정되면 밖으로 대피한다.
③ 지진이 발생하면 바로 탈출을 시도해야 한다.
④ 지진이 발생해도 엘리베이터는 큰 문제가 없으므로 재빨리 엘리베이터로 대피한다.

해설 | 충격에 대비해 기둥 및 손잡이 등의 고정물을 꽉 잡고, 지진이 발생하면 벽면 혹은 책장 아래로 몸을 숨겨서 머리를 보호하고 상황이 안정되면 피신한다. 엘리베이터는 더 큰 사고를 초래할 수 있으므로 사용을 삼가한다.

정답 · 33 ① 34 ② 35 ② 36 ④ 37 ②

38 메르스(MERS)의 주요 증상이 아닌 것은?

① 당뇨
② 두통
③ 오한
④ 인후통

해설 | 호흡곤란, 발열, 기침 등의 증세가 동반되기도 한다.

39 중동호흡기증후군(MERS)에 대비한 일반적인 감염예방 수칙이 아닌 것은?

① 호흡기 증상이 있는 경우 즉시 병원을 방문한다.
② 기침, 재채기 시 휴지로 입과 코를 막고 한다.
③ 비누사용을 금지하고 알코올 손 소독제로 손을 씻는다.
④ 발열이나 호흡기 증상이 있는 사람과 접촉을 피한다.

해설 | 비누로 충분히 손을 씻고 비누가 없으면 알코올 손세정제를 사용한다.

40 메르스(MERS) 증상이 의심될 때 자가 격리 기간은 며칠인가?

① 5일
② 9일
③ 10일
④ 14일

해설 | 자가 격리는 14일이다.

해설 없이 풀어보는
실전 모의고사

01 천사 가브리엘이 꿈속에 나타나 빨간 열매를 보여주고 먹어 보라고 해 커피를 발견하게 되었다는 전설은?

① 루시퍼의 전설
② 오마르의 전설
③ 모하메드의 전설
④ 메카의 전설

02 처음에는 커피열매나 잎을 먹거나 우려내 차로 마시던 커피를 씨앗이 되는 생두를 볶아 음료로 마시게 된 시기는?

① 13세기
② 14세기
③ 15세기
④ 16세기

03 커피의 시대적 지역적 명칭과 가장 거리가 먼 것은?

① Bunchum
② Chaube
③ Qahwah
④ Canephora

04 생물학적 관점의 커피에 대해 잘못 설명하고 있는 것은?

① 커피는 외떡잎 식물로 꼭두서니과(Rubiaceae)에 속한다.
② 아라비카(Coffea Arabica), 카네포라(Coffea Canephora), 리베리카(Coffea Liberica)를 삼대 원종이라고 한다.
③ 현재는 아라비카와 카네포라 두 종만 주로 재배되고 있다.
④ 커피의 종은 약 70여 가지가 있다.

05 다음 괄호 안에 들어갈 말로 바르게 짝지어진 것은?

> 생두의 표면을 감싸고 있는 얇은 껍질을 (   )라 하고, 생두의 가운데 파인 홈을 (   )이라고 부른다.

① 펄프, 파치먼트
② 실버스킨, 펄프
③ 실버스킨, 센터컷
④ 파치먼트, 센터컷

06 다음 아라비카종과 로부스타종에 대한 비교 설명으로 틀린 것은?

① 카페인 함량은 로부스타종이 더 많이 함유하고 있다.
② 아라비카종과 로부스타종 모두 꽃잎은 흰색이다.
③ 아라비카종은 타가수분, 로부스타종은 자가수분을 한다.
④ 아라비카종의 생산량이 최근 크게 증가하여 지금은 로부스타종을 능가한다.

07 로부스타에 비해 아라비카는 까다로운 생육조 건을 가지고 있다. 아라비카의 재배조건 중 기 후에 대해 바르게 설명하고 있는 것은?

① 해충 구제를 위해서 강한 바람이 잘 부 는 곳이 좋다.
② 재배지역의 연평균 기온이 15~24℃ 정 도로 기온이 30℃을 넘거나 5℃ 이하로 내려가지 않아야 한다.
③ 아라비카의 재배에 적당한 강우량은 연 간 2,000~3,000mm 정도이다.
④ 아라비카는 로부스타에 비해 가뭄에 약 한 특성이 있다.

08 커피의 번식 방법에 대해 바르게 설명하고 있 는 것은?

① 재배지에 직접 심는 직파는 커피묘목의 내성을 키울 수 있어 많이 사용된다.
② 직파는 구덩이에 3~5개의 커피 씨앗을 직접 심는 방법을 말하는데 가장 널리 쓰이는 방법이다.
③ 씨앗에 의한 파종 번식이 가장 적절하고 비용도 저렴하다.
④ 묘포에서 씨앗이 발아하면 바로 재배지 로 이식하여 심는다.

09 그늘재배(Shading)에 대해 잘못 설명하고 있 는 것은?

① 그늘재배를 위해 심어주는 나무를 셰이 드 트리(Shade tree)라고 한다.
② 일조량을 줄여주기 위해 키가 크고 잎이 넓은 나무를 커피나무 주변에 심어주는 것을 말한다.
③ 커피열매가 천천히 성장하므로 좋은 품 질의 커피를 얻을 수 있다.
④ 그늘재배를 가장 많이 하는 나라는 브라 질이다.

10 커피수확은 기계에 의한 수확과 사람에 의한 수확 방법이 있다. 사람에 의한 수확 방법 중 여러 번에 걸쳐 익은 체리만을 골라 수확하는 방법을 무엇이라 부르는가?

① 핸드피킹(Hand picking)
② 스트리핑(Stripping)
③ 핸드소팅(Hand sorting)
④ 스키밍(Skimming)

11 다음 중 습식법과 건식법이 동시에 이루어지 는 나라는?

① 탄자니아
② 에티오피아
③ 브룬디
④ 말라위

12 다음은 무엇에 관한 설명인가?

커피생두의 실버스킨을 제거하는 과정을 말하 며 상품의 가치를 높이기 위한 선택 과정이다. 주로 고급 커피인 자메이카 블루마운틴, 하와이 코나 커피에 사용되는 가공 과정이다.

① 헐링(Hulling) 과정
② 클리닝(Cleaning) 과정
③ 폴리싱(Polishing) 과정
④ 왁싱(Waxing) 과정

13 SCA에서 정한 스페셜티 등급(Specialty Grade) 기준에 해당되지 않는 것은?

① 프라이머리 디펙트는 한 개까지 허용된다.
② 디펙트 점수가 5 이내여야 한다.
③ 퀘이커는 한 개도 허용되지 않는다.
④ 커핑점수는 80점 이상이어야 한다.

14 결점두가 발생하는 원인이 아닌 것은?

　① 가공
　② 보관
　③ 분쇄
　④ 수확

15 다음 ( )에 맞는 것을 고르시오.

> 커피의 재배는 온도, 강우량, 습도, 지형과 고도,
> 토양 등 여러 조건이 적합해야 한다. 커피 재배
> 에는 적절한 일조량이 필요하며 강한 바람은 적
> 합하지 않다. 다양한 재배 요소 중 커피의 생육
> 에 가장 치명적인 영향을 끼치는 것은 ( )이다.
> 생두를 가공하고 보관할 때도 여러 조건들이 충
> 족되어야 하는데 가장 중요한 요인 ( )이고 로
> 스팅을 하고 난 후 보관하는 경우 ( )가(이) 가
> 장 커피의 산패를 가속시킨다.

　① 서리, 습도, 산소
　② 서리, 강수량, 산소
　③ 강수량, 습도, 이산화탄소
　④ 강수량, 온도, 일산화탄소

16 아라비카 커피의 원산지이며 아프리카 최대의
커피 생산국인 이 나라는?

　① 소말리아
　② 에티오피아
　③ 케냐
　④ 탄자니아

17 로부스타 커피를 생산하지 않는 나라로 잘 짝
지어진 것은?

　① 인도 – 인도네시아
　② 코스타리카 – 콜롬비아
　③ 탄자니아 – 콩고
　④ 과테말라 – 베트남

18 커피생산 국가와 대표적인 커피를 연결한 것
중 잘못된 것은?

　① 콜롬비아 – 후일라(Huila) Supremo
　② 인도네시아 – 만델링(Mandheling) G1
　③ 자메이카 – 블루마운틴(Blue Mountain) No.1
　④ 온두라스 – 알투라(Altura) SHB

19 로스팅의 과정을 순서대로 잘 나열한 것은?

　① 냉각→열분해→건조
　② 열분해→건조→냉각
　③ 건조→열분해→냉각
　④ 건조→냉각→열분해

20 생두를 로스팅 하면 가장 많이 감소되는 성분은?

　① 과당
　② 탄수화물
　③ 비타민
　④ 수분

21 로스팅 과정에서 원두 내부의 지방이 스며 나
오는 로스팅 단계는?

　① Italian roast
　② Medium roast
　③ Cinnamon roast
　④ Light roast

22 열량을 많이 공급하면서 짧은 시간에 로스팅
을 하는 방법은?

　① 저온–단시간 로스팅
　② 고온–장시간 로스팅
　③ 고온–단시간 로스팅
　④ 저온– 장시간 로스팅

23 로스팅 머신의 부품 중 드럼 내부의 공기흐름과 열량을 조절하는 장치는?

① 사이클론
② 드럼
③ 댐퍼
④ 호퍼

24 커피로스팅의 열전달 방법에 해당되지 않는 것은?

① 전도
② 복사
③ 증류
④ 대류

25 커피에 함유되어 있는 무기질 성분 중 가장 많은 비율을 차지하는 것은?

① 인(P)
② 칼슘(Ca)
③ 칼륨(K)
④ 망간(Mn)

26 커피나무의 부위 중 카페인을 함유하고 있는 것으로 바르게 짝지어진 것은?

① 나뭇잎 – 나무껍질
② 생두 – 나뭇잎
③ 뿌리 – 생두
④ 나무껍질 – 뿌리

27 식품이 조리나 가공과정에서 갈색으로 변하는 것을 일컫는 말은?

① 흡열반응
② 산소반응
③ 갈변반응
④ 발열반응

28 향기의 분류 중 갈변반응(Sugar browning by–product)에 의해 생성되는 향기의 종류가 아닌 것은?

① Nutty
② Caramelly
③ Chocolaty
④ Carbony

29 다음 설명 중 커피의 평가 용어에 대해 바르게 설명하고 있는 것은?

> 가. Flavor: 입속에 커피를 머금었을 때 느껴지는 맛과 향
> 나. Fragrance: 분쇄된 커피 입자에서 나오는 향기
> 다. Nose: 마시고 난 다음 입 뒤쪽에서 느껴지는 향기
> 라. Aftertaste: 마실 때 느껴지는 향기

① 가 – 나
② 나 – 다
③ 다 – 라
④ 가 – 라

30 커피의 맛을 감별하기 위한 기본적인 미각이 아닌 것은?

① 쓴맛
② 단맛
③ 신맛
④ 짠맛

31 커피의 추출과정을 순서대로 잘 나열한 것은?

① 침투 → 분리 → 용해
② 분리 → 침투 → 용해
③ 침투 → 용해 → 분리
④ 용해 → 침투 → 분리

32 현존하는 커피포장 방법 중 가장 오래 보관이 가능하다고 알려진 것은?

① 진공 포장
② 질소 가압 포장
③ 밸브 포장
④ 공기 포장

33 다음 중 커피 추출에 대해 바르게 설명하고 있는 것은?

① 커피의 추출 농도는 18~22%가 이상적이다.
② 물의 온도가 낮을수록 커피의 농도가 진하다.
③ 커피 분쇄도는 맛에 직접적인 영향이 없으므로 모두 같은 굵기로 한다.
④ 커피 양과 물의 비율을 맞추었더라도 입자의 크기가 적당해야 원하는 농도의 커피를 추출할 수 있다.

34 드리퍼 내부의 요철로 물을 부었을 때 공기가 빠져나가는 통로 역할을 하는 것은?

① 필터(Filter)
② 홀(Hole)
③ 핸들(Handle)
④ 리브(Rib)

35 다음 보기 중 추출방식이 다른 하나는?

① 프렌치프레스
② 에스프레소
③ 모카포트
④ 핸드드립

36 드리퍼 내부에 있는 리브(Rib)의 역할을 바르게 설명한 것은?

① 커피가루 사이에 있는 공기를 원활히 배출시키는 역할을 한다.
② 필터의 조직을 더 단단하게 만드는 역할을 한다.
③ 접촉면을 증가시켜 물이 빠지는 시간을 길게 하는 역할을 한다.
④ 리브가 적을수록 유속이 빨라진다.

37 이탈리아어로 '바(Bar) 안에 있는 사람을 뜻하는 용어는?

① 바리스타
② 웨이터
③ 소믈리에
④ 셰프

38 에스프레소 추출에 가장 적합한 물의 온도는?

① 60~65℃
② 70~75℃
③ 75~80℃
④ 90~95℃

39 순수한 물과 비교했을 때 에스프레소의 물리적 특성에 대해 틀리게 설명하고 있는 것은?

① 에스프레소의 밀도는 감소한다.
② 전기전도도는 증가한다.
③ 표면장력은 감소한다.
④ 점도는 증가한다.

40 다음 중 머신의 종류와 설명이 잘못된 것은?

① 수동식 머신 : 모터의 힘에 의해 피스톤을 작동하여 추출하는 방식
② 반자동 머신 : 별도의 그라인더를 통해 분쇄를 한 후 탬핑을 하여 추출하는 방식
③ 자동 머신 : 탬핑 작업을 하여 추출을 하나 메모리칩이 장착되어 있어 물량을 자동으로 세팅할 수 있는 방식
④ 완전 자동 머신 : 그라인더가 내장되어 있어 별도의 탬핑 작업 없이 메뉴 버튼의 작동으로만 추출하는 방식

41 에스프레소 머신의 발전 단계에 대해 바르게 서술하고 있는 것은?

① 진공방식 → 증기압 방식 → 피스톤 방식 → 전동펌프 방식
② 진공방식 → 피스톤 방식→ 증기압 방식 → 전동펌프 방식
③ 증기압 방식 → 진공방식 → 피스톤 방식 → 전동펌프 방식
④ 증기압 방식 → 피스톤 방식 → 진공방식 → 전동펌프 방식

42 구멍이 없이 막힌 필터로 그룹헤드를 청소할 때 쓰는 것은?

① 가스켓
② 블라인드 필터
③ 포터필터
④ 샤워스크린

43 에스프레소 추출 시 커피의 지방성분, 탄산가스, 향 성분이 결합하여 생성된 거품을 지칭하는 말은?

① 크레마(Crema)
② 버블(Bubble)
③ 오일(Oil)
④ 케이크(Cake)

44 커피를 홀더에 담는 과정을 패킹이라고 한다. 이 과정과 관련이 없는 것은?

① 도징
② 태핑
③ 인퓨전
④ 탬핑

45 에스프레소 커피맛의 특색이 아닌 것은?

① 부드러운 감촉
② 강한 바디감
③ 긴 여운
④ 지속적으로 이어지는 쓴맛

46 다음 중 더블 에스프레소(Double espresso)를 뜻하는 용어는?

① 트리플(Triple)
② 솔로(Solo)
③ 도피오(Doppio)
④ 룽고(Lungo)

47 에스프레소에 휘핑크림을 얹어 부드럽게 즐기는 메뉴는?

① 에스프레소 마끼아또(Espresso Mac-chiato)
② 카페 라떼(Café Latte)
③ 카푸치노(Cappuccino)
④ 카페 콘 빠나(Café con Panna)

48 오스트리아에서는 아인슈패너(Einspanner)라 불리는 커피메뉴는?

① 비엔나 커피
② 카페 오레
③ 카레 라떼
④ 카푸치노

49 우유의 단백질 중 약 80%를 차지하는 성분은?

① 락토알부민
② 카세인
③ 락토글로불린
④ 레닛

50 우유의 무기질 중 가장 중요한 성분은?

① 락토알부민, 락토글로불린
② 글루코스, 갈라토스
③ 나트륨, 칼륨
④ 칼슘, 인

51 카푸치노에 들어가는 우유 거품에 대해 잘못 설명하고 있는 것은?

① 우유에 스팀노즐을 담글 때 적절한 깊이로 담궈야 한다.
② 우유는 차갑고 신선한 것을 사용한다.
③ 거품을 만들 때 거친 거품이 나지 않도록 스팀 노즐의 위치를 세밀하게 조절한다.
④ 스팀피쳐는 유리 재질로 만든 것이 좋다.

52 병원체가 음식물, 음료수, 식기, 손 등을 통하여 감염되는 질병으로 주로 소화기계통에 발생하는 전염병을 이르는 명칭은?

① 만성질환
② 급성전염병
③ 경구전염병
④ 의료관련감염병

53 다음 설명에 해당되는 디카페인 제조법은?

> 높은 압력을 받아 액체상태가 된 CO_2를 생두에 침투시켜 카페인을 제거하는 방법이다. 유해물질의 잔류문제가 없고 카페인의 선택적 추출이 가능한 반면 설비에 따른 비용이 많이 든다.

① 용매 추출법
② 물 추출법
③ 초임계 추출법
④ 간접 추출법

54 디카페인 커피(Decaffeinated coffee)를 최초로 개발한 나라는 어디인가?

① 독일
② 영국
③ 에티오피아
④ 한국

55 서비스 직원의 기본자세에 대해 잘못 설명하고 있는 것은?

① 깔끔한 인상을 주기 위해 향이 강한 향수나 짙은 화장을 하고 화려한 액세서리를 한다.
② 머리는 단정하고 깔끔하게 유지한다.
③ 매니큐어는 색깔이 있는 것은 안 되고 손톱은 짧게 한다.
④ 유니폼은 깨끗하고 정해진 것으로 착용한다.

56 고객이 카페를 방문했을 때 영접하는 자세로 잘못된 것은?

① 밝은 얼굴로 '어서오십시오.'라고 인사하고 반갑게 맞이한다.
② 단골고객이라 할지라도 '고객님'으로 호칭을 통일하여 거리를 유지한다.
③ 고객이 입장하면 제일 먼저 예약 여부와 인원수를 확인한다.
④ 입장한 순서대로 자리를 안내한다.

57 카페의 매장 안전 관리 방법 중 사고에 대응하는 방법에 대해 잘못 설명하고 있는 것은?

① 안전 관리에 관한 기준을 확립하여 사고의 예방에 만전을 기한다.
② 안전 사고 발생 시 신속하고 적절한 초기 대응을 가능하게 하여야 한다.
③ 전기 화재의 경우 물을 뿌려 화재를 재빨리 진압해야 한다.
④ 감전의 경우 사고자를 안전 장소로 구출하고 의식/화상/출혈 상태 등을 확인한다.

58 커피열매에 대한 설명으로 잘못된 것은?

① 커피 꽃이 떨어지고 나면 그 자리에 열매를 맺는데, 초기에 녹색이었다가 익으면 빨갛게 변한다.
② 빨갛게 익은 열매가 체리와 비슷하다 하여 커피 체리(Coffee cherry)라 부르며 길이는 15~18mm 정도이다.
③ 생두는 커피콩을 말하며 그린 빈(Green bean)이나 그린 커피(Green coffee)라 부른다.
④ 센터 컷(Center cut)은 커피체리에 생두가 단 한 개 들어 있는 경우를 말한다.

59 로스팅 단계 중 실질적인 로스팅이 진행되는 과정으로 커피의 맛과 향을 내는 여러 물질들이 생성되는 단계는?

① 라이트
② 건조
③ 냉각
④ 열분해

60 플런저에 압력을 가해 체임버에 담긴 물을 밀어내어 추출하는 방식으로 주사기와 같은 원리의 추출도구는?

① 에어로프레스
② 모카포트
③ 케멕스
④ 페이퍼 필터 드립

01 다음 ( ) 안에 알맞은 말을 고르시오.

> 6세기경 최초로 발견된 커피의 원산지는 ( )이고, 널리 알려진 커피 발견 신화는 ( )전설과 ( )의 전설이다.

① 콩고, 칼디, 오마르
② 에티오피아, 칼디, 오마르
③ 예멘, 칼디, 오마르
④ 케냐, 칼디, 오마르

02 역사적인 기록상 우리나라에서 커피를 처음 접한 인물로 알려진 사람은?

① 흥선대원군
② 고종황제
③ 순종황제
④ 명성황후

03 영국에 존재하는 사교클럽 중 가장 오래된 역사를 자랑하며 옥스포드 타운의 커피하우스에서 결성된 것으로 알려진 사교클럽은?

① 더 트래블러스 클럽(The Travellers Club)
② 민트(MINT) 클럽
③ 알파파 클럽(Alfalfa Club)
④ 로얄 소사이어티(The Royal Society)

04 커피나무에 대한 설명으로 잘못된 것은?

① 자연 상태에서는 10m 이상 자라기도 하지만 재배가 용이하도록 2~2.5m 정도로 유지해준다.
② 심은 후 3년이 지나면 수확이 가능하지만 안정적인 수확은 5년부터 가능하다.
③ 커피나무의 경제적 수명은 약 50~60년 정도이다.
④ 꽃잎은 흰색이고 재스민 향이 나며 꽃잎은 아라비카와 로부스타는 5장이다.

05 커피는 단계별 명칭이 매우 다양한데 다음 중 틀린 것은?

① 커피열매 – 커피체리(Coffee cherry)
② 원두를 분쇄한 것 – 그린 빈(Green bean)
③ 분쇄하지 않은 상태의 원두 – 홀빈(Whole bean)
④ 커피열매의 정제된 씨앗 – 그린 커피(Green coffee)

06 브라질에서 발견된 돌연변이 품종으로 생두가 커서 흔히 '코끼리 콩'으로 불리는 품종은?

① 티피카
② 카투아이
③ 카투라
④ 마라고지페

07 형태학적으로 커피 열매를 분류했을 때 적합한 명칭은?

① 유과
② 정과
③ 연과
④ 핵과

08 커피의 재배 조건 중 지형과 고도에 대해 바르게 설명하고 있는 것은?

① 로부스타는 800~2,000m의 고지대에서 생산되며, 아라비카는 700m 이하의 저지대에서 생산된다.
② 고지대에서 생산된 커피일수록 밀도가 낮아 향이 풍부하고 맛이 좋다.
③ 저지대에서 생산된 커피일수록 더 진한 청록색을 띠는 경향이 있다.
④ 표토층이 깊고 물 저장 능력이 좋으며 기계화가 용이한 평지나 약간 경사진 언덕이 좋다.

09 다음은 무엇에 관한 설명인가?

품질 높은 커피를 생산하는 나라들은 제대로 된 보상을 받고 소비자는 질 좋은 커피를 구매할 수 있는 시스템으로 1999년 브라질에서 처음 시작 되었다. 매년 참가국의 커피를 국제심사위원들이 평가하고 그 결과에 따라 상위 등급을 받은 커피들은 경매를 통해 회원들에게 판매된다.

① ToE(Top of Excellence)
② VoE(Victory of Excellence)
③ WoE(World of Excellence)
④ CoE(Cup of Excellence)

10 다음 중 '테라록사(Terra roxa)'에 대해 바르게 설명하고 있는 것은?

① 브라질의 커피 재배 지역에서 볼 수 있는 현무암과 휘록암이 풍화된 토양을 말한다.
② 석회암이 풍화되어 형성된 적색토양이다.
③ 사바나 기후지대에서 널리 분포하는 적갈색 토양이다.
④ 현무암이 풍화되어 형성된 흑색 토양이다.

11 커피 재배 조건에 대해 설명한 것 중 틀린 것은?

① 수확이 이루어지는 시점에서는 건조한 기후가 필요하다.
② 개화 전까지 충분한 수분이 공급되어야 한다.
③ 원활한 광합성 작용을 위해 강렬한 햇볕이 많이 필요하다.
④ 배수가 잘 되는 지역이 좋다.

12 커피를 수확하는 방법 중 체리를 한 번에 손으로 훑어 한 번에 수확하는 방법인 스트리핑(Stripping)에 대해 잘못 설명하고 있는 것은?

① 비용을 절감할 수 있는 장점이 있다.
② 나뭇가지를 훑어내기 때문에 나무에 손상을 줄 수 있다.
③ 품질이 균일한 커피를 생산할 수 있다.
④ 내추럴 커피나 로부스타 커피 생산지역에서 주로 사용한다.

13 다음은 커피를 가공하는 방법 중 어떤 방식을 설명한 것인가?

> 체리를 수확한 후 펄프를 제거하지 않고 체리를 그대로 건조시키는 방법이다. 물이 부족하고 햇빛이 좋은 지역에서 주로 이용하는 전통적인 가공법으로 이물질 제거–분리–건조 세 과정으로 구분된다.

① 건식법(Dry Method)
② 습식법(Wet Method)
③ 세미 워시드법(Semi washed Processing)
④ 펄프드 내추럴법(Pulped natural Processing)

14 향미가 풍부한 커피를 생산하기 위한 방법으로 가장 적합한 것은?

① 친환경 농법인 유기농법으로 재배한다.
② 건조시간은 길면 길수록 좋으므로 생두의 수분이 완전히 제거되도록 장기간 건조시킨다.
③ 완전히 익은 붉은색의 체리를 선별, 수확한다.
④ 수확 후 커피체리의 껍질을 제거하는 펄핑 과정을 반드시 거쳐야 한다.

15 생두가 생산되는 고도에 의해 생두를 분류하고 있는 국가들 중 과테말라와 코스타리카의 최상등급 생두를 나타내는 용어는?

① SHG(Strictly High Grown)
② SHB(Strictly Hard Bean)
③ HG(High Grown)
④ HB(Hard Bean)

16 생두의 기간별 분류 방법 중 명칭과 수분 함량이 틀리게 짝지어진 것은?

① 뉴 크롭 – 22% 이하
② 패스트 크롭 – 11% 이하
③ 올드 크롭 – 9% 이하
④ 뉴 크롭 – 13% 이하

17 다음 생두의 등급에 관한 용어 중 품질 정보와 가장 거리가 먼 것은?

① 품종
② 재배고도
③ 결점두 수
④ 크기

18 다음 중 수확년도를 기준으로 1년 이상 2년 이내에 해당 되는 것은?

① 커런트 크롭(Current crop)
② 뉴 크롭(New crop)
③ 올드 크롭(Old crop)
④ 패스트 크롭(Past crop)

19 아라비카 커피를 주로 생산하고 있으며 워시드(Washed) 커피 생산 1위국인 이 나라는?

① 파나마
② 브라질
③ 콜롬비아
④ 페루

20 아래 보기 국가 중 커피가 전혀 생산되지 않는 나라는?

① 터키
② 호주
③ 중국
④ 대만

21 커피 생산에 대해 바르게 설명하고 있는 것은?

① 지역별로는 중앙아메리카가 생산량이 가장 많다.
② 아라비카 커피는 전체 생산량의 40% 정도를 차지한다.
③ 콜롬비아가 세계 커피 생산 1위로 전체 커피 생산의 약 40%를 차지한다.
④ 베트남은 브라질에 이어 커피 생산 2위이며 대부분 로부스타 커피를 생산한다.

22 로스팅 과정 중 커피콩 내부의 수분이 증발하는 초기 단계를 일컫는 말은?

① 열분해 단계
② 건조 단계
③ 냉각 단계
④ 캐러멜화 단계

23 로스팅 단계에 대한 설명으로 잘못된 것은?

① 로스팅 단계는 타일 넘버나 명도(L값)로 표시하기도 한다.
② SCA의 로스팅 단계는 애그트론 넘버 25~95까지 표시한다.
③ 로스팅한 원두의 색상이 밝을수록 로스팅 단계를 나타내는 L값은 감소한다.
④ 로스팅 단계는 가열 온도와 시간의 상관관계에 의해 결정된다.

24 로스팅이 진행됨에 따라 발행되는 커피의 특성에 대해 바르게 설명하고 있는 것은?

① 로스팅이 강하게 진행될수록 신맛이 강해진다.
② 로스팅이 강하게 진행될수록 쓴맛이 강해진다.
③ 다크로스트가 되면 바디감이 최고가 된다.
④ 향은 다크로스트가 될수록 강해진다.

25 다음 (　) 안에 들어갈 알맞은 말로 바르게 짝지어진 것은?

로스팅 과정에서 두 번의 크랙이 발생하는데 1차 크랙은 생두 세포 내부의 (　)이 증발하면서 나타나는 내부 압력에 의해 발생하며, 2차 크랙은 주로 (　)의 생성에 의한 팽창으로 발생한다.

① 수분, 산소
② 질소, 이산화탄소
③ 수분, 이산화탄소
④ 산소, 일산화탄소

26 커피콩에 열을 전달하는 방식에 해당되지 않는 것은?

① 폭발
② 전도
③ 대류
④ 복사

27 열전달 방식에 따른 로스터기의 분류와 사용하는 열이 바르게 짝지어진 것은?

① 직화식 – 대류열
② 열풍식 – 전도열과 대류열
③ 열풍식 – 전도열
④ 반열풍식 – 전도열과 대류열

28 서로 다른 커피를 혼합하여 새로운 특성을 가진 커피를 만드는 것을 부르는 명칭은?

① 컴바인(Combine)
② 믹스(Mix)
③ 블렌딩(Blending)
④ 머지(Merge)

29 커피의 성분 중 갈변반응을 통해 원두가 갈색을 띠게 하고, 플레이버와 아로마 물질을 형성하게 하는 물질은?

① 클로로겐산
② 자당
③ 유기산
④ 카페인

30 다음 중 커피에 들어있는 지질과 관계없는 성분은?

① 트리글리세이드(Triglyceride)
② 지방산(Fattyacids)
③ 디테르펜(Diterpene)
④ 트리고넬린(Trigonelline)

31 커피에 함유되어 있는 무기질 성분 중 가장 많은 것은?

① 인
② 나트륨
③ 칼륨
④ 칼슘

32 커피 플레이버에 대한 관능평가에 해당되지 않는 것은?

① 통각(Sence of pain)
② 후각(Olfaction)
③ 미각(Gustation)
④ 촉각(Mouthfeel)

33 커피의 네 가지 기본 맛에 속하지 않는 것은?

① 신맛
② 단맛
③ 매운맛
④ 짠맛

34 SCA 커피 커핑의 샘플준비 중 로스팅은 커핑 24시간 이내에 이루어져야 하고 적어도 8시간 정도 숙성 시켜야 한다. 로스팅 정도는 SCA 로스트 타일 기준 얼마 정도가 되어야 하는가?

① #45
② #55
③ #65
④ #75

35 커피 원두를 분쇄할 때 주의해야 할 사항이 아닌 것은?

① 물과 접촉하는 시간이 짧을수록 분쇄 입자를 가늘게 한다.
② 분쇄 입도가 고르지 못하면 용해 속도가 달라져 커피 맛이 떨어진다.
③ 분쇄 시 발생하는 열은 맛과 향을 변질시키므로 열 발생을 최소화 한다.
④ 미분은 분쇄 시 발생되는 먼지를 말하는데 독특한 맛을 주기 때문에 많이 발생하면 좋다.

36 커피 맛을 음미하기에 가장 적당한 온도는 몇 도인가?

① 65~70℃
② 70~75℃
③ 75~80℃
④ 80~90℃

37 커피추출 과정을 바르게 설명하고 있는 것은?

① 분리 → 용해 → 침투
② 용해 → 분리 → 침투
③ 침투 → 분리 → 용해
④ 침투 → 용해 → 분리

38 독일의 화학자 쉴럼봄(Schlumbohm)에 의해 탄생한 커피 추출 도구는?

① 체즈베(Cezve)
② 이브릭(Ibrik)
③ 사이폰(Syphon)
④ 케멕스 커피메이커(Chemex coffee maker)

39 커피를 끓이다가 거품이 끓어오르면 커피 찌꺼기를 가라앉힌 후에 잔에 따라 마시는 기구는?

① 핸드드립
② 프렌치프레스
③ 사이펀
④ 체즈베

40 바디가 강하며 매끈한 맛을 표현할 수 있으며 뜸 들이는 효과를 충분히 얻을 수 있는 추출기구는?

① 사이펀
② 모카포트
③ 융
④ 프렌치프레스

41 에스프레소 추출 시간을 가장 잘 설명한 것은?

① 5~10초
② 10~20초
③ 20~30초
④ 40~50초

42 커피의 추출 방법 중 빠르게 추출하는 커피로 중력의 8~10배를 가해 30초 안에 커피의 모든 맛을 추출해 내는 방법은?

① 프렌치프레스
② 핸드드립
③ 에스프레소
④ 에어로프레스

43 에스프레소를 추출할 때 생성되는 크레마(Crema)는 어떤 추출요소 때문인가?

① 회전력
② 원심력
③ 중력
④ 압력

44 에스프레소의 역사에 대해 잘못 설명하고 있는 것은?

① 증기압을 이용한 커피기계가 산타이스(Santais)에 의해 개발되어 1855년 파리 만국 박람회에 선을 보였다.
② 1901년 이탈리아 밀라노의 루이지 베제라(Luigi Bezzera)는 증기압을 이용하여 커피를 추출하는 에스프레소 머신의 특허를 출원하였다.
③ 1946년 페이마(Faema)는 피스톤 방식의 머신을 생산하였으며, 9기압 이상의 압력에서 추출된 커피에서 뜻하지 않게 '크레마(Crema)'라 불리는 거품이 생성되었다.
④ 버튼 하나만 누르면 커피가 분쇄되고 우유 거품이 만들어지는 완전 자동 방식인 머신 'Acrto 990'이 탄행하였다.

45 에스프레소 머신의 부품 중 커피 추출 물량을 감지해 주는 부품은?

① 그룹헤드
② 보일러
③ 플로우 미터
④ 포타필터

46 다음 중 휘핑(Whipping)기에 일반적으로 사용되는 가스는?

① 탄소
② 산소
③ 질소
④ 수소

47 에스프레소를 마시는 전용잔을 무엇이라 부르는가?

① 데낄라컵
② 머그컵
③ 데미타세
④ 계량컵

48 다음 중 가장 이상적인 에스프레소 추출은?

① 9기압으로 20~29초 동안 1oz의 커피를 추출하였다.
② 신맛을 조금 더 도드라지게 하기 위해 물의 온도를 80℃ 정도로 맞춰서 추출하였다.
③ 보다 부드러운 맛을 즐기기 위하여 약하게 탬핑한 다음, 40~45초 동안 추출하였다.
④ 조금 더 강한 맛을 내기 위해 굵은 분쇄 입자의 원두를 사용하였다.

49 에스프레소를 추출할 때 패킹(Packing) 과정 이전에 해야 할 동작에 해당되는 것은?

① 열수 배출
② 커피 분쇄
③ 태핑
④ 탬핑

50 10~15초 동안 15~20ml 정도의 양을 추출하는 진한 에스프레소를 부르는 명칭은?

① 리스트레또(Ristretto)
② 도피오(Doppio)
③ 룽고(Lungo)
④ 솔로(Solo)

51 프렌치 로스트한 커피를 드립으로 추출하여 데운 우유와 함께 전용 볼(Bowl)에 동시에 부어 만드는 메뉴는?

① 카페 모카(Café Mocha)
② 카페 라떼 Café Latte)
③ 카푸치노 (Cappuccino)
④ 카페 오레(Café au Lait)

52 다음 중 베리에이션(Variation) 메뉴에 해당되는 것은?

① 리스트레또
② 카페라떼
③ 아메리카노
④ 에스프레소

53 우유에 대해 설명한 것으로 틀린 것은?

① 우유에서 지방이 풍부한 부분을 분리한 것을 크림(Cream)이라고 한다.
② 크림 이외의 부분을 탈지유(Skimmed milk)라고 한다.
③ 탈지유에 대응하는 용어로서 지방을 제거하지 않은 원래의 우유를 초유라고 한다.
④ 탈지유에 산 또는 응유효소를 첨가했을 때에 생성하는 응고물을 커드(Curd)라고 하며, 이것의 주요 성분은 우유 단백질인 카세인(Casein)이다.

54 단백질과 인지질의 혼합물로 우유 지방구 표면에 흡착되어 지방구의 주위에 안정한 박막을 형선하고 있는 것은?

① 카세인
② 비단백태질소화합물
③ 유청 단백질
④ 리포단백질(Lipoprotein)

55 가열에 의해 변형되기 쉬운 단백질로 우유를 40℃ 이상으로 가열할 때 생성되는 표면의 얇은 피막의 주성분은 무엇인가?

① 무기질
② 베타-락토글로불린
③ 칼륨
④ 인

56 공기와 물 등 투명한 물질만 투과하는 속성이 있어 피조사물의 표면 살균에 효과적인 것은?

① 감마선 살균 소독
② 방사선 살균 소독
③ 적외선 살균 소독
④ 자외선 살균 소독

57 카페인이 인체에 미치는 효과에 대해 잘못 설명하고 있는 것은?

① 뇌의 신경전달물질의 생성/분비를 촉진하여 각성효과가 있으며 긴장감을 유지시킨다.
② 이뇨 작용을 촉진한다.
③ 심장의 수축력과 심장박동 수를 감소시킨다.
④ 커피 섭취량이 과다하면 불면증, 두통, 신경과민, 불안감 등의 증세가 발생한다.

58 우리나라의 식품 위생법 상 차의 종류(茶類)
속하는 것은?

① 토마토 주스
② 사이다
③ 홍삼차
④ 커피

59 카페 서비스 요령 중 일반적인 테이블 배정
요령에 대해 바르게 설명하고 있는 것은?

① 멋있고 호화로운 고객은 영업장 중앙 테
이블로 안내하여 영업장 분위기를 밝게
한다.
② 아이를 동반한 고객은 다른 고객에게 방
해가 되므로 입장을 제한한다.
③ 좌석이 만석인 경우 입장을 제한하고 빈
좌석이 날 때까지 기다린다.
④ 젊은 남녀 고객은 밝고 환한 자리로 안
내한다.

60 화재 발생 시 행동 요령에 대해 잘못 설명하고
있는 것은?

① 화재가 발생하면 건물 내 소화전 상단의
비상버튼을 눌러 화재상황을 건물 내 모
든 사람에게 알린다.
② 건물 내 비상전화 혹은 휴대전화를 이
용하여 119 소방본부에 신고하여 상황
을 알린다.
③ 초기 화재장소를 목격한 사람은 화재 시
건물 내에 비치된 소화기와 소화전을 사
용하여 초기진화를 한다.
④ 화재장소에서 진화가 안 될 시 낮은 자
세로 엎드려 구조를 기다린다.

01 우자프 산속에서 새가 빨간 열매를 따먹는 것을 보고 이 열매를 이용해 역병을 치료하고 커피를 발견하게 되었다는 전설은?

① 칼디의 전설
② 알리 이븐 오마르의 전설
③ 모하메드의 전설
④ 알 샤드힐리의 전설

02 Coffee의 어원이 된 이슬람어는 다음 중 어느 것인가?

① Cafe
② Qahwah
③ Koffie
④ Chaube

03 1686년 콜텔리(Francesco Procopio dei Coltelli)에 의해 파리 최초로 개설된 커피하우스의 명칭은?

① 카페 드 베니스(Café de Venice)
② 카페 드 프로코프(Café de Procope)
③ 카페 드 마르세유(Café de Mardeilles)
④ 카페 드 콘스탄티노플(Café de Constantinople)

04 다음은 커피나무에 대한 설명이다. 틀리게 설명하고 있는 것은?

① 커피나무는 일년생 쌍떡잎식물이다.
② 열대성 상록수이며 자연 상태에서는 10m 이상 자라기도 한다.
③ 커피나무는 심은 후 3년이 지나면 처음 수확이 가능하다.
④ 잎은 타원형이고 두꺼우며 잎 표면은 짙은 녹색으로 광택이 있다.

05 아라비카와 로부스타를 비교한 다음 표에서 잘못된 것은?

구분		아라비카	로부스타
가	원산지	에티오피아	콩고
나	분류등록	1753년	1895년
다	염색체 수	22개(2배체)	44개(4배체)
라	번식	자가수분	타가수분

① 가
② 나
③ 다
④ 라

06 다음 중 아라비카종이 아닌 커피는?

① 에티오피아 이르가체페 G1
② 인도네시아 WIB
③ 멕시코 SHG
④ 콜롬비아 Supremo

07 커피열매의 명칭을 안쪽부터 순서대로 올바르게 나열한 것을 고르시오.

① 겉껍질 〉 펄프 〉 점액질 〉 파치먼트 〉 실버스킨 〉 생두
② 생두 〉 실버스킨 〉 파치먼트 〉 점액질 〉 펄프 〉 겉껍질
③ 생두 〉 펄프 〉 파치먼트 〉 점액질 〉 실버스킨 〉 겉껍질
④ 생두 〉 점액질 〉 파치먼트 〉 펄프 〉 실버스킨 〉 겉껍질

08 커피는 열대·아열대 지역에 속하는 약 60여 개의 나라에서 생산된다. 이 생산지역을 일컫는 용어로 바르게 짝지어진 것은?

① 커피 벨트(Coffee belt) – 커피 밴드(Coffee band)
② 커피 존(Coffee zone) – 커피 라인(Coffee line)
③ 커피 존(Coffee zone) – 커피 벨트(Coffee belt)
④ 커피 벨트(Coffee belt) – 커피 루프(Coffee loop)

09 커피 재배 조건에 대해 잘못 설명하고 있는 것은?

① 커피 재배에 적합한 대기 습도 수준은 아라비카종이 70~75%, 로부스타종이 60%이다.
② 아라비카종은 대기습도가 85% 이상이 되면 커피 품질에 좋지 않은 영향을 받는다.
③ 커피 경작에 적합한 토양은 화산성 토양의 충적토로 약산성(pH5~6)이 좋다.
④ 다공질 토양이 투과성이 좋고 뿌리가 쉽게 뻗을 수 있으며 배수능력이 좋다.

10 다음은 무엇에 관해 설명한 것인가?

이것은 커피 재배 농가의 삶의 질을 개선하고 수질과 토양, 생물 다양성을 보호하며 장기적인 관점에서 안정적으로 커피를 생산하도록 도와주기 위한 것이다.

① 성장가능 커피(Growth coffee)
② 지속가능 커피(Sustainable coffee)
③ 제한가능 커피(Limitation coffee)
④ 개발가능 커피(Development coffee)

11 다음 중 커피 재배를 잘하기 위해 시행한 일 중 잘못된 것은?

① 강한 바람을 막기 위한 방풍림 조성
② 커피 수확이 쉽도록 높은 곳의 가지를 잘라주는 가지치기
③ 강한 햇볕과 열을 차단하기 위한 셰이드 트리 조성
④ 한낮의 열기를 식혀주기 위해 햇볕이 강한 시간에 물주기

12 커피를 수확하는 방법 중 기계수확에 대해 바르게 설명하고 있는 것은?

① 나무의 키를 일정하게 맞추고 기계로 수확하는 방법이다.
② 베트남에서 처음 개발되어 사용하기 시작하였다.
③ 경작지가 경사지고 커피나무 줄 사이의 간격이 좁은 지역에 적합하다.
④ 아프리카처럼 노동력이 풍부하거나 임금이 저렴한 지역에서 주로 사용하는 방법이다.

13 다음 중 습식법에 대해 잘못 설명하고 있는 것은?

① 분리–펄핑–점액질 제거–세척–건조 과정으로 진행된다.
② 품질이 높고 균일한 커피 생산이 가능하다.
③ 많은 양의 물을 사용하므로 환경오염 문제를 야기하기도 한다.
④ 단맛과 강한 바디감을 주는 커피를 생산하는 가공법이다.

14 다음 빈칸에 들어갈 말을 차례대로 바르게 나열한 것은?

> 탈곡은 생두를 감싸고 있는 파치먼트 껍질을 제거하거나 마른 체리에서 체리 껍질을 제거하는 과정이다. 워시드 커피의 파치먼트 껍질을 벗겨내는 것을 ( )이라 하고 내추럴 커피의 체리 껍질을 벗겨내는 것을 ( )이라 한다.

① 헐링(Hulling) – 왁싱(Waxing)
② 헐링(Hulling) – 허스킹(Husking)
③ 폴리싱(Polishing) – 허스킹(Husking)
④ 폴리싱(Polishing) – 헐링(Hulling)

15 다음 괄호 안에 들어갈 말을 순서대로 잘 나열한 것은?

> 생두를 분류하는 국가 중 브라질, 인도네시아 등의 생산 국가들은 샘플에 섞여 있는 ( )를 점수로 환산하여 분류한다. 브라질은 ( )로 인도네시아는 ( )로 분류한다.

① 파치먼트 – No.2~8 – Grade 1~6
② 피베리 – Grade 1~6 – No.2~8
③ 결점두 – No.2~8 – Grade 1~6
④ 결점두 – Grade 1~6 – No.2~8

16 스페셜티 커피를 분류하는 SCA 기준 결점두 중 너무 늦게 수확되거나 흙과 접촉하여 발효된 커피를 부르는 명칭은?

① Black Bean
② Hull/Husk
③ Dried Cherry/Pods
④ Fungus Damaged

17 SCA에서 정한 스페셜티 등급(Specialty Grade) 기준에 해당되지 않는 것은?

① 프라이머리 디펙트는 한 개까지 허용된다.
② 디펙트 점수가 5 이내여야 한다.
③ 퀘이커는 한 개도 허용되지 않는다.
④ 커핑점수는 80점 이상이어야 한다.

18 브라질의 생두분류 등급명 중 '산토스 No.2'에서 알 수 있는 커피 정보는?

① 산토스 – 재배지역, No.2 – 콩의 함수율
② 산토스 – 재배지역, No.2 – 결점수에 의한 등급
③ 산토스 – 수출항구, No.2 – 콩의 함수율
④ 산토스 – 수출항구, No.2 – 결점수에 의한 등급

19 다음은 커피생산국 중 어느 나라에 대한 설명인가?

> 최대 커피생산국으로 커피의 생산지역이 광활하여 커피의 품종이나 기후 조건, 토양 특성 등에 의해 다양한 특성의 커피가 생산되고 있다. 최대 생산지역은 미나스제라이스(Minas Gerais)이며 그 밖의 주요 산지는 에스피리투산투(Espiritu Santo), 상파울루(Sao Paulo), 바이나(Bahia), 파라나(Parana) 등이다.

① 브라질
② 케냐
③ 에콰도르
④ 파나마

20 과테말라 남쪽에 위치한 태평양 연안국가이며 산타아나(Santa Ana)주가 최대 생산지역인 나라는?

① 동티모르
② 말라위
③ 부룬디
④ 엘살바도르

21 국제커피기구(ICO)가 정한 'Coffee Year'의 산정 기준 일자는?

① 2월 1일
② 3월 1일
③ 5월 1일
④ 10월 1일

22 생두에 열을 가해 물리·화학적 과정을 거쳐 커피 본연의 맛과 향을 형성시키는 과정을 무엇이라 부르는가?

① 로스팅
② 커핑
③ 추출
④ 에스프레소

23 로스팅 과정 중 발생되는 2차 크랙의 원인은 무엇인가?

① 커핑콩의 유지 성분이 감소하면서 일어나는 반응이다.
② 커피콩의 부피가 감소하면서 발생되는 현상이다.
③ 가스의 압력과 결합하여 목질조직의 파괴가 일어나며 발생한다.
④ 당의 갈변화 과정에서 일어나는 현상이다.

24 로스팅 과정에서 가장 많이 발생하는 가스는 다음 중 어떤 것인가?

① 이산화황
② 이산화탄소
③ 일산화탄소
④ 황화수소

25 로스팅이 진행됨에 따라 나타나는 현상에 대해 잘못 설명하고 있는 것은?

① 로스팅이 진행됨에 따라 쓴맛이 점차 증가한다.
② 지방의 양이 현저하게 줄어든다.
③ 카페인의 양은 크게 변함이 없다.
④ 다공질화 되면서 내부에 이산화탄소가 생성된다.

26 열전달 방식에 따를 로스터기의 분류에 속하지 않는 것은?

① 직화식
② 냉각식
③ 열풍식
④ 반열풍식

27 커피를 단종 별로 각각 로스팅 한 후 혼합하는 블렌딩 방법은?

① Blending with Roasting
② Blending after Roasting
③ Blending before Roasting
④ Blending together Roasting

28 로스팅 방법에 대해 설명한 것 중 맞는 것은?

① 고온 로스팅 : 고온으로 짧은 시간에 로스팅 하는 방법
② 저온 로스팅 : 저온으로 짧은 시간에 로스팅 하는 방법
③ 혼합 로스팅 : 생두를 하나씩 로스팅 한 후 섞는 방법
④ 더블 로스팅 : 한번의 로스팅으로 끝내는 방법

29 커피 아로마와 깊은 관계가 있으면서 로부스타보다 아라비카에 더 많이 들어있는 성분은?

① 지질
② 단백질
③ 무기질
④ 단수화물

30 생두뿐만 아니라 잎에도 소량 존재하며 비교적 열에 안정적이라 로스팅에 따른 소실율이 적고 커피의 쓴맛에 기여하는 알칼로이드 성분은?

① 카페인
② 시트르산
③ 클로로겐산
④ 타타르산

31 로스팅에 따른 성분 변화를 잘못 설명하고 있는 것은?

① 유기산 : 커피의 신맛을 결정하는 성분이지만 아로마와 커피 추출액의 쓴맛에도 관여한다.
② 단백질 : 당과 반응하여 멜라노이딘을 형성하는 카라멜화 반응을 일으킨다.
③ 수분 : 로스팅 시 가장 많이 손실되는 성분이다.
④ 자당 : 원두의 갈색과 향을 형성하는데 큰 영향을 미친다.

32 커피를 마실 때 느껴지는 향기를 무엇이라 부르는가?

① Aroma
② Fragrance
③ Nose
④ Aftertaste

33 풍부하지도 않고 강하지도 않은 향기를 지칭하는 용어는?

① Full
② Rich
③ Rounded
④ Flat

34 Fruity, Herbal, Nut-like 등으로 표현하며 추출한 커피에서 느껴지는 향을 부르는 명칭은?

① Acidity
② Aroma
③ Sweetness
④ Aftertaste

35 커피의 포장 재료가 갖추어야 할 조건이 아닌 것은?

① 방향성
② 차광성
③ 방기성
④ 방습성

36 커피 분쇄에 영향을 미치는 요소가 아닌 것은?

① 로스팅 정도
② 습도
③ 커피의 산지
④ 발열

37 커피의 산패에 대해 바르게 설명하고 있는 것은?

① 부패와 산패는 같은 뜻이다.
② 습도와 결합하여 커피가 썩는 것을 의미한다.
③ 산소가 결합되어야 좋은 맛과 향을 낸다는 의미다.
④ 산패는 공기 중의 산소와 결합되어 산화되는 것을 말한다.

38 분쇄 커피가루가 담긴 물을 통과시켜 커피 성분을 뽑아내는 방식은?

① 여과식
② 침지식
③ 침출식
④ 증발식

39 다음 커피 추출 방법 중 여과식에 해당되지 않는 것은?

① 핸드드립
② 에스프레소
③ 터키식 커피
④ 모카포트

40 다음 중 필터를 사용하지 않는 추출 방식은?

① 사이폰
② 에스프레소
③ 핸드 드립
④ 터키식 커피

41 에스프레소 추출 기준에 대해 틀리게 설명하고 있는 것은?

① 분쇄원두의 양 : $7\pm1g$
② 추출 압력 : $9\pm1bar$
③ 추출 시간 : 20~30초
④ 추출수의 온도 : 80~85℃

42 에스프레소 추출 방법에 대해 잘못 설명하고 있는 것은?

① 90~95℃의 물로 20~30초 정도 추출해 준다.
② 분쇄된 커피를 다지는 행위를 탬핑이라고 한다.
③ 에스프레소는 고농도의 향미 성분을 추출해야 하므로 분쇄도를 가장 굵게 해주어야 한다.
④ 추출수의 압력은 9기압 정도로 분쇄된 커피에 통과시켜 추출한다.

43 에스프레소에 대한 일반적인 기준으로 잘못된 것은?

① 에스프레소의 로스팅 포인트는 이탈리안 로스트이다.
② 추출된 에스프레소의 ph는 5.2 정도다.
③ 추출량은 1온스 정도가 되는 25±5cc 정도다.
④ 에스프레소 추출은 지역이나 머신의 특성, 바리스타에 의해 조금씩 달라질 수 있다.

44 에스프레소 추출을 위해 물이 공급되는 부분으로 포타필터를 장착하는 곳은?

① 그룹헤드
② 디스퍼전 스크린
③ 플로우 미터
④ 펌프모터

45 에스프레소 머신 중 바리스타의 기술에 가장 많이 의존하는 것은?

① 반자동 머신
② 수동 머신
③ 자동 머신
④ 완전 자동 머신

46 에스프레소 머신의 보일러 압력과 펌프 압력의 적정 범위가 맞게 짝지어진 것은?

① 보일러 압력 5~10bar, 펌프 압력 1~1.5bar
② 보일러 압력 8~10bar, 펌프 압력 5~10bar
③ 보일러 압력 8~10bar, 펌프 압력 10~15bar
④ 보일러 압력 1~1.5bar, 펌프 압력 8~10bar

47 에스프레소 머신의 추출 속도에 영향을 미치는 요인이 아닌 것은?

① 커피의 신선도
② 그라인더 회전속도
③ 로스팅 정도
④ 추출압력

48 에스프레소 과다 추출의 원인이 아닌 것은?

① 탬핑의 강도가 너무 강했다.
② 추출수의 온도가 너무 낮았다.
③ 분쇄도가 너무 가늘었다.
④ 원두량이 너무 많았다.

49 에스프레소 과소 추출의 원인이 아닌 것은?

① 원두의 입자가 너무 굵게 분쇄되었다.
② 탬핑이 기준보다 약하게 되었다.
③ 물의 온도가 기준보다 높았다.
④ 추출시간이 너무 짧았다.

50 에스프레소 위에 우유거품을 2~3스푼 올려 에스프레소 잔에 제공하는 메뉴는?

① 에스프레소 마끼아또(Espresso Macchiato)
② 카페 라떼(Café Latte)
③ 카푸치노(Cappuccino)
④ 카페 콘 빠나(Café con Panna)

51 다음 중 차가운 음료에 해당되는 것은?

① 카페 모카(Café Mocha)
② 카페 오레(Café au Lait)
③ 카페 프레도(Café Freddo)
④ 카푸치노 (Cappuccino)

PART 2 :: 실전 모의고사

52 나폴레옹이 즐겨 마셨던 커피메뉴로 브랜디가 들어간 음료는?

① 카페 로얄(Café Royale)
② 카페 오레(Café au Lait)
③ 카페 프레도(Café Freddo)
④ 카푸치노(Cappuccino)

53 우유 전체 질소량의 약 5%를 차지하고 있는 질소화합물은?

① 비단백태질소화합물
② 콜로이드상
③ 리포단백질
④ 펩타이드

54 국내 우유업계에서 가장 많이 사용하는 우유 살균법은?

① 초고온순간 살균법
② 초저온 멸균법
③ 초고온 멸균법
④ 초고온장시간 살균법

55 밀크 스티밍(Milk steaming) 과정에서 우유의 단백질 외에 거품의 안정성에 중요한 역할을 하는 성분은?

① 탄수화물
② 단백질
③ 무기질
④ 지방

56 최초로 커피에서 카페인을 분리한 화학자는?

① 룽게((Friedrich Ferdinand Runge)
② 로셀리우스(Ludwig Roselius)
③ 테니에르(David Teniers II)
④ 아키라(Suzuki Akira)

57 생두의 보관 창고 환경으로 적절한 것은?

① 햇볕이 잘 드는 양지가 좋다.
② 고온다습한 실내 환경이 좋다.
③ 얼리면 오래 보관할 수 있으므로 냉동실에 보관하는 것이 좋다.
④ 다습한 곳을 피하고 상온을 유지시켜 주는 곳이 좋다.

58 식품위생법 상 영업에 종사하지 못하는 질병은?

① 비감염성 결핵
② 독감 바이러스
③ 렙토스피라증
④ 파라티푸스

59 카페에서 음료를 주문 받는 요령에 대해 잘못 설명하고 있는 것은?

① 음식은 미리 조리해야 하므로 커피 주문 전에 주문을 받는다.
② 서빙은 시계 방향으로 여성 고객부터 먼저 받을 수 있도록 한다.
③ 판매하는 메뉴 내용을 완전히 숙지하여 자신이 판매를 리드해 나간다.
④ 주문이 끝나면 주문 내용을 복창·확인하여야 한다.

60 커피를 서비스 하는 원칙에 대해 잘못 설명하고 있는 것은?

① 커피스푼의 손잡이는 고객을 기준으로 오른쪽으로 향하도록 서비스 한다.
② 서빙을 하는 서비스 쟁반(Service tray)은 고객 테이블에 올려놓고 안전하게 서비스 한다.
③ 커피는 고객의 오른쪽에서부터 한다.
④ 커피 서비스는 여성 고객부터 가장 먼저 서비스 한다.

PART

3

실전 모의고사
정답 및 해설

★ 실전 모의고사 1회 정답 및 해설

01 ③	02 ④	03 ④	04 ①	05 ③
06 ③	07 ②	08 ③	09 ④	10 ①
11 ②	12 ③	13 ①	14 ③	15 ①
16 ②	17 ②	18 ④	19 ③	20 ④
21 ①	22 ③	23 ③	24 ①	25 ③
26 ②	27 ③	28 ④	29 ①	30 ①
31 ③	32 ②	33 ④	34 ④	35 ①
36 ①	37 ①	38 ④	39 ①	40 ①
41 ①	42 ③	43 ①	44 ④	45 ④
46 ③	47 ④	48 ①	49 ②	50 ④
51 ④	52 ③	53 ③	54 ①	55 ①
56 ②	57 ③	58 ④	59 ④	60 ①

01 　　　　정답 ③

모하메드가 시름시름 병을 앓고 있을 때 천사 가브리엘이 나타나 빨간 열매를 주며 먹어 보라는 꿈을 꾼 후 커피를 발견하게 되었다는 전설이 모하메드의 전설이다.

02 　　　　정답 ④

커피는 처음에는 열매나 잎을 단순히 씹다가 곧 열매와 잎을 뜨거운 물로 우려 연한 차로 마시게 되었다. 열매를 으깬 다음 동물의 지방과 섞어 식량으로 삼거나 커피체리의 껍질을 약하게 볶아 단맛이 나는 음료로 즐기기도 했다. 16세기경 누군가가 커피를 볶은 다음 분쇄하여 물을 부어 마시게 되면서 비로소 음료로 즐기게 되었다.

03 　　　　정답 ④

카네포라는 커피를 학명으로 분류하는 방법 중 하나에 해당된다. 아라비카, 카네포라(로부스타), 리베리카 등으로 분류한다.

04 　　　　정답 ①

커피는 쌍떡잎식물이다.

05 　　　　정답 ③

얇은 껍질은 실버스킨, 생두의 홈은 센터컷이라 부른다.

06 　　　　정답 ③

아라비카종은 자가수분, 로부스타종은 타가수분을 한다.

07 　　　　정답 ②

아라비카의 재배지역은 연평균 기온이 15~24℃ 정도로 기온이 30℃를 넘거나 5℃ 이하로 내려가지 않아야 하고, 서리가 내리지 않아야 한다. 또한 강한 바람이 불지 않아야 하고 우기와 건기가 뚜렷해야 한다. 아라비카의 적정 강우량은 1,500~2,000mm 정도이며 아라비카가 로부스타에 비해 가뭄을 더 잘 견딘다.

08 　　　　정답 ③

직파는 구덩이에 3~5개의 커피 씨앗을 직접 심는 방법을 말하는데 잘 사용하지 않는다. 묘포에서 묘목을 기르고 어느 정도 자라면 재배지에 이식하는 방법을 가장 많이 사용하며, 이 외에도 접목이나 꺾꽂이, 시험관 등의 무성생식도 가능하다.

09 　　　　정답 ④

브라질은 저지대에서 대량으로 커피를 많이 재배하기 때문에 그늘 재배 방법을 사용할 수 없다.

10 　　　　정답 ①

핸드피킹은 잘 익은 체리만을 골라 수확하는 방법을 말한다.

11 　　　　정답 ②

아프리카 국가 중 습식법과 건식법을 동시에 하는 나라는 에티오피아이다.

12 　　　　정답 ③

폴리싱 과정에 대한 설명이다.

13 　　　　정답 ①

프라이머리 디펙트는 단 한 개도 허용되지 않는다.

14 　　　　정답 ③

결점두는 생두의 재배, 수확, 가공, 보관 등의 과정에 걸쳐 발생할 수 있다.

15 　　　　정답 ①

서리가 내리면 커피나무는 치명상을 입는다. 생두는 햇볕이 잘 들지 않고 습도가 적절히 낮은 곳에 보관하여야 한다. 원두를 산패시키는 가장 큰 요소는 산소이다.

16 　　　　정답 ②

에티오피아는 건식법과 습식법을 함께 사용한다. 다른 커피에서 찾아보기 힘든 특유의 향과 독특한 플레이버로 인해 많은 사랑을 받고 있다. 이가체페(Yirgarcheffe) 커피가 대표적이며 짐마(Djimmah), 시다모(Sidamo), 코케(Koke), 리무(Limu) 등이 있다.

17　정답 ②

과테말라, 탄자니아에서는 로부스타 커피가 소량 생산된다.

18　정답 ④

알투라는 멕시코의 대표적인 커피이다.

19　정답 ③

로스팅 과정은 건조→열분해→냉각의 세 단계로 이루어진다.

20　정답 ④

생두 안에 있던 수분이 가장 많이 감소한다.

21　정답 ①

강하게 로스팅 되는 이탈리안 로스트에서 원두의 지방이 스며 나온다.

22　정답 ③

열을 많이 주어 짧게 볶아내는 방법을 고온–단시간 로스팅이라 한다.

23　정답 ③

댐퍼(Damper)를 열고 닫음으로써 드럼 내부의 공기 흐름과 열량을 조절한다.

24　정답 ③

로스팅의 열전달 방법은 전도, 대류, 복사이다.

25　정답 ③

커피에 함유되어 있는 무기질 중 칼륨이 약 40%로 가장 많고, 그 밖에 인(P), 칼슘(Ca), 망간(Mn), 나트륨(Na) 등이 존재한다.

26　정답 ②

카페인은 생두와 나뭇잎에만 존재한다.

27　정답 ③

커피의 경우 열에 의한 비효소적 갈변반응이다.

28　정답 ④

갈변반응에 의해 생성되는 향기의 종류는 Nutty, Caramelly, Chocolaty 세 가지다.

29　정답 ①

누즈는 마실 때 느껴지는 향기 애프터테이스트는 마시고 난 다음 입 뒤쪽에서 느껴지는 향기를 말한다.

30　정답 ①

쓴맛은 단맛, 신맛, 짠맛의 강도를 왜곡시키는 역할을 한다.

31　정답 ③

물이 분쇄된 입자 속으로 스며들어 가용성 성분을 용해하고, 용해된 성분들은 커피입자 밖으로 용출되는 과정을 거치며 마지막으로 용출된 성분을 물을 이용해 뽑아내는 과정을 통해 추출이 이루어진다.

32　정답 ②

질소 가압 포장은 캔과 같은 금속용기에 질소를 가압하여 포장하는 방법으로 가장 긴 것으로 알려져 있다.

33　정답 ④

추출 수율이 18~22%, 물의 온도가 높을수록 커피의 농도가 진하고, 추출하는 도구에 따라 분쇄도를 다르게 해주어야 한다.

34　정답 ④

리브가 촘촘하고 높을수록 커피액이 아래로 잘 빠져 나간다.

35　정답 ①

프렌치프레스는 침지식이며 나머지는 여과식이다.

36　정답 ①

공기를 원활히 배출하게 하는 역할을 하고 길이가 길고 촘촘할수록 배출이 잘된다.

37　정답 ①

바리스타는 '바 안에 있는 사람' 이라는 뜻으로 바 맨(Bar man)을 의미한다. 완벽한 에스프레소 추출과 좋은 원두의 선택, 커피 머신의 완벽한 활용, 고객의 입맛에 최대한 만족을 주기 위한 능력을 겸비해야 한다.

38　정답 ④

에스프레소 추출수는 90~95℃ 정도로 높은 온도여야 한다.

39　정답 ①

Ph는 감소하고 밀도는 증가한다.

40　정답 ①

수동식 머신은 사람의 힘에 의해 피스톤을 작동시킨다.

41　정답 ①

진공방식 → 증기압 방식 → 피스톤 방식 → 전동펌프 방식 순으로 발전해 왔다.

42　정답 ②

블라인드 필터를 사용해 그룹헤드를 청소한다.

43　정답 ①

크레마는 영어의 Cream에 해당하며 에스프레소 커피를 다른 방식의 커피와 구분 짓는 특성이며 밝은 갈색이나 붉은 빛이 도는 황금색을 띠어야 하고 커피양의 10% 이상은 되어야 한다.

44　정답 ③

도징, 태핑, 탬핑이 패킹의 과정이다.

45　정답 ④

쓴맛은 부드럽게 끝나야 좋은 에스프레소 맛이다.

46　정답 ③

도피오는 통상 Two shot 이나 Double shot 이라고도 한다.

47　정답 ④

Coffee with cream 이라는 뜻의 카페 콘 빠나에 대한 설명이다.

48　정답 ①

오스트리아의 명칭은 아인슈패너이지만, 우리나라에서는 비엔나 커피라 불린다.

49　정답 ②

우유의 단백질은 약 80%가 카세인으로 그 밖에 락토알부민, 락토글로불린 등의 유청 단백질도 있다.

50　정답 ④

나트륨, 칼륨 및 염소는 거의 완전한 용액으로서 일부분은 현탁액의 형태로 존재한다. 인은 인단백질(카세인), 인지질, 유기인산에스테르 등의 구성분 형태로 되어있다. 또 칼슘은 카세인과 결합한 형태로서도 존재한다. 무지질 중에서는 칼슘과 인이 가장 중요하다.

51　정답 ④

스팀피쳐의 재질은 주로 스테인레스를 많이 사용한다.

52　정답 ③

음식물, 음료수, 식기, 손 등을 통하여 경구로 침입하여 감염되는 병을 경구전염병이라 한다. 극히 미량의 균으로도 감염이 이루어지며 2차 감염도 발생할 수 있다.

53　정답 ③

탄산가스 추출법이라고도 불리는 초임계 추출법에 대한 설명이다.

54　정답 ①

1903년 독일의 로셀리우스가 상업적 규모의 카페인 제거 기술을 개발함에 따라 비로소 디카페인 커피가 탄생했다.

55　정답 ①

강한 향수나 짙은 화장, 화려한 장신구는 피하는 것이 좋다.

56　정답 ②

단골고객일 경우 이름이나 직함을 불러줌으로써 친밀감을 갖도록 한다.

57　정답 ③

전기 화재의 경우 물을 뿌리면 감전의 위험이 있으므로 분말소화기를 사용하여 화재를 진압한다.

58　정답 ④

센터 컷(Center cut)은 생두 가운데 나있는 S자 형태의 홈을 말한다. 커피체리에 생두가 단 한 개 들어 있는 것은 피베리(Peaberry)라 부른다.

59　정답 ④

실질적인 로스팅이 진행되는 과정으로 열분해 반응을 통해 커피의 맛과 향을 내는 여러 물질들이 생성되고 캐러멜화(Caramelization)에 의해 색깔은 점차 짙은 갈색으로 변화한다.

60　정답 ①

에어로프레스는 추출이 신속하게 이루어지며 휴대가 가능하여 장소에 구애받지 않고 사용할 수 있다.

★ **실전 모의고사 2회** 정답 및 해설

01 ②	02 ②	03 ④	04 ③	05 ②
06 ④	07 ④	08 ④	09 ④	10 ①
11 ③	12 ③	13 ①	14 ③	15 ②
16 ①	17 ①	18 ④	19 ③	20 ①
21 ④	22 ②	23 ③	24 ④	25 ③
26 ①	27 ④	28 ③	29 ②	30 ④
31 ③	32 ①	33 ③	34 ②	35 ④
36 ①	37 ③	38 ④	39 ④	40 ③
41 ③	42 ②	43 ④	44 ④	45 ③
46 ③	47 ③	48 ①	49 ②	50 ①
51 ④	52 ②	53 ③	54 ④	55 ②
56 ④	57 ③	58 ④	59 ①	60 ④

01 정답 ②

목동 칼디의 전설과 사제 오마르의 전설로 에티오피아에서 발견된 커피는 수세기에 걸쳐 세계 각처로 널리 전파 되었다.

02 정답 ②

1896년 아관파천으로 인해 러시아 공사관으로 피신했던 고종황제가 러시아 공사 웨베르를 통해 커피를 접하고 즐겨 마시게 되었다.

03 정답 ④

자연 지식의 향상을 위한 런던 왕립학회(The Royal Society of London for the Improvement of Natural Knowledge)는 1660년 창립된 지식인 및 학자들의 모임이다. 왕립협회(王立協會)라고도 한다.

04 정답 ③

커피나무의 경제적 수명은 20~30년이며, 꽃잎은 아라비카와 로부스타가 5장, 리베리카는 7~9장이다.

05 정답 ②

그린 빈(Green bean)은 커피생두를 일컫는 용어다. 원두를 분쇄한 것을 그라운드 빈(Ground bean)이라 부른다.

06 정답 ④

마라고지페는 브라질에서 발견된 티피카의 돌연변이종으로 다른 아라비카에 비해 잎, 체리, 생두가 모두 커서 코끼리 콩으로 불린다. 브라질, 멕시코, 니카라과 등지에서 재배된다.

07 정답 ④

커피 열매는 중과피가 육질이고 내과피가 단단하며 그 안에 씨앗이 들어있는 핵과에 해당한다.

08 정답 ④

아라비카는 800~2,000m의 고지대, 로부스타는 700m 이하의 낮은 지대에서 재배가 이루어진다. 고지대에서 생산된 커피일수록 밀도가 높으며 향이 풍부하고 맛이 좋고 더 진한 청록색을 띤다.

09 정답 ④

컵 오브 엑셀런스(Cup of Excellence)에 대한 설명이다.

10 정답 ①

②는 테라로사(Terra rossa), ③은 라테라이트(Laterite), ④는 레구르 토(Regur soil)에 대한 설명이다.

11 정답 ③

지나치게 햇볕이 강하면 커피나무가 시들어 좋지 않은 영향을 준다.

12 정답 ③

덜 익은 커피도 함께 수확이 되기 때문에 품질이 균일하지 않다.

13 정답 ①

건식법에 대한 설명이다. 또한 건식법으로 생산된 커피를 내추럴 커피(Natural coffee)라 한다.

14 정답 ③

유기농은 향미와 밀접한 관련이 없고, 건조시간은 생두의 함수율이 12% 정도가 될 때까지만 한다. 건식법에서는 펄핑 과정을 거치지 않는다.

15 정답 ②

과테말라와 코스타리카는 SHB(Strictly Hard Bean) 등급이 최상 등급이다.

16 정답 ①

뉴 크롭은 13% 이하여야 한다.

17 정답 ①

품종은 좋은 생두의 조건에 해당되지 않는다.

18 정답 ④

1년 이내의 생두를 뉴 크롭, 1~2년 사이의 생두를 패스트 크롭, 2년 이상 된 생두를 올드 크롭이라고 한다.

19 정답 ③

콜롬비아의 주요 산지는 마니살레스(Manizales), 아르메니아(Armenia), 메데인(Medellin), 산타마르타(Santa Marta), 부카라망가(Bucaramanga) 등이다.

20 정답 ①

호주는 북부 지역에서, 중국은 윈난성 지역에서 커피가 생산되고 있다. 대만은 서부 산악지역에서 커피가 생산된다.

21 정답 ④

남아메리카가 생산량이 가장 많고, 아라비카 커피는 전체 생산량의 60%를 차지한다. 브라질이 커피생산량 1위로 전체 생산량의 30%를 차지한다.

22 정답 ②

건조 단계는 커피콩 내부의 수분이 증발하는 초기 단계를 말한다.

23 정답 ③

로스팅이 강할수록 원두 표면의 색상이 어두워 L값이 감소한다.

24 정답 ②

로스팅이 강해질수록 쓴맛이 강해지고, 바디감과 향은 다크로스트가 되면 감소한다.

25 정답 ③

1차 크랙은 수분, 2차 크랙은 이산화탄소에 의해 발생한다.

26 정답 ①

커피콩에 열을 전달하는 방식은 전도, 대류, 복사가 있다.

27 정답 ④

직화식은 전도열, 반열풍식은 전도열과 대류열, 열풍식은 대류열을 사용한다.

28 정답 ③

블렌딩은 서로 다른 커피를 혼합하여 새로운 특성의 커피를 만드는 것이다.

29 정답 ②

당류 중 가장 많은 자당(Sucrose)은 갈변반응을 통해 원두가 갈색을 띄게 하고, 플레이버와 아로마 물질을 형성하며 로스팅 후 대부분 소실된다.

30 정답 ④

커피 안에 들어 있는 지질은 대부분 트리글리세이드 형태이며 그 밖에 지방산, 디테르펜, 토코페롤, 스테롤 등으로 존재한다.

31 정답 ③

칼륨이 가장 많은 비중을 차지한다.

32 정답 ①

커피 플레이버의 관능평가에 해당하는 것은 후각, 미각, 촉각이 있다.

33 정답 ③

커피의 네 가지 기본 맛은 신맛, 단맛, 쓴맛, 짠맛이다.

34 정답 ②

로스팅 정도는 라이트에서 라이트 미디엄 사이가 되도록 하며 이는 SCA 로스트 타일 #55에 해당하는 수치다.

35 정답 ④

미분은 좋지 않은 맛의 원인이 되므로 되도록 발생하지 않도록 한다.

36 정답 ①

커피를 마실 때 가장 향기롭고 맛있게 느껴지는 온도는 65~70℃이다.

37 정답 ④

물이 침투하고 고형성분을 용해한 다음 분리해 추출한다.

38 정답 ④

케멕스는 드리퍼와 서버가 하나로 연결된 일체형으로 리브가 없어 이 역할을 하는 공기 통로를 설치하였다. 물 빠짐이 페이퍼 드립에 비해 좋지 않다.

39 정답 ④

체츠베로 추출하는 터키식 커피에 대한 설명이다.

40 정답 ③

융은 커피가루의 팽창이 원활하여 뜸 들이는 효과를 충분히 얻을 수 있다.

41 정답 ③

에스프레소 추출시간은 20~30초이다.

42 정답 ③

에스프레소(Espresso)는 빠르게 추출한다는 의미로 수용성 성분 외에 비수용성 성분도 함께 추출해 내는 추출법이다.

43 정답 ④

9~10bar로 가해지는 압력 때문에 크레마가 생성된다.

44 정답 ③

1946년 가지아(Gaggia)가 상업적인 피스톤 방식의 머신을 개발하였다. 1960년 페이마 E61이 탄생했는데, 이 기계는 전동펌프에 의해 뜨거운 물을 커피로 보내는 것을 가능하게 하였으며 열교환기를 채택하여 에스프레소 머신의 크기가 더욱 작아지는 계기가 되었다.

45 정답 ③

플로우 미터가 고장 나면 커피 추출 물량이 제대로 조절되지 않는다.

46 정답 ③

휘핑가스는 질소를 많이 사용한다.

47　　　　　　　　　　　정답 ③

데미타세의 용량은 일반 컵의 반 정도인 60~70ml 정도이고, 재질은 도기이며 일반 컵에 비해 두꺼워 커피가 빨리 식지 않도록 하였다. 안쪽은 둥근 U자 형태로 에스프레소를 직접 받을 때 튀어나가지 않도록 설계 되었으며 잔 외부의 색깔은 다양하지만 내부는 보통 흰색이다.

48　　　　　　　　　　　정답 ①

에스프레소 추출은 90~95℃의 물로 9기압의 압력을 이용해 20~30초 사이에 1oz양의 커피를 추출해 내는 것을 말한다.

49　　　　　　　　　　　정답 ②

패킹은 커피원두를 분쇄해서 담는 과정이므로 커피 분쇄가 먼저 이루어져야 한다.

50　　　　　　　　　　　정답 ①

추출 시간을 짧게 하여 양이 적은 진한 에스프레소를 추출하는 것을 리스트레또라고 한다.

51　　　　　　　　　　　정답 ④

카페오레는 일반적으로 에스프레소와 거품우유를 사용하여 만들기도 한다.

52　　　　　　　　　　　정답 ②

베리에이션은 우유나 크림이 첨가된 메뉴를 말한다.

53　　　　　　　　　　　정답 ③

탈지유에 대응하는 용어로서 지방을 제거하지 않은 원래의 우유를 전유(Whole milk)라고 한다.

54　　　　　　　　　　　정답 ④

리포단백질에 의하여 우유의 유탁질을 안정화시키고 유화제와 같은 역할을 한다.

55　　　　　　　　　　　정답 ②

베타-락토글로불린은 가열에 의해 변형되기 쉬운 물질이다.

56　　　　　　　　　　　정답 ④

살균력이 강한 2,537 Å의 자외선을 인공적으로 방출시켜 소독하는 것으로 거의 모든 균종에 대해 효과가 있다. 살균력은 균 종류에 따라 다르고 같은 세균이라 하더라도 조도, 습도, 거리에 따라 효과에 차이가 있다.

57　　　　　　　　　　　정답 ③

심장의 수축력과 심장박동 수를 증가 시키고, 이뇨작용을 촉진한다.

58　　　　　　　　　　　정답 ④

인삼차나 홍삼차는 다류에 속하지 않고 인삼류에 속한다.

59　　　　　　　　　　　정답 ①

좌석이 만석인 경우 예상 시간을 말씀 드린 후 순서에 따라 좌석을 배정한다.

60　　　　　　　　　　　정답 ④

화재장소에서 진화가 안 될 경우 안내에 따라 외부로 질서 있게 대피한다.

01 ②	02 ②	03 ②	04 ①	05 ③
06 ②	07 ②	08 ③	09 ①	10 ②
11 ④	12 ①	13 ④	14 ②	15 ③
16 ①	17 ①	18 ④	19 ①	20 ④
21 ④	22 ①	23 ③	24 ②	25 ②
26 ②	27 ②	28 ①	29 ①	30 ①
31 ②	32 ③	33 ③	34 ②	35 ①
36 ③	37 ④	38 ①	39 ③	40 ④
41 ④	42 ③	43 ①	44 ①	45 ②
46 ④	47 ②	48 ②	49 ③	50 ①
51 ③	52 ①	53 ①	54 ①	55 ⑤
56 ①	57 ④	58 ④	59 ①	60 ②

01　　　　　　　　　　　　정답 ②

이슬람의 수도사인 알리 이븐 오마르는 그의 스승인 알 샤드힐리의 명으로 모카로 갔다. 그 지역에 역병이 돌아 기도로 많은 사람을 치료했는데 그 지역 영주의 딸을 치료하며 같이 밤을 보내게 되었고, 이 사건을 빌미로 추방당하게 된다. 추방된 후 방황의 길에 들어선 오마르는 우자프 산속에서 새가 먹던 커피나무를 발견하고 그도 커피 열매를 먹고 힘이 솟는걸 느껴 커피나무를 발견하게 되었다는 전설이다.

02　　　　　　　　　　　　정답 ②

커피의 어원은 에티오피아 짐마의 옛 이름 Kaffa에서 유래 되었다는 설과 아라비아에서 와인을 뜻하는 Qahwah에서 유래 되었다는 설이 있다. 이 중 Qahwah는 오스만 투르크어 kahve로 흘러 들어갔고, 거기서 유럽인들이 그들의 언어로 차입해 갔다.

03　　　　　　　　　　　　정답 ②

1671년 프랑스 최초의 커피하우스가 마르세유에서 개장했으며, 1686년 파리 최초의 커피하우스 '프로코프'가 콜텔리에 의해 문을 열었다.

04　　　　　　　　　　　　정답 ①

커피는 다년생 쌍떡잎식물이다.

05　　　　　　　　　　　　정답 ③

아라비카의 염색체 수가 44개(4배체), 로부스터의 염색체 수가 22개(2배체)이다.

06　　　　　　　　　　　　정답 ②

인도네시아 Washed Indonesian Bean은 로부스타종이다.

07　　　　　　　　　　　　정답 ②

안쪽부터 순서대로 나열한 것은 생두 〉 실버스킨 〉 파치먼트 〉 점액질 〉 펄프 〉 겉껍질 이다.

08　　　　　　　　　　　　정답 ③

세계지도를 펼쳐 생산 국가를 살펴보면 벨트 모양처럼 가로로 위치하고 있다고 하여 이를 커피 벨트 또는 커피 존이라 부른다.

09　　　　　　　　　　　　정답 ①

커피재배에 적합한 대기 습도 수준은 아라비카종이 60%, 로부스타종이 70~75%이다.

10　　　　　　　　　　　　정답 ②

지속가능 커피에 대한 설명이다.

11　　　　　　　　　　　　정답 ④

햇볕이 강한 시간에 물주기는 삼가 해야 한다.

12　　　　　　　　　　　　정답 ①

나무 키와 폭에 따라 조절이 가능한 기계를 사용하지만 나무의 키를 일정하게 맞춰야 생산성이 증대된다. 브라질에서 처음 개발되어 사용되기 시작했으며, 브라질 세하도(Cerrado) 지역처럼 경작지가 편평하고 커피나무 줄 사이의 간격이 넓은 지역에 적합하다.

13　　　　　　　　　　　　정답 ④

습식법으로 가공된 커피는 신맛과 좋은 향이 특징이다.

14　　　　　　　　　　　　정답 ②

워시드 커피의 껍질을 벗겨내는 것을 헐링, 내추럴 커피의 체리 껍질을 벗겨내는 것을 허스킹이라 한다.

15　　　　　　　　　　　　정답 ③

생두가 여러 가지 이유로 손상된 것을 결점두라 한다. 브라질, 인도네시아, 에티오피아 등의 국가는 결점두를 점수로 환산하여 등급을 분류한다. 브라질은 No.2~8, 인도네시아는 Grade 1~6 등급을 사용하고 있다.

16　　　　　　　　　　　　정답 ①

- Hull/Husk : 잘못된 탈곡이나 선별과정에서 발생
- Dried Cherry/Pods : 잘못된 펄핑이나 탈곡에서 발생
- Fungus Damaged : 보관 상태에서 곰팡이 발생

17　　　　　　　　　　　　정답 ①

프라이머리 디펙트는 단 한 개도 허용되지 않는다.

18　　　　　　　　　　　　정답 ④

산토스라는 명칭은 대표적인 수출항구 명칭이며, 브라질은 결점수에 의한 등급(No.2~6)을 사용한다.

19　　　　　　　　　　　　정답 ①

세계 최대 커피생산국은 브라질이다.

20　정답 ④

엘살바도르의 주요 생산지역은 서쪽의 아파네카-이라마테팩 (Apaneca-Ilamatepec) 산악지대로 산타아나(Santa ana), 손소나테(Sonsonate), 아우아차판(Ahuachapan) 주에 걸쳐져 있으며 엘살바도르 커피의 약 60%를 생산하는 최대 지역이다.

21　정답 ④

커피 생산국마다 수확 기준 일자가 달라 통계자료에 혼동이 있을 수 있으므로 10월 1일을 기준으로 정했다.

22　정답 ①

생두에 열을 가해 로스팅이 되면 복잡한 물리/화학적 과정이 연속적으로 일어나 커피의 색깔이 변화하고 맛, 향기 성분이 새롭게 형성되며 커피콩은 건조해져서 부서지기 쉬운 구조로 변한다.

23　정답 ③

2차 크랙은 가스의 압력과 결합하여 목질조직의 파괴가 일어나며 발생한다.

24　정답 ②

커피를 로스팅할 때 가장 많이 발생되는 가스는 이산화탄소이다.

25　정답 ②

로스팅이 진행됨에 따라 지방의 양이 증가해 원두표면으로 스며 나온다.

26　정답 ②

로스팅 머신은 열전달 방식에 따라 직화식, 열풍식, 반열풍식으로 나뉜다.

27　정답 ②

각각의 커피콩을 로스팅 해서 섞는 방법을 Blending after Roasting이라 한다.

28　정답 ①

저온 로스팅은 저온으로 긴 시간에 걸쳐 로스팅 하는 방법이다. 혼합로스팅은 생두를 섞어 한 번에 로스팅 하는 방법을 말한다. 더블 로스팅은 두 번에 걸쳐서 하는 방법이다.

29　정답 ①

지질은 생두 내부뿐만 아니라 표면에도 왁스 형태로 소량 존재하며 열에 안정적이어서 로스팅에 따라 큰 변화를 보이지 않는다.

30　정답 ①

카페인은 승화온도가 178℃로 비교적 열에 안정적이다. 로스팅을 하면 일부가 승화되어 소실되지만 로스팅에 따른 중량 손실로 인해 원두에서 차지하는 비중은 큰 변화를 보이지 않는다. 카페인의 쓴맛은 전체 커피 쓴맛의 10% 정도이다.

31　정답 ②

단백질 중 유리아미노산은 로스팅이 진행되면서 소실이 되고 단당류와 반응하여 멜라노이딘(Melanoidin)과 향기 성분으로 변한다.

32　정답 ③

노즈(Nose)는 커피를 마실 때 느껴지는 향기를 말하며 Candy, Syrup이 여기에 해당된다.

33　정답 ③

풍부하지도 않고 강하지도 않은 향기(Not full & strong)는 Rounded라 부른다.

34　정답 ②

추출한 커피에서 느껴지는 향으로 분자량이 적고 휘발성이 강한 향을 지칭하는 용어는 Aroma이고, 분쇄된 커피에서 느껴지는 향은 Fragrance 이다.

35　정답 ①

방향이 아니라 향기를 보호하는 보향성을 갖추고 있어야 한다.

36　정답 ③

커피의 산지는 큰 영향이 없다.

37　정답 ④

공기 중의 산소와 결합되어 맛과 향이 변화하는 것을 말한다.

38　정답 ①

여과식(투과식)은 침지식에 비해 깔끔한 커피가 추출된다. 드립식 추출, 모카포트 등이 여기에 해당된다.

39　정답 ③

터키식 커피는 침출식에 해당된다.

40　정답 ④

터키식 커피는 달임방식으로 추출한다.

41　정답 ④

추출수의 온도는 90~95℃ 이다.

42　정답 ③

에스프레소는 분쇄도를 가장 가늘게 쓰는 추출 방법 중 하나이다.

43　정답 ①

로스팅 포인트를 꼭 이탈리안 로스트로 할 필요는 없다.

44　정답 ①

물이 공급되는 부분은 그룹헤드라 불리는 곳이다.

45   정답 ②

수동머신은 추출 압력이 바리스타의 기술에 의해 좌우된다.

46   정답 ④

온도를 확인할 수 있는 보일러의 압력은 1~1.5bar, 추출을 확인할 수 있는 펌프 압력은 8~10bar 이다.

47   정답 ②

그라인더의 회전속도 보다는 칼날의 간격이나 칼날의 모양이 영향을 미친다.

48   정답 ②

추출수의 온도가 낮을 경우 과소 추출이 된다.

49   정답 ③

물의 온도가 높으면 과다 추출이 일어난다.

50   정답 ①

마끼아또는 '점', '얼룩'을 의미하며 에스프레소 위에 우유거품을 올린 메뉴를 말한다.

51   정답 ③

프레도는 차갑다는 의미의 이탈리아어이다.

52   정답 ①

브랜디를 이용하여 환상적인 연출이 가능한 메뉴는 카페로얄이다.

53   정답 ①

비단백태질소화합물은 단백질 이외의 질소화합물이다.

54   정답 ①

초고온순간 살균법으로 3~5초 동안 살균 한다.

55   정답 ④

거품의 안정성에 중요한 역할을 하는 것은 지방이다.

56   정답 ①

1819년 독일의 화학자 룽게가 최초로 커피에서 카페인을 분리하였다. 이후 1903년 독일의 로셀리우스가 상업적 규모의 카페인 제거 기술을 개발함에 따라 비로소 디카페인 커피가 탄생하였다.

57   정답 ④

적정온도와 적정습도가 유지되어야 한다.

58   정답 ④

파라티푸스는 파라티푸스균(Salmonella paratyphi) A, B, C에 감염되어 발생하며 전신의 감염증 또는 위장염의 형태로 나타나는 감염성 질환이다. 격리가 필요한 질병이기 때문에 영업에 종사하지 못한다.

59   정답 ①

커피주문을 먼저 받고 음식 주문을 받는다.

60   정답 ②

서비스 쟁반은 한 손으로 받치고 안전하게 서비스 하여야 한다.

PART

4

시험장까지 함께 가는
핵심 요약

SECTION 1 | **커피의 발견과 전파**

1. **커피의 발견 :** 칼디의 전설, 오마르의 전설, 모하메드의 전설

2. **커피의 원산지 :** 아라비카 – 에티오피아, 로부스타 – 콩고

3. **칼디의 전설 :** 에티오피아의 칼디라는 목동이 자기가 기르던 염소들이 낮에 어떤 빨간 열매를 먹고 흥분한 모습을 보고 커피를 발견하였다.

4. **오마르의 전설 :** 우자프 산속에서 새가 빨간 열매를 따먹는 것을 보고 이 열매를 이용해 역병을 치료하고 커피를 발견하게 되었다.

5. **모하메드의 전설 :** 모하메드가 시름시름 병을 앓고 있을 때 천사 가브리엘이 나타나 빨간 열매를 주며 먹어 보라는 꿈을 꾼 후 커피를 발견하게 되었다.

6. 커피 씨앗인 생두를 볶아 음료로 마시게 된 시기는 16세기

7. 오스만투르크 제국에 커피가 전해진 시기는 셀림1세 때

8. **Qahwah :** 커피의 어원이 된 이슬람어

9. **베니스 :** 유럽 최초로 커피가 전파된 도시

10. **클레멘트8세 :** 커피에 세례를 주어 커피를 유럽 전 지역에서 즐길 수 있도록한 교황

11. **카페 드 프로코프(Café de Procope) :** 파리 최초의 커피하우스

12. **파스콰 로제(Pasqua Rosee) :** 런던 최초의 커피하우스를 만든 사람

13. **로이드(Lloyd) :** 17세기 영국 런던의 타워스트릿에 위치한 커피하우스에서 시작된 보험사

14. **게오르그 콜쉬스키(Georg Franz Ko;schizky)** : 오스트리아 비엔나에 1683년 최초로 커피하우스를 설립한 사람

15. **보스턴 차 사건 :** 미국이 차 문화에서 커피 문화로 전환하게 된 결정적인 사건

16. **커트리지 커피하우스(Gutteridge coffeehouse)** : 1691년 보스턴에 개장한 미국 최초의 커피하우스

17. **고종황제 :** 역사적인 기록상 우리나라에서 커피를 처음 접한 인물

18. 카페 드 프로코프 – 1686년, 로이드 커피하우스 – 1688년, 더 킹스 암스 – 1696년, 카페 플로리안 – 1720년 개업

19. **정관헌 :** 고종이 서양식 건물을 짓고 커피를 즐기던 곳

20. **양탕국(洋湯麴) :** 구한말 서민들이 부르던 커피의 명칭

21. **손탁호텔 :** 우리나라 최초의 커피하우스가 설립된 곳

22. **모카(Mocha) :** 예멘의 커피 수출 항구의 명칭

23. **바바 부단(Baba Budan) :** 아시아에 커피를 처음 전파한 인물

24. **네델란드 :** 1616년 예멘의 모카에서 커피 묘목을 밀반출하여 암스테르담 식물원에서 재배하다 1658년 실론과 1696년 자바에 커피를 재배하기 시작한 나라

25. **발자크(Balzac) :** 프랑스의 대문호로 '인간희극' 등의 대작을 남긴 작가인데 매일 12시간 동안 80잔의 커피를 마시면서 글을 썼다.

26. **바흐(Bach) :** '커피 칸타타'라는 성악곡을 작곡한 음악가

27. 커피를 학명으로 분류하면 아라비카, 카네포라(로부스타), 리베리카이다.

28. **로얄 소사이어티(The Royal Society)** : 영국에 존재하는 사교클럽 중 가장 오래된 역사를 자랑하며 옥스포드 타운의 커피하우스에서 결성됨

29. **프란치스코 드 멜로 팔헤타(Francisco de Mello Palheta)** : 브라질에 커피를 처음 전파한 인물

30. **가브리엘 드 클리외(Garbriel de Cleieu)** : 프랑스 왕립식물원에 있던 커피 묘목을 구해 마르티니크(Martinique)에 심어 중남미 전역에 커피 재배가 가능하도록 가교역할을 한 인물

SECTION 2 | 커피의 품종과 특성

1. **커피나무의 특성** : 다년생 쌍떡잎식물, 열대성 상록수이며 자연 상태에서는 10m 이상 자람, 심은 후 3년이 지나면 첫 수확이 가능, 잎은 타원형이고 두꺼우며 잎 표면은 짙은 녹색으로 광택이 있음

2. 커피나무의 경제적 수명은 20~30년이며, 꽃잎은 아라비카와 로부스타가 5장, 리베리카는 7~9장

3. **커피열매의 구조**

• **겉껍질(Outer skin)** : 체리를 감싸고 있는 맨 바깥의 껍질로 외과피

• **펄프(Pulp)** : 단맛이 나는 과육으로 중과피

• **파치먼트(Parchmont)** : 생두를 감싸고 있는 딱딱한 껍질로 점액질에 싸여 있으며 내과피

• **실버스킨(Silver skin)** : 파치먼트 안에 생두를 감싸고 있는 얇은 반투명의 껍질

4. **커피체리**

• **센터컷(Center cut)** : 생두 가운데 나있는 S자 형태의 홈

• **피베리(Peaberry)** : 커피체리에 생두가 단 한개 들어 있는 것

5. **커피의 3대 원종** : 아라비카(Coffea Arabica), 카네포라(Coffea Canephora), 리베리카(Coffea Liberica)

6. **커피의 원종**

• **아라비카종** : 열대, 아열대의 고지대에서 주로 재배, 질병과 기후에 민감, 향과 맛이 뛰어남

• **로부스타종** : 무덥고 습도가 높은 열대지역의 저지대에서 재배, 질병과 기후에 강함

• **리베리카종** : 아프리카 리베리아가 원산지, 아프리카 서부, 아시아 일부지역에서만 재배

7. **아라비카 vs 로부스타**

구분	아라비카	로부스타
원산지	에티오피아	콩고
분류등록	1753년	1895년
염색체 수	44개(4배체)	22개(2배체)
번식	자가수분	타가수분
재배기온	15~24℃	24~30℃
적정 강수량	1,500~2,000mm	2,000~3,000mm
체리숙성 기간	6~9개월	9~11개월
재배고도	800~2,000m	700m 이하

8. **아라비카의 주요 품종**

• **티피카(Typica)** : 아라비카 원종에 가장 가까운 품종으로 콩은 긴 편이고 좋은 향과 신맛을 가지고 있으나 녹병에 취약하고 격년생산으로 생산성이 낮다.

• **버번(Burbon)** : 부르봉 섬에서 발견된 돌연변이종으로 콩은 작고 둥근편이며 수확량은 티피카보다 20~30% 많다.

- **문도노보(Mundo Novo)** : 버번과 티피카의 자연 교배종으로 1950년 브라질에서 재배되기 시작하였다. 환경 적응력이 좋으나 나무의 키가 큰 단점을 가지고 있다.

- **카투라(Caturra)** : 버번의 돌연변이 종으로 콩의 크기는 소형이고 녹병에 강하며 나무의 키는 작고 수확량은 많은 편이다.

- **카투아이(Catuai)** : 문도노보와 카투라의 인공 교배종으로 나무의 키가 작고 생산성이 높다. 병충해와 강풍에 강하며 매년 생산이 가능하나 생산기간이 타 품종에 비해 10여년 정도 짧은 단점을 가지고 있다.

- **카티모르(Catimor)** : HdT(Hibrido de Timor)와 카투라의 인공 교배종으로 나무의 키가 비교적 작고 생두의 크기는 큰 편이며 조기수확과 다수확이 가능하다.

- **마라고지페(Maragogype)** : 1870년 브라질의 한 농장에서 발견된 티피카의 돌연변이종으로 콩이 다른 품종에 비해 매우 크나 생산성은 낮다.

9. **몬순커피(Monsooned coffee)** : 건식가공 커피를 습한 계절풍에 노출시켜 숙성하여 만드는데, 바디가 강하고 신맛은 약하며 독특한 향을 가지고 있다. 인도의 대표적인 커피

10. 커피열매는 핵과에 해당되며, 열매는 겉껍질〉펄프〉점액질〉파치먼트〉실버스킨〉생두 순으로 되어있다. 열매는 녹색–주황색–빨강 혹은 노랑색 순으로 익어간다.

11. **플랫 빈 (Flat bean)** : 커피체리 속에는 일반적으로 두 개의 생두가 자라는데 마주보는 면은 구조상 평평한 형태라 플랫 빈이라 불림

12. **커피의 단계별 명칭**
- **커피열매** : 커피체리(Coffee cherry)
- **커피생두** : 그린 빈(Green bean)
- **분쇄하지 않은 상태의 원두** : 홀빈(Whole bean)

- **커피열매의 정제된 씨앗** : 그린 커피(Green coffee)

13. **마라고지페** : 브라질에서 발견된 티피카의 돌연변이종으로 다른 아라비카에 비해 잎, 체리, 생두가 모두 커서 코끼리 콩으로 불린다.

SECTION 3 │ 커피 재배와 재배 지역

1. **커피벨트(Coffee belt), 커피 존(Coffee zone)** : 적도를 중심으로 남위 25도에서 북위 25도 사이의 열대·아열대 지역에 속하는 커피 재배 지역

2. 커피 재배에 적합한 대기 습도 수준은 아라비카종이 60%, 로부스타종이 70~75%

3. **커피 일조량** : 하루 6~6.5시간 정도의 일조량, 연간 일조량이 2,200~2,400시간 정도, 그늘을 만들어 주기 위해 셰이드 트리(Shade tree)를 커피나무와 함께 심기도 함

4. **선 커피(Sun coffee)** : 셰이딩을 하지않고 대량으로 재배하여 생산된 커피

   셰이드 트리(Shade tree) : 그늘재배를 위해 심는 나무

   그늘재배(Shading) : 커피나무에 강한 햇볕과 열을 차단해 주기 위해 다른 나무를 커피나무 주위에 함께 심어 재배하는 방식

5. **커피의 번식 방법** : 묘포에서 묘목을 기르고 어느정도 자라면 재배지에 이식하는 방법을 가장 많이 사용

6. **커피나무의 개화** : 나무를 심고 2~3년 정도 지나면 시작, 개화 기간은 2~3일 정도

   커피나무의 수분 : 바람에 의한 수분 90%, 곤충에 의한 수분 10%

7. **지속가능 커피(Sustainable coffee)** : 커피재배 농가의 삶의 질을 개선하고 수질과 토양, 생물

다양성을 보호하며 장기적인 관점에서 안정적으로 커피를 생산하도록 도와주기 위한 것

지속가능 커피 인증 : 유기농 커피(Organic coffee), 공정무역 커피(Fair-trade coffee), 버드프렌들리 커피(Bird-friendly coffee)

8. **CoE(Cup of Excellence)** : 품질 높은 커피를 생산하는 나라들은 제대로 된 보상을 받고 소비자는 질 좋은 커피를 구매할 수 있는 시스템, 참가국의 커피를 국제심사위원들이 평가하고 그 결과에 따라 상위 등급을 받은 커피들은 경매를 통해 회원들에게 판매

9. **파치먼트 파종** : 커피의 파종은 파치먼트를 묘판에 심어 파종 시키는 방법을 주로 사용

10. **커피 재배 토양**

- **테라록사(Terra roxa)** : 브라질의 커피 재배지역에서 볼 수 있는 현무암과 휘록암이 풍화된 토양
- **테라로사(Terra rossa)** : 석회암이 풍화되어 형성된 적색토양
- **레구르 토(Regur soil)** : 현무암이 풍화되어 형성된 흑색 토양

11. **커피 녹병(Coffee Leaf Rust)** : 커피 녹병에 걸리면 수확량이 감소하고 성장이 방해되어 나무가 죽을 수 있으며 현재까지 알려진 커피 나무 질병 중 가장 치명적인 질병

SECTION 4 | 커피 수확과 가공 방법

1. **핸드피킹(Hand picking)** : 잘 익은 체리만을 골라 수확하는 방법

2. **스트리핑(Stripping)** : 체리를 한 번에 손으로 훑어 수확하는 방법

3. **기계수확** : 나무의 키를 일정하게 맞춰 기계로 수확하는 방법

4. **건식법(Dry Method)** : 체리를 수확한 후 펄프를 제거하지 않고 체리를 그대로 건조시키는 방법

5. **습식법(Wet Method)** : 수확한 커피를 무거운 체리(싱커)와 가벼운 체리(플로터)로 분리하고, 펄프(과육)를 벗겨내는 작업인 펄핑(Pulping)을 한다. 파치먼트에 달라붙은 점액질은 발효 과정을 거쳐 제거한다. 점액질을 제거하는 발효 과정을 거치면 파치먼트 상태로 건조한다.

6. **펄프드 내추럴법(Pulped natural Processing)** : 펄핑을 한 후에 점액질을 제거하지 않고 기계를 사용하여 점액질을 제거하는 방식, 브라질에서 주로 사용

7. **세미 워시드법(Semi washed Processing)** : 점액질 제거를 위해 물에 담궈 발효시키는 과정을 거치지 않고 물이 흐르는 기계를 통과하며 바로 점액질을 제거하는 방법

8. **커피 건조과정의 목표 함수율** : 12%

9. **파티오(Patio)** : 콘크리트나 아스팔트, 타일로 된 커피 건조장

10. **로터리(Rotary)건조기, 타워(Tower)건조기** : 건조 중인 커피의 수분 함유율을 20% → 12% 정도로 낮출 때 사용하는 건조기

11. **폴리싱(Polishing)** : 생두의 실버스킨을 제거하는 것으로 생두의 외관을 좋게 하고 쓴맛을 줄여주는 효과가 있는 탈곡 방법

12. **커피 탈곡**

- **헐링(Hulling)** : 워시드 커피의 껍질을 벗겨내는 것
- **허스킹(Husking)** : 내추럴 커피의 체리 껍질을 벗겨내는 것

13. **펄핑과정에서 사용하는 펄퍼** : 디스크, 드럼, 스크린

14. **커피체리 100kg 수확 후 모든 가공과정을 거쳐 얻을 수 있는 생두의 양** : 워시드 20kg, 내추럴 20kg

15. **생두의 포장과 보관** : 습식법 커피는 건식법 커피에 비해 보관 기간이 더 짧다. 생두는 보통 황마나 사이잘삼으로 만든 백에 담아 보관, 포장 단위는 국제적인 표준 단위에 따르면 1포대당 통상 60kg이다.

SECTION 5 | 커피의 등급과 평가

1. **생두의 분류 기준** : 생두의 크기, 재배고도, 결점두

2. **결점두를 점수로 환산하여 등급을 분류하는 국가** : 브라질(No.2~8), 인도네시아(Grade 1~6), 에티오피아(Grade 1~6)

3. **SHB(Strictly Hard Bean)** : 생두가 생산되는 고도에 의해 생두를 분류하고 있는 국가들 중 과테말라와 코스타리카의 최상 등급 생두를 나타내는 용어

4. **SCA 스페셜티 커피 기준** : 샘플 중량은 생두 350g, 원두 100g, 수분 함유량은 워시드 커피의 경우 10~12%, 콩의 크기는 편차가 5% 이내, 퀘이커는 단 한개도 허용되지 않음. 냄새는 외부의 오염된 냄새가 없어야 하고, 향미특성은 커핑을 통해 샘플은 프래그런스/아로마, 플레이버, 신맛, 바디, 에프터테이스트의 부분에서 각기 독특한 특성이 있을 것. 외부 냄새와 향미 결점이 없을 것.

5. **SCA 결점두 기준과 발생 원인**

• Black Bean : 너무 늦게 수확되거나 흙과 접촉하여 발효된 커피

• Hull/Husk : 잘못된 탈곡이나 선별 과정에서 발생

• Dried Cherry/Pods : 잘못된 펄핑이나 탈곡에서 발생

• Fungus Damaged : 보관 상태에서 곰팡이 발생

• Foreign matter : 커피 이외의 외부 물질을 말함

• Parchment : 불완전한 탈곡으로 발생

• Insect Damages : 해충이 생두에 파고 들어가 알을 낳은 경우 발생

• Broken/Chipped/Cut : 잘못 조정된 장비 또는 과도한 마찰력에 의해 발생

• Floater : 부적당한 보관이나 건조에 의해 발생

• Withered bean : 발육 기간 동안 수분 부족으로 인해 발생

• Shell : 유전적인 원인으로 발생

• Immature/Unripe : 미성숙한 상태에서 수확할 경우 발생

• Sour bean : 너무 익은 체리, 땅에 떨어진 체리 수확, 과 발효나 정제과정에서 오염된 물을 사용했을 경우 발생

6. **결점두 분류**

• 프라이머리 디펙트(Primary defect) : Full Black, Full Sour, Dried Cherry/Pods, Fungus Damaged, Severe Insect Damaged, Foreign Matter

• 세컨더리 디펙트(Secondary Defect) : Partial Black, Partial Sour, Parchment, Floater, Immature/Unripe, Withered, Shell, Broken/Chipped/Cut, Hull/Husk, Slight Insect Damaged

7. **보관까지 기간에 따른 분류**

• 뉴 크롭 : 수확~1년

• 패스트 크롭 : 1~2년

• 올드 크롭 : 2년 이상

8. 수분 함량 기준

- 뉴 크롭 : 13% 이하
- 패스트 크롭 : 11% 이하
- 올드 크롭 : 9% 이하

9. 스크린 사이즈 1은 1/64, #18은 7.2mm

10. 피베리(Peaberry)를 구분하는 기준이 되는 스크린 사이즈 : 스크린 사이즈 13

11. Specialty Grade : 스페셜티커피협회(SCA)의 생두 분류법에 의해 최고의 생두

12. 스페셜티 그레이드(Specialty Grade)라 함은 생두 350g 중 결점수 5개 이하이며 원두 100g에 퀘이커(Quaker)가 0개 이내인 커피

13. Quaker : 덜 익은 체리를 수확하여 로스팅하면 다른 원두와는 색이 확연히 다른 원두가 나오는 것

14. 재배 고도에 의한 생두 분류 국가 : 과테말라, 엘살바도르, 온두라스

15. 브라질 맛에 의한 분류 : Strictly Soft〉 Soft 〉 Softish 〉 Hard 〉 Riada 〉 Rio 〉 Zona

16. 생두의 품질정보 : 재배 고도, 결점두 수, 크기

17. 생두는 햇볕을 피하고 습도가 높지 않은 곳에 보관하고, 가급적 일찍 소비해야 한다.

18. 커피 재패에 영향 주는 요소

- 서리 : 생두의 생육에 가장 치명적인 영향
- 습도 : 생두의 가공과 보관하는 데 가장 중요한 요소
- 산소 : 로스팅을 하고 난 후 원두를 보관할 때 가장 피해야 할 요소

19. 좋은 생두는 크기가 크고, 밀도가 높고, 색은 밝은 청록색이며, 수분 함량이 13% 정도인 것이 좋다.

SECTION 6 | 커피 생산국

1. 브라질 : 세계 최대 커피생산국, 주요 생산지역은 미나스제라이스(Minas Gerais)이며 그 밖의 주요 산지는 에스피리투산투(Espiritu Santo), 상파울루(Sao Paulo), 바이나(Bahia), 파라나(Parana) 등

2. 콜롬비아 : 아라비카 커피를 주로 생산하고 있으며 워시드(Washed) 커피 생산 1위, 주요 산지는 마니살레스(Manizales), 아르메니아(Armenia), 메데인(Medellin), 산타마르타(Santa Marta), 부카라망가(Bucaramanga) 등

3. 멕시코 : 아라비카를 주로 생산하고 있지만 로부스타도 소량 생산, 최상등급은 SHG, 주요 생산 지역은 치아파스(Chiapas), 코아테팩(Coatepec), 오악사카(Oaxaca) 등

4. 과테말라 : 생두의 분류를 재배 고도에 의해 분류하는 대표적인 나라이며, 주요 산지는 안티구아(Antigua), 코반(Coban), 우에우에테낭고(Huehuetenango), 아카테낭고(Acatenango), 산마르코스(San Marcos) 등

5. 코스타리카 : 가장 대표적인 커피가 '타라수(Tarrazu)'이고 로부스타 재배가 법으로 금지됨, 주요 생산지역은 브룬카(Brunca), 센트럴 벨리(Central Valley), 웨스트 벨리(West Valley), 투리알바(Turrialba) 등

6. 엘살바도르 : 과테말라 남쪽에 위치한 태평양 연안국가, 주요 생산지역은 서쪽의 아파네카-이라마테팩(Apaneca-Ilamatepec) 산악지대로 산타아나(Santa ana), 손수나테(Sonsonate), 아우아차판(Ahuachapan) 주

7. 온두라스 : 과테말라와 니카라과 사이에 위치하고 있으며 커피생산은 주로 서쪽 지역에서 이루어 지고 있다. 최대 생산지역은 산타바바라(Santa Barbara), 코판(Copan), 오코테팩

(Ocotepeque), 렘피라(Lempira), 라파스(La Paz) 등

8. **인도네시아 :** 대부분 로부스타종을 생산하지만 아라비카종의 생산도 점차 늘려가고 있으며 수마트라(Sumatra)가 최대 생산지로 만델링(Mandheling)이 유명, 자바, 슬라웨시, 발리에서도 커피생산

9. **예멘 :** 국토 대부분이 사막지역이라 커피생산량이 매우 적으며 전통적인 방법으로 커피를 재배, 가공하는 나라다. 대부분 1,500m 이상의 서쪽 산악지역에서 생산되며 하라지(Harazi), 이스마일리(Ismaili) 등에서 생산

10. **하와이 :** 빅 아일랜드(Big Island)라 불리는 코나(Kona) 지역에서 재배되는 커피가 유명하다. 이 지역은 북동 무역풍이 부는 열대성 기후의 화산지대로 연간 강우량이 풍부하여 커피 재배에 적합한 조건을 갖추고 있다.

11. **에티오피아 :** 아라비카 커피의 원산지, 건식법과 습식법을 함께 사용한다. 다른 커피에서 찾아보기 힘든 특유의 향과 독특한 플레이버로 인해 많은 사랑을 받고 있다. 이가체페(Yirgarcheffe) 커피가 대표적이며 짐마(Djimmah), 시다모(Sidamo), 코케(Koke), 리무(Limu) 등이 있다.

12. **케냐 :** 에티오피아에 이웃하고 있는 나라지만 커피 재배는 늦게 시작되었다. 아라비카종만 재배하고 있으며 주요 재배 품종은 KL28, KL34 이고, 수확시기는 연중 두번이다.

13. **탄자니아 :** 북쪽의 화산지대와 서쪽 지역의 고원지대에서 커피가 대부분 생산되며, 킬리만자로(Kilimanjaro) 커피로 유명

14. **커피 생산국 순위 :** 브라질〉베트남〉인도네시아〉콜롬비아

15. **단일 국가 중 커피소비가 많은 순 :** 미국〉독일〉일본

16. **커피 생산국가와 대표적인 커피**
    - **콜롬비아 :** 후일라(Huila) Supremo
    - **인도네시아 :** 만델링(Mandheling) G1
    - **자메이카 :** 블루마운틴(Blue Mountain) No.1
    - **멕시코 :** 알투라(Altura) SHB
    - **탄자니아 :** 킬리만자로(Kilimanjaro)
    - **예멘 :** 마타리(Mattari)
    - **브라질 :** 산토스(Santos)
    - **과테말라 :** 안티구아(Antigua)
    - **하와이 :** 코나(Kona)

17. **코피 루왁(Kopi Luwak) :** 인도네시아 커피로 사향 고양이의 배설물 속에서 커피 씨앗을 채취하여 깨끗이 씻은 후 가공한 커피

18. **로부스타 커피를 생산하지 않는 나라 :** 코스타리카, 콜롬비아

19. **국제커피기구(ICO)가 정한 'Coffee Year'의 산정 기준 일 :** 10월 1일

SECTION 1 | **로스팅개론**

1. 생두에 열을 가해 로스팅이 되면 복잡한 물리/화학적 과정이 연속적으로 일어나 커피의 색깔이 변화하고 맛, 향기 성분이 새롭게 형성되며 커피콩은 건조해져서 부서지기 쉬운 구조로 변한다.

2. 로스팅 과정은 건조 → 열분해 → 냉각의 세 단계로 이루어진다.

3. 로스팅 과정 중 커피콩 내부의 수분이 증발하는 건조단계는 커피콩 내부의 수분이 증발하는 초기 단계를 말한다.

4. 실질적인 로스팅이 진행되는 과정으로 열분해 반응을 통해 커피의 맛과 향을 내는 여러 물질들이 생성되고 캐러멜화(Caramelization)에 의해 색깔은 점차 짙은 갈색으로 변화한다.

5. 냉각단계는 로스팅이 끝나고 원두의 열을 식혀주는 과정이다.

6. 로스팅 과정에서 두 번의 파열음이 들리는데 이를 크랙이라 하며 팝(Pop)이나 파핑(Popping)이라고도 한다.

7. 로스팅 과정 중 커피콩이 파열되는 1차 크랙은 커피콩 세포 내부에 있는 수분이 열과 압력에 의해 기화하면서 발생한다.

8. 로스팅 과정 중 발생되는 2차 크랙은 가스의 압력과 결합하여 목질조직의 파괴가 일어나며 발생한다.

9. 로스팅의 물리적 변화는 수분이 증발하고 휘발성 물질이 방출된다. 유기물 손실이 발생하여 중량이 감소하고, 밀도가 감소하며, 조직이 다공질화 되면서 부피가 늘어나 증가한다.

10. 로스팅 단계 분류

- SCA : Very Light – Light – Moderately Light – Light Medium – Medium – Moderately Dark – Dark – Very Dark
- **일본식** : Light – Cinnamon – Medium – High – City – Full city – French –Italian

11. 커피를 로스팅 하면 부피 증가, 질량의 감소, 수분의 증발과 감소, 밀도가 감소한다.

12. 로스팅이 진행되면 갈변화가 일어나며, 무게, 밀도, 수분은 감소한다. 부피, 가용성 성분, 휘발성 성분은 증가한다.

13. 로스팅 단계중 풀시티(Full-city) 이상으로 강하게 로스팅 되면 약 1% 정도의 수분이 원두에 남는다.

14. 커피를 로스팅할 때 가장 많이 발생되는 가스는 이산화탄소이다.

15. 생두를 로스팅 하면 생두 안에 있던 수분이 가장 많이 감소한다.

16. 생두를 가열해 얻은 원두는 그 맛과 향의 성분이 완전히 달라진다. 생두는 물에 담그지 않고 생두의 종류와 크기에 따라 열 조절을 다르게 해 주어야 다양한 맛과 향의 커피를 얻을 수 있다.

17. 다크 로스트일수록 쓴맛이 강해지고, 라이트 로스트일수록 신맛이 강해진다.

18. 로스팅이 강할수록 원두 표면의 색상이 어두워 L값이 감소한다.

19. 생두에 열을 가하면 초록색에서 연노랑, 갈색 순으로 색상이 변한다. 원두의 색상이 진해질수록 커피맛이 강렬하다.

20. 로스팅이 진행됨에 따라 조직팽창, 밀도감소, 수분증발, 갈변반응이 나타난다.

21. 1차크랙이 발생하면서 커피콩의 부피는 팽창하기 시작한다. 로스팅이 강해질수록 쓴맛이 강해지고, 바디감과 향은 다크로스트가 되면 감소한다.

22.

타일 넘버	SCA 단계별 명칭	일본식 명칭	명도(L값)
#95	Very Light	Light	30.2
#85	Light	Cinnamon	27.3
#75	Moderately Light	Medium	24.2
#65	Light Medium	High	21.5

23. 로스팅 과정에서 두 번의 크랙이 발생하는데 1차 크랙은 생두 세포 내부의 수분이 증발하면서 나타나는 내부 압력에 의해 발생하며, 2차 크랙은 주로 이산화탄소의 생성에 의한 팽창으로 발생한다.

SECTION 2 | **로스터기 특성과 로스팅 방법**

1. 로스팅에 사용되는 열원은 가스, 전기, 화목 등이다.

2. 커피콩에 열을 전달하는 방식은 전도, 대류, 복사가 있다.

3. 로스팅 머신은 열전달 방식에 따라 직화식, 열풍식, 반열풍식으로 나뉜다.

4. 직화식은 전도열, 반열풍식은 전도열과 대류열, 열풍식은 대류열을 사용한다.

5. 사이클론(Cyclone)은 체프를 제거해 주는 장치다.

6. 댐퍼(Damper)를 열고 닫음으로써 드럼 내부의 공기흐름과 열량을 조절한다.

7. 열을 많이 주어 짧게 볶아내는 방법을 고온-단시간 로스팅이라 한다.

8. 열량을 천천히 주면서 장시간 로스팅 하는 방법은 저온-장시간 로스팅이다.

9. 저온-장시간 로스팅은 상대적으로 팽창이 적어 밀도가 큰 편이다.

10. 고온-단시간 로스팅 된 원두는 신맛이 강하고 뒷맛이 깨끗한 커피가 된다.

11. 고온-단시간 로스팅이 한잔 당 커피를 10~20% 덜 쓰게 되어 경제적이다.

12. 블렌딩은 서로 다른 커피를 혼합하여 새로운 특성의 커피를 만드는 것이다.

13. 각각의 커피콩을 로스팅 해서 섞는 방법을 Blending after Roasting이라 한다.

14. 생두를 섞어 로스팅 하는 방법을 Blending before Roasting 이라 한다.

15. 로스팅 방식은 직화식, 열풍식, 반열풍식, 원적외선, 마이크로파, 고압을 이용한 방법 등이 있다.

16. 로스팅 과정 중 샘플러(확인봉, Sampler)를 통해 확인할 수 있는 것은 색의 변화 과정, 모양이 변화하는 과정, 형태가 변화하는 과정이다.

17. 저온 로스팅은 저온으로 긴 시간에 걸쳐 로스팅 하는 방법이다. 혼합로스팅은 생두를 섞어 한번에 로스팅 하는 방법을 말한다. 더블로스팅은 두 번에 걸쳐서 하는 방법이다.

SECTION 1 | **커피의 화학 반응과 성분**

1. 로스팅 과정 중 고온의 열로 인한 건열반응에 의해 생두 1g 당 2~5ml의 가스가 발생하며 그 중 87%는 이산화탄소다. 가스의 50% 정도는 즉시 방출되지만 나머지는 서서히 방출되면서 향기 성분이 공기 중의 산소와 접촉하는 것을 막아준다.

2. 생두에 들어있던 성분 중 로스팅이 진행되면서 가장 많이 감소하는 것은 수분이다. 수분은 커피콩 내부의 물의 온도가 물의 끓는점 이상으로 상승하면서 급격히 기화되어 감소한다. 그 후 수분 함량은 로스팅이 진행되면서 1~2%로 줄어든다.

3. 당류 중 가장 많은 자당(Sucrose)은 갈변반응을 통해 원두가 갈색을 띠게 하고, 플레이버와 아로마 물질을 형성하며 로스팅 후 대부분 소실된다.

4. 탄수화물은 커피 성분 중 가장 많은 비중을 차지한다. 탄수화물 중 가장 많은 다당류는 대부분 불용성으로 세포벽을 이루는 셀룰로오스와 헤미셀룰로오스를 구성한다.

5. 지질은 생두 내부뿐만 아니라 표면에도 왁스 형태로 소량 존재하며 열에 안정적이어서 로스팅에 따라 큰 변화를 보이지 않는다. 커피 안에 들어 있는 지질은 대부분 트리글리세이드 형태이며 그 밖에 지방산, 디테르펜, 토코페롤, 스테롤 등으로 존재한다.

6. 단백질은 펩타이드(Peptide), 유리아미노산(Free amino acid)등을 포함하며 그 중 유리아미노산은 로스팅 진행에 따라 급속히 소실되고 단당류와 반응해서 멜라노이딘과 향기 성분으로 바뀐다.

7. 유기산 성분은 아로마와 커피추출액의 쓴맛과도 관련이 있다. 시트르산(Citric acid), 말산(Malic acid), 아세트산(Acetic acid), 타타르산(Tartaric acid) 등이 있다.

8. 클로로겐산(Chlorogenic acid)은 유기산 중 가장 많은 성분이다. 폴리페놀 형태의 페놀화합물에 속하며 로스팅에 따라 클로로겐산의 양은 감소하는데, 분해되면 퀸산과 카페산으로 바뀌며 둘 다 떫은맛을 낸다. 일반적으로 아라비카 보다 로부스타에 더 많이 함유되어 있다.

9. 카페인은 승화온도가 178℃로 비교적 열에 안정적이다. 로스팅을 하면 일부가 승화되어 소실되지만 로스팅에 따른 중량 손실로 인해 원두에서 차지하는 비중은 큰 변화를 보이지 않는다. 카페인의 쓴맛은 전체 커피 쓴맛의 10% 정도이다.

10. 트리고넬린은 카페인의 약 25% 정도의 쓴맛을 낸다. 열에 불안정 하기 때문에 로스팅에 따라 급속히 감소한다.

11. 커피에 함유되어 있는 무기질 중 칼륨이 약 40%로 가장 많고, 그 밖에 인(P), 칼슘(Ca), 망간(Mn), 나트륨(Na) 등이 존재한다.

12. 휘발성 화합물은 아라비카가 로부스타 보다 더 많이 함유하고 있으며, 로스팅이 진행되면서 풀시티 로스트까지는 증가하지만 프렌치, 이탈리안 로스트에 이르면 오히려 감소한다.

13. 커피의 갈변 반응에는 캐러멜화, 마이야르 반응, 클로로겐산에 의한 갈변이 있다. 생두의 자당이 가열되면서 열분해 또는 산화과정을 거쳐 캐러멜로 변한다. 마이야르 반응으로 만들어진 멜라노이딘으로 인해 커피가 갈색을 띤다.

14. 카페인은 생두와 나뭇잎에만 존재한다.

15. 로스팅이 진행됨에 따라 변하는 성분 중 다른 성분에 비해 카페인은 변화량이 적다.

16. 원두에 12~16% 정도 함유되어 있으면서 커피의 향미에 가장 많은 영향을 주는 것은 지방이다.

17. 커피에 함유되어 있는 무기질 성분 중 가장 많은 것은 칼륨이다.

18. 커피를 마시면 철분 섭취가 방해를 받는다.

19. 단백질 중 유리아미노산은 로스팅이 진행되면서 소실이 되고 단당류와 반응하여 멜라노이딘(Melanoidin)과 향기 성분으로 변한다

20. 카페인은 전체 커피 쓴맛의 약 10% 정도를 차지한다.

21. 마이야르 반응은 생두에 있는 미량의 아미노산이 환원당, 다당류 등과 작용하여 갈색의 중합체인 멜라노이딘을 만드는 반응이다.

22. 갈색색소 형성에 영향을 미치는 것은 마이야르반응, 자당의 카라멜화, 클로로겐산류의 중합 및 회합반응이다.

23. 카페인과 클로로겐산은 로부스타종이 더 많다.

24. 실버스킨의 60% 정도가 식이섬유질이며 그 중 수용성 섬유질은 14% 정도이다.

SECTION 2 | 커피 커핑(Cupping)

1. 커피의 향기와 맛의 복합적인 느낌을 플레이버(Flavor, 향미)라고 한다.

2. 커피 플레이버의 관능평가에 해당하는 것은 후각, 미각, 촉각이 있다.

3. 효소작용에 의해 생성되는 향은 Flowery, Fruity, Herby 세가지다.

4. 갈변반응에 의해 생성되는 향기의 종류는 Nutty, Caramelly, Chocolaty 세가지다.

5. 건류반응에 의해 생성되는 향기의 종류에는 Turpeny, Spicy, Carbony 세가지가 있다.

6. 프래그런스(Fragrance)는 분쇄된 입자에서 나는 향기(Dry aroma)를 말하며 주로 나는 향기에는 Flower가 있다.

7. 아로마(Aroma)는 추출된 커피의 표면에서 나는 향기를 말하며 Fruity, Herbal, Nut-like가 이에 해당된다.

8. 노즈(Nose)는 커피를 마실 때 느껴지는 향기를 말하며 Candy, Syrup이 여기에 해당된다.

9. 애프터테이스트(Aftertaste)는 마시고 난 다음 입 뒤쪽에서 느껴지는 향기를 말하며 Spicy, Turpeny가 이에 해당된다.

10. 전체 커피향기를 총칭하여 부케(Bouquet)라고 한다.

11. 커피향의 강도는 향을 이루는 유기화합물의 풍부함과 세기의 척도로 분류하며 Rich, Full, Rounded, Flat 네가지로 구분한다. 풍부하지만 강도가 약한 향기(Full & not strong)는 Full이라 한다. 풍부하면서도 강한 향기(Full & strong)는 Rich라 한다. 풍부하지도 않고 강하지도 않은 향기(Not full & strong)는 Rounded라 부른다. 향기가 없을 때(Absence of any bouquet) Flat이라 칭한다.

12. 커피의 네 가지 기본 맛은 신맛, 단맛, 쓴맛, 짠맛이다.

13. 커피에 신맛을 부여하는 물질은 클로로겐산, 유기산(옥살산, 말산, 시트르산, 타타르산)이다.

14. 커피에 단맛을 부여하는 물질은 환원당, 캐러멜, 단백질이다.

15. 커피의 쓴맛을 내는 물질은 카페인, 트리고넬린, 카페산, 퀸산, 페놀 화합물이다.

16. 커피의 짠맛 성분은 산화무기물로 산화인, 산화칼륨, 산화칼슘, 산화마그네슘이 여기에 해당된다.

17. 단맛과 짠맛은 온도가 높으면 약하게 느껴지지만 신맛은 온도의 영향을 거의 받지 않는다.

18. 바디(Body)의 강도는 지방함량에 따라 Buttery>Creamy>Smooth>Watery, 고형 성분에 따라 Thick>Heavy>Light>Thin으로 표현한다.

19. 커피 샘플의 맛과 향의 특성을 체계적으로 평가하는 것을 커핑(Cupping)이라고 하며, 이런 작업을 전문적으로 수행하는 사람을 커퍼(Cupper)라고 한다.

20. SCA 커피 커핑의 샘플준비 중 로스팅은 커핑 24시간 이내에 이루어져야 하고 적어도 8시간 정도 숙성 시켜야 한다. 로스팅 정도는 SCA 로스트 타일 기준 라이트에서 라이트 미디엄 사이가 되도록 하며 이는 SCA 로스트 타일 #55에 해당하는 수치다.

21. SCA 커피 커핑의 샘플분쇄는 홀빈 상태에서 무게를 측정하며 입자가 US 기준 메쉬(Mesh) 20, 75% 통과할 크기로 해준다. 분쇄한 후 향이 소실되지 않도록 컵에 뚜껑을 씌워 놓는다.

22. 커핑 시 적정한 물의 비율은 물 150ml(약 5oz) 당 커피 8.25g으로 하며 샘플당 5컵을 준비한다. 물과 커피의 양은 같은 비율에 따라 양 조절이 가능하다.

23. 플레이버는 후각, 미각, 촉각의 세단계로 나뉜다.

24. 커피의 향미는 향기→맛→촉감 순으로 평가한다.

25. 휘발성은 효소작용>갈변반응>건류반응 순으로 상노늘 나타낼 수 있다.

26. 추출한 커피에서 느껴지는 향으로 분자량이 적고 휘발성이 강한 향을 지칭하는 용어는 Aroma이고, 분쇄된 커피에서 느껴지는 향은 Fragrance 이다. 커핑 시 커피의 향을 인식하는 순서는 Fragrance → Aroma → Nose → Aftertaste 순으로 평가한다.

27. 향기의 강도를 강한 것부터 약한 것 순으로 나열하면 Rich 〉 Full 〉 Rounded 〉 Flat 순이다.

28. 신맛을 내는 성분은 클로로겐산과 유기산(옥살산, 말산, 시트르산, 타타르산)이 있다. 옥살산은 식물 속에서 칼륨 또는 칼슘염 형태로 존재하고 무색 무취의 흡습성 결정물이다. 말산은 능금산, 사과산이라 불릴 만큼 천연 과일에 많이 함유되어 있다. 물과 에탄올에는 잘 녹지만 에테르에는 잘 녹지 않는다. 시트르산은 구연산이라고도 하며 식물의 씨나 과즙 속에 유리 상태의 산 형태로 존재한다. 고등동물의 물질 대사에 중요한 역할을 하며 혈액응고 저지제로도 활용 된다.

SECTION 1 | 커피 추출 조건(산패와 보관)

1. 커피의 추출 과정은 물이 분쇄된 입자 속으로 스며들어 가용성 성분을 용해하고, 용해된 성분들은 커피 입자 밖으로 용출되는 과정을 거치며 마지막으로 용출된 성분을 물을 이용해 뽑아내는 과정을 통해 추출이 이루어진다.

2. 커피원두를 분쇄하는 이유는 커피입자를 잘게 부숴 표면적을 넓힘으로써 커피의 고형성분이 물에 쉽게 용해되게 하기 위해서이다.

3. 그라인더는 분쇄 원리에 따라 충격식(Impact)과 간격식(Gap) 그라인더로 나뉜다. 칼날형은 충격식으로 고른 분쇄가 어려우며 코니컬형, 플랫형, 롤형은 모두 간격식이다.

4. 커피원두를 분쇄할 때 미분은 좋지 않은 맛의 원인이 되므로 되도록 발생하지 않도록 한다.

5. 커피를 추출하는 물과 커피의 비율은 SCA의 기준에 따르면 수율이 18~22%이고 농도가 1.15~1.35%일 때 커피가 가장 맛있다고 한다.

6. 커피를 추출할 때 추출시간이 길어지면 맛에 안 좋은 영향을 주는 성분들이 많이 나와 커피 맛이 안 좋아지기 때문에 적정한 추출 시간 안에 커피를 뽑는 것이 좋다.

7. 커피의 산패과정은 로스팅이 되면 시간이 지남에 따라 향기가 소실되고 더 나아가 맛이 변질되는데, 증발→반응→산화의 3단계 과정을 거친다.

8. 분쇄 상태의 커피는 홀빈 상태보다 5배 빨리 산패가 진행된다. 그리고 다크 로스트일수록 함수율이 낮으며 오일이 배어나와 있고 더 다공질 상태이므로 산패가 라이트 로스트일 때 보다 빨리 진행된다.

9. 산소는 커피 산패의 가장 큰 적이므로 사용하지 않는다. 대신 질소 가스 포장 방법이 쓰이는데 질소를 가압하여 포장하는 질소 가압 포장이 포장 방법 중 보관기간이 가장 긴 것으로 알려져 있다.

10. 커피의 포장재료는 차광성, 방기성, 보향성, 방습성의 조건을 갖추어야 한다.

11. 커피를 마실 때 가장 향기롭고 맛있게 느껴지는 온도는 65~70℃이다.

12. 커피추출에 사용되는 물은 신선하고 냄새가 나지않는 물이 좋다. 또한 로스팅 강도에 따라 물의 온도를 다르게 하는 것이 좋다. 불순물이 적거나 없어야 하고, 50~100ppm의 무기물이 함유된 물이 추출에 적당하다.

13. 커피추출에 사용하는 물은 철분이 많지 않은 연수를 사용하는 것이 좋다. 하지만 연수를 사용한다고 해서 가용성분이 더 많이 추출되는 것은 아니다.

14. SCA 기준의 적정 추출수율은 18~22%, 적정 커피농도는 1.15~1.35%로 규정되어 있다.

SECTION 2 | 커피 추출 방식(기구)

1. 커피 가루를 넣고 가열하여 커피 성분을 뽑아내는 방법은 침지식(침출식)이다. 프렌치프레스, 터키식 커피 등이 이에 해당한다.

2. 여과식(투과식)은 침지식에 비해 깔끔한 커피가 추출된다. 드립식 추출, 모카포트 등이 여기에 해당된다.

3. 독일의 멜리타 벤츠(Melitta Bentz) 부인에 의해 처음 시작되었다. 페이퍼 필터 드립은 플라스틱, 도자기, 유리 등의 재질로 제작된 드리퍼 위에 분쇄 커피가 담긴 페이퍼를 올려놓은 다음 드립용 주전자를 이용해 물을 부어 커피를 추출하는 방식이다.

4. 드리퍼 내부의 요철로 물을 부었을 때 공기가 빠져나가는 통로 역할을 하는 리브는 촘촘하고 높을수록 커피액이 아래로 잘 빠져 나간다.

5. 천의 섬유조직을 필터로 사용해 커피를 추출하는 융 추출은 커피의 바디를 구성하는 오일 성분이나 불용성 고형성분이 페이퍼 드립에 비해 쉽게 통과되어 진하면서도 부드러운 맛의 커피가 뽑힌다.

6. 독일의 화학자 쉴럼봄(Schlumbohm)에 의해 탄생한 커피 추출 도구 케멕스는 드리퍼와 서버가 하나로 연결된 일체형으로 리브가 없어 이 역할을 하는 공기 통로를 설치하였다. 물 빠짐이 페이퍼 드립에 비해 좋지 않다.

7. 사이폰의 원래 명칭은 배큠 브루어(Vacuum Brewer)이다. 사용되는 열원은 알코올램프, 할로겐램프와 가스 스토브이다.

8. 비커에 굵게 분쇄한 커피를 담고 뜨거운 물을 부은 후 몇 분 정도 기다린 후 플런저(Plunger)를 눌러 커피를 추출하는 도구 프렌치프레스는 금속 필터로 여과하므로 미세한 커피 침전물까지 추출액에 섞일 수 있어 깔끔하지 않고 텁텁한 맛이 날 수 있다.

9. 가장 오래된 추출 방법으로 커피 입자를 에스프레소 보다 가늘게 분쇄한 후 이브릭이나 체즈베로 커피를 담아서 추출하는 터키시 커피는 여과를 하지 않으므로 커피입자를 에스프레소 보다 더 가늘게 분쇄한다.

10. 찬물로 장시간 추출하는 방식은 더치커피로 많이 알려져 있으며 찬물로 장시간 추출하는 방식은 콜드 브루이다. 원두의 분쇄도와 물이 맛에 중요한 작용을 한다.

11. 플런저에 압력을 가해 체임버에 담긴 물을 밀어내어 추출하는 방식으로 주사기와 같은 원리의 추출도구 에어로프레스는 추출이 신속하게 이루어 지며 휴대가 가능하여 장소에 구애받지 않고 사용할 수 있다.

12. 이탈리아의 비알레띠(Bialetti)에 의해 탄생하였으며 가정에서 손쉽게 에스프레소를 즐길 수 있게 고안된 커피도구 모카포트는 불 위에 올려놓고 추출하므로 'Stove-top espresso maker'라고도 한다.

13. 핸드드립 추출은 로스팅 정도가 강할수록 물의 온도는 낮게, 적정한 시간 동안 추출해야 맛이 좋다. 드리퍼의 종류에 따라 맛의 차이가 많다.

14. 플렌저에 압력을 가해 체임버에 담긴 물을 밀어내어 추출하는 방식으로 주사기와 같은 원리이다. 추출이 신속하게 이루어지며 휴대가 가능한 장점이 있는 도구는 에어로프레스이다.

15. 사이폰 추출 시 플라스크를 가열하는 열원은 알코올, 가스, 전기식 할로겐이 주로 사용된다.

16. 유리, 금속, 합성수지 등으로 제작되었으며 금속필터를 사용해 미세한 침전물이 섞이는 추출 도구는 프렌치프레스 이다.

1. 커피의 추출 방법 중 빠르게 추출하는 커피로 중력의 8~10배를 가해 30초 안에 커피의 모든 맛을 추출해 내는 방법을 에스프레소라고 한다. 에스프레소(Espresso)는 빠르게 추출한다는 의미로 수용성 성분 외에 비수용성 성분도 함께 추출해 내는 추출법이다.

2. 바리스타는 '바 안에 있는 사람' 이라는 뜻으로 바 맨(Bar man)을 의미한다. 완벽한 에스프레소 추출과 좋은 원두의 선택, 커피 머신의 완벽한 활용, 고객의 입맛에 최대한 만족을 주기 위한 능력을 겸비해야 한다.

3. **에스프레소 추출시간은 20~30초, 분쇄원두의 양 :** 7±1g, 추출 압력: 9±1bar, 추출수의 온도는 90~95℃, 탬핑은 20kg의 힘으로 한다.

4. 에스프레소는 분쇄도를 가장 가늘게 쓰는 추출 방법 중 하나이다.

5. 에스프레소를 추출할 때 생성되는 크레마(Crema)는 9~10bar로 가해지는 압력 때문에 생성된다.

6. 순수한 물과 비교했을 때 에스프레소의 물리적 특성은 밀도는 증가, 전기전도는 증가, 표면장력은 감소, 점도는 증가, Ph는 감소한다.

1. 증기압을 이용한 커피기계가 산타이스(Santais)에 의해 개발되어 1855년 파리만국박람회에 선을 보였다. 1901년 이탈리아 밀라노의 루이지 베제라(Luigi Bezzera)는 증기압을 이용하여 커피를 추출하는 에스프레소 머신의 특허를 출원하였다. 1946년 가지아(Gaggia)가 상업적인 피스톤 방식의 머신을 개발하였다. 1960년 페이마 E61이 탄생했는데, 이 기계는 전동펌프에 의해 뜨거운 물을 커피로 보내는 것을 가능하게 하였으며 열교환기를 채택하여 에스프레소 머신의 크기가 더욱 작아지는 계기가 되었다. 버튼 하나만 누르면 커피가 분쇄되고 우유 거품이 만들어지는 완전 자동 방식인 머신 'Acrto 990'이 탄행하였다.

2. **에스프레소 머신의 종류**

• **수동식 머신 :** 사람의 힘에 의해 피스톤을 작동시키는 방식

• **반자동 머신 :** 별도의 그라인더를 통해 분쇄를 한 후 탬핑을 하여 추출하는 방식

• **자동 머신 :** 탬핑 작업을 하여 추출을 하나 메모리칩이 장착되어 있어 물량을 자동으로 세팅할 수 있는 방식

• **완전 자동 머신 :** 그라인더가 내장되어 있어 별도의 탬핑 작업 없이 메뉴 버튼의 작동으로만 추출하는 방식

3. 에스프레소 머신의 부품 중 커피 추출 물량을 감지해 주는 부품은 플로우 미터다. 고장나면 커피 추출 물량이 제대로 조절되지 않는다.

4. 에스프레소 부품 중 압력을 7~9bar로 상승시켜 주는 역할을 하는 것은 펌프모터이다. 펌프모터가 고장 나면 물 공급이 제대로 되지 않아 심한 소음이 나고 압력이 올라가지 않게 된다.

5. 에스프레소 추출을 위해 물이 공급되는 부분으로 포타필터를 장착하는 곳은 그룹헤드라 불리

는 곳이다.

6. 물의 흐름을 통제하는 부품으로 보일러에 유입되는 찬물과 보일러에서 데워진 온수의 추출을 조절하는 장치는 솔레노이드 밸브이다. 솔레노이드 밸브는 2극과 3극이 있다. 3극은 커피 추출에 사용되는 물의 흐름을 통제한다.

7. 추출 시 고온 고압의 물이 새지 않도록 차단하는 역할을 하는 부품은 가스켓이다. 가스켓은 고무로 되어있어 주기적으로 교체해 주어야 물이 새지 않는다.

8. 에스프레소 머신의 보일러는 열선이 내장되어 있다. 이는 전기로 물을 가열해 온수와 스팀을 공급하는 역할을 한다. 보일러의 본체는 동으로 되어있고, 내부에는 부식을 방지하기 위해 니켈로 도금되어 있다.

9. 그룹헤드 본체에서 나온 물을 4~6개의 물줄기로 갈라 필터 전체에 압력이 걸리도록 하는 장치를 디퓨저라 하고 샤워 홀더(Shower holder)라고도 부른다.

10. 에스프레소 머신의 발전 단계는 진공방식 → 증기압 방식 → 피스톤 방식 → 전동펌프 방식 순으로 발전해 왔다.

11. 에스프레소 머신 중 바리스타의 기술에 가장 많이 의존하는 것은 수동머신, 의존도가 가장 낮은 것은 완전 자동머신이다.

12. 에스프레소 머신의 부품 중 필터홀더(Filter Holder)는 동으로 만들어진다.

13. 템퍼의 재질은 알루미늄, 스테인리스, 플라스틱 등이다.

14. 다음 중 휘핑(Whipping)기에 일반적으로 사용되는 가스는 질소다.

15. 에스프레소 머신의 보일러 물은 스팀생성을 위해 70% 까지만 물이 차도록 설계되어 있다.

16. 커피 머신 도구

- 넉 박스(Knock box) : 에스프레소 추출 후 발생한 케이크를 버리는 통
- 포터 필터(Porter filter) : 분쇄된 원두를 담아 그룹헤드에 장착 시키는 도구
- 템퍼(Temper) : 분쇄 커피를 다져주는 데 사용되는 도구
- 밀크 피쳐(Milk pitcher) : 우유를 담아 데우거나 거품을 내는 도구
- 패킹 매트(Packing mat) : 탬핑 작업 시 포타필터 밑에 까는 매트

17. 구멍이 없이 막힌 필터로 그룹헤드를 청소할 때 쓰는 것은 블라인드 필터다.

18. 에스프레소 머신과 연결해 물을 공급해 주는 연수기 청소에 사용되는 재료는 소금이다.

19. 그라인더의 부품인 호퍼를 매일 닦아 주어야 하는 이유는 커피에서 나오는 오일로 인해 이물질이 끼거나 변색이 되기 때문이다.

20. 그라인더의 부속품은 모터, 도저, 호퍼 등이다.

SECTION 3 | 에스프레소 추출

1. 에스프레소 추출의 특징은 커피 케이크(Coffee cake)에 고압의 물이 통과되면 향미성분이 용해된다. 분쇄입도와 압축 정도에 따라 공극률이 변하며 추출 속도가 조절된다. 고압(9bar)의 압력으로 추출되기 때문에 미세한 섬유소와 불용성 커피오일이 유화상태로 함께 추출된다.

2. 에스프레소 추출 시 커피의 지방성분, 탄산가스, 향 성분이 결합하여 생성된 거품을 지칭하는 말은 크레마(Crema)로 영어의 Cream에 해당하며 에스프레소 커피를 다른 방식의 커피와 구분 짓는 특성이다. 밝은 갈색이나 붉은 빛이 도는 황금색을 띠어야 하고 커피양의 10%

이상은 되어야 한다.

3. 에스프레소를 마시는 전용 잔을 데미타세라 하고 용량은 일반 컵의 반 정도인 60~70ml 정도이다. 재질은 도기이며 일반 컵에 비해 두꺼워 커피가 빨리 식지 않도록 하였다. 안쪽은 둥근 U자 형태로 에스프레소를 직접 받을 때 튀어나가지 않도록 설계 되었으며 잔 외부의 색깔은 다양하지만 내부는 보통 흰색이다.

4. 에스프레소 머신의 추출 속도에 영향을 미치는 요인은 커피의 신선도, 그라인더 칼날의 모양이나 간격, 로스팅 정도, 추출압력 등이다.

5. 에스프레소 추출은 90~95℃의 물로 9기압의 압력을 이용해 20~30초 사이에 1oz양의 커피를 추출해 내는 것을 말한다.

6. 올바른 에스프레소 추출은 포터 필터 장착 후 바로 추출버튼을 눌러야 하고, 정해진 시간에 추출을 완료한다. 추출 동작은 끊김이 없이 연속작업으로 진행 되어야 하고, 잔은 항상 데워진 상태로 사용한다.

7. 올바른 에스프레소 머신 사용법은 커피 추출 전 그룹헤드의 물을 2~3초간 흘려주고, 추출 할 때는 추출 시간와 추출량을 체크한다. 추출 버튼을 누른 다음 잔을 내리고 커피를 담고, 추출량에 맞게 추출 시간을 조절해야 한다.

8. 에스프레소 추출 시간에 변화를 주는 요인은 공기 중의 습도, 로스팅 정도, 원두의 분쇄도, 탬핑의 강도 등이다.

9. 도징(Dosing)은 도저의 레버를 작동시켜 일정량의 커피가 배출되도록 하는 행위를 말한다.

10. 커피를 홀더에 담는 과정을 패킹이라고 한다. 도징, 태핑, 탬핑이 패킹의 과정에 해당된다.

11. 탬핑(Tamping)은 에스프레소 추출 시 커피 케이크의 균일한 밀도 유지를 통해 물이 일정하게 통과할 수 있도록 해주는 작업을 말한다.

12. 데미타세는 일반 잔의 1/2 크기 정도다.

13. 에스프레소 크레마의 체크 사항은 크레마의 색상, 크레마의 지속력, 크레마의 두께이다.

14. 에스프레소의 3대 추출요소는 커피의 양, 분쇄된 커피입자의 크기, 탬핑을 하는 강도 등이다.

15. 에스프레소 과소 추출의 원인은 원두의 입자가 너무 굵게 분쇄되거나, 탬핑이 기준보다 약하게 되거나, 추출 시간이 너무 짧을 경우, 필터바스켓의 구멍이 크면 발생한다.

16. 에스프레소 과다 추출의 원인은 추출 시간이 너무 길거나, 기준양 보다 많은 커피를 사용하거나, 추출수의 온도가 너무 높은 경우 발생한다.

SECTION 4 | 에스프레소 메뉴

1. 더블 에스프레소(Double espresso)를 뜻하는 용어는 도피오(Doppio)이다. 도피오는 통상 Two shot 이나 Double shot 이라고도 한다.

2. 10~15초 동안 15~20ml 정도의 양을 추출하는 진한 에스프레소를 부르는 명칭은 리스트레또(Ristretto)다. 추출 시간을 짧게 하여 양이 적은 진한 에스프레소를 추출하는 것을 말한다.

3. 에스프레소 보다 추출시간을 길게하여 보다 양이 많게 추출하는 것을 룽고(Lungo)라고 한다. 룽고는 40~50ml 정도를 추출한다.

4. 에스프레소에 뜨거운 물을 추가하여 희석한 메뉴의 명칭은 아메리카노(Americano)이다. 연한 커피를 즐겨 마시는 미국인이라는 뜻을 지니고 있다.

5. 에스프레소 위에 우유거품을 2~3스푼 올려 에스프레소 잔에 제공하는 메뉴는 에스프레소 마끼아또(Espresso Macchiato)이다. 마끼아

또는 '점', '얼룩'을 의미하며 에스프레소 위에 우유거품을 올린 메뉴를 말한다.

6. 에스프레소에 휘핑크림을 얹어 부드럽게 즐기는 메뉴는 카페 콘 빠나(Café con Panna)이다. Coffee with cream 이라는 뜻이다.

7. 프렌치 로스트한 커피를 드립으로 추출하여 데운 우유와 함께 전용 볼(Bowl)에 동시에 부어 만드는 메뉴는 카페 오레(Café au Lait)다.

8. 아이스 커피를 말하며, 에스프레소를 얼음이 담긴 잔에 부어 만든 메뉴는 카페 프레도(Café Freddo)다. 카페 프레도는 잘게 간 얼음위에 에스프레소를 부어 만든다.

9. 에스프레소에 초콜릿 시럽과 데운 우유를 넣어 섞은 후 그 위에 휘핑크림을 얹어 초콜릿 소스나 초콜릿 파우더를 장식하는 메뉴는 카페 모카(Café Mocha)다.

10. 실키 폼(Silky foam)이 가장 많이 들어가는 것은 카푸치노 (Cappuccino)이다.

11. 베리에이션(Variation) 메뉴는 우유나 크림이 첨가된 메뉴를 말한다.

12. 알코올이 들어간 카페메뉴는 카페 꼬레또(Café Corretto)다. 카페 코레또는 꼬냑 등의 알코올을 넣는다.

13. 오스트리아에서 아인슈패너라 불리는 메뉴는 비엔나 커피다.

14. 나폴레옹이 즐겨 마셨던 커피메뉴로 브랜디가 들어간 음료는 카페 로얄(Café Royale)이다. 브랜디를 이용하여 환상적인 연출이 가능하다.

15. 멕시코산 커피에 코코아, 바닐라 향을 첨가해 만든 리큐어는 깔루아이다.

16. 위스키를 첨가해 만드는 커피메뉴는 아이리쉬 커피(Irish coffee)다.

---

1. 우유에는 약 88%의 수분이 함유

2. **크림(Cream)** : 우유에서 지방이 풍부한 부분을 분리한 것

   탈지유(Skimmed milk) : 크림 이외의 부분

   전유(Whole milk) : 탈지유에 대응하는 용어로서 지방을 제거하지 않은 원래의 우유

   커드(Curd) : 탈지유에 산 또는 응유효소를 첨가했을 때에 생성하는 응고물

   카세인(Casein) : 우유 단백질 중 약 80%를 차지

3. **리포단백질(Lipoprotein)** : 단백질과 인지질의 혼합물로 우유 지방구 표면에 흡착되어 지방구의 주위에 안정한 박막을 형성하고 있는 것

4. **비단백태질소화합물** : 우유 전체 질소량의 약 5%를 차지하고 있는 질소화합물

5. **모유** : 리놀산(Linoleic Acids)과 같은 긴사슬 불포화지방산(VLCFA)이나 포화지방산에서도 라우르산(Lauric acid)의 함량이 높음

6. **유당** : 우유에 함유되어 있는 당질의 99.8%를 차지, 자당의 감미가 100이라고 했을 때 유당은 16 정도로 감미가 약함, 유당은 95% 이상의 알코올, 에테르에 녹지 않으며, 냉수에도 용해도가 낮음, 소장의 점막상피세포의 외측막에 락타제가 결손되면 유당의 분해와 흡수가 되지않아 오히려 장관을 자극하여 심하면 통증을 유발

7. **우유의 무기질 중 가장 중요한 성분** : 칼슘, 인

8. **단백질** : 우유거품을 만들 때 거품형성에 가장 중요한 역할

9. **우유의 단백질** : 카세인, 베타 락토글로불린, 락토페린 등

10. **균질 크림** : 유지방을 균질화해서 유지방이 부상하고 크림라인이 형성되는 것을 방지

11. **무균질 우유 :** 지방구의 크기를 작게 분쇄시키
진 않은 우유

12. **우유의 성분 중 칼슘 흡수를 촉진하는 물질 :**
유당

13. **베타-락토글로불린 :** 가열에 의해 변형되기 쉬
운 단백질로 우유를 40℃ 이상으로 가열할 때
생성되는 표면의 얇은 피막의 주성분, 우유를
높은 온도까지 가열할 때 생기는 가열취의 원
인이 되는 물질

14. **황화수소 :** 우유를 가열하면 단백질 성분에 의
해 황화수소가 발생되어 휘발되면서 가열취와
이상취를 만듦

15. **지방 :** 밀크 스티밍(Milk steaming) 과정에
서 우유의 단백질 외에 거품의 안정성에 중요
한 역할

16. **카세인 :** 칼슘과 결합하여 칼슘카제이네이트
가 됨, 모유에도 카제인이 약 1% 정도 들어있
음, 인산칼슘 등의 염류와 복합체를 형성하여
거대 분자의 집합제의 형태로서 콜로이드상으
로 분산되어 있음

SECTION 1 | **위생/카페인**

1. **경구전염병** : 음식물, 음료수, 식기, 손 등을 통하여 경구로 침입하여 감염되는 병

2. **선입선출법** : 먼저 구입한 물건을 항상 앞쪽에 두고 먼저 사용하는 방법

3. **냉장** : 5℃ 이하, **냉동** : −18℃ 이하

4. **자외선 살균 소독** : 살균력이 강한 2,537 Å의 자외선을 인공적으로 방출시켜 소독하는 것으로 거의 모든 균종에 대해 효과가 있다. 살균력은 균 종류에 따라 다르고 같은 세균이라 하더라도 조도, 습도, 거리에 따라 효과에 차이가 있다.

5. **HACCP** : 위해요소 중점관리 기준

6. **식중독예방 3대 원칙** : 청결, 신속, 냉각 또는 가열의 원칙

7. **카페인** : 뇌의 신경전달물질의 생성, 분비를 촉진하여 각성효과가 있으며 긴장감을 유지, 심장의 수축력과 심장박동 수를 증가 시키고, 이뇨작용을 촉진, 커피 섭취량이 과다하면 불면증, 두통, 신경과민, 불안감 등의 증세가 발생

8. **룽게(Friedrich Ferdinand Runge)** : 1819년 최초로 커피에서 카페인을 분리한 독일의 화학자

9. **디카페인 제조법** : 용매 추출법, 물 추출법, 초임계 추출법

10. **카페인 추출법**

• **초임계 추출법** : 높은 압력을 받아 액체상태가 된 CO_2를 생두에 침투시켜 카페인을 제거하는 방법

• **용매 추출법** : 벤젠, 클로로포름, 디클로로메탄, 트리클로로에틸렌 등의 물질로 카페인을 추출

• **물 추출법** : 추출 속도가 빨라 회수 카페인의 순도가 높으며 유기 용매가 직접 커피에 접촉하지 않아 안전하고 경제적인 카페인 추출법

11. **철분** : 커피의 폴리페놀 성분에 의해 섭취가 제한됨

12. **칼슘** : 커피를 많이 마시는 사람이 가장 많이 보충해 주어야 할 영양소

13. **과당** : 자연에 존재하는 천연당류 중 가장 단 당

14. **냉장/냉동고** : 용적율의 70% 이하로 채워야 함

15. **식재료 보관법** : 낮은 온도, 햇볕 노출 최소화, 진공포장

16. **식음료 취급법** : 차가운 음료는 4℃ 또는 더 낮게 보관, 뜨거운 음료는 60℃ 또는 더 높게 보관, 유제품은 냉장보관하고 제조일로 부터 5일 이내에 사용

17. **세균이 번식하기 가장 쉬운 온도** : 25~37℃

18. **식품첨가물** : 식품을 제조, 가공 또는 보존하는 과정에서 식품에 넣거나 섞는 물질

SECTION 2 | **서비스/커피 매장 안전 관리**

1. **서비스 직원의 기본자세** : 머리는 단정하고 깔끔하게 유지, 매니큐어는 색깔이 있는 것은 안되고 손톱은 짧게, 유니폼은 깨끗하고 정해진 것으로 착용, 강한 향수나 짙은 화장, 화려한 장신구는 피하는 것이 좋음

2. 여자 직원은 굽이 낮은 검정색 구두를 착용, 남자 직원은 검정색 구두를 착용하며 항상 깨끗하게 관리

3. **고객 영접** : 밝은 얼굴로 '어서오십시오.'라고 인사, 단골 고객일 경우 이름이나 직함을 불러줌으로써 친밀감을 표현, 고객이 입장하면 제일 먼저 예약 여부와 인원수를 확인, 입장한 순서대로 자리를 안내

4. **좌석 안내 요령** : 예약 손님일 경우 예약 테이블로 안내, 테이블이 없을 경우 웨이팅 룸(Waiting room)에서 대기하도록 정중하게 말씀드림, 젊은 남녀 고객은 벽 쪽의 조용한 테이블로 안내, 혼자 오신 고객은 전망이 좋은 곳으로 안내

5. **테이블 배정 요령** : 멋있고 호화로운 고객은 영업장 중앙 테이블로 안내하여 영업장 분위기를 밝게 함, 좌석이 만석인 경우 예상 시간을 말씀드린 후 순서에 따라 좌석을 배정

6. **주문 받는 자세** : 메뉴를 제공하고 고객의 곁에서 대기하고 있다가 손님이 준비가 되면 주문을 받음, 고객의 좌측 또는 우측에서 제시하며, 시계방향으로, 주빈이나 여자 고객, 연장자, 직책이 높은 사람부터 제시, 주문 받는 순서는 주최자의 왼쪽부터 시계 방향으로 받되, 항상 여자 고객부터

7. **커피 서비스 원칙** : 커피는 쟁반에 들고 운반하여 고객의 오른쪽에서 오른손으로 서비스, 여자, 연장자, 남자 등의 순으로 서비스, 커피를 서비스할 때는 커피잔의 손잡이와 커피 스푼의 손잡이가 오른쪽으로 향하도록 함

8. 전기화재의 경우 물을 뿌리면 감전의 위험이 있으므로 분말소화기를 사용하여 화재를 진압

9. **화재발생 시 행동요령** : 화재가 발생하면 건물 내 소화전 상단의 비상 버튼을 눌러 화재상황을 전파, 119 소방본부에 신고, 초기 화재장소를 목격한 사람은 화재 시 건물 내에 비치된 소화기와 소화전을 사용하여 초기진화

10. **지진 발생 시 행동 요령** : 벽면 혹은 책상 아래로 몸을 숙여서 대피, 충격에 대비해 기둥 및 손잡이 등의 고정물을 꽉 잡음, 정전이 발생하면 상황이 진정되고 나서 밖으로 탈출

11. **지진 발생 시 엘리베이터 사용 및 안전 요령** : 엘리베이터 안에 갇혔을 경우 엘리베이터 내 인터폰으로 상황을 전파하며 구조요청을 하고 안에 있는 손잡이를 잡고 구조될 때까지 기다림

12. **MERS−CoV** : 대부분의 환자가 폐렴이나 일부는 무증상을 나타내기도 하고 가벼운 폐렴 증세를 나타내는 경우도 있다. 주 증상으로는 발열, 기침, 호흡곤란 그 외에도 두통, 오한, 인후통, 콧물, 근육통 뿐만 아니라 식욕부진, 오심, 구토, 복통, 설사 등이다. 잠복기는 5일이다.

13. **표준제조법** : 카페나 음식점에서 사용하는 '기준 레시피(Standard recipe)'

14. **해피아워(Happy hour)** : 일정한 시간을 정해 놓고 가격을 할인해 주는 것

15. **파 스톡(Par Stock)** : 카페에서 하루 영업에 필요한 식재료양 만큼만 준비해 두는 것

합격입니다!